रूथ वनिता

रूथ वनिता दिल्ली विश्वविद्यालय में दो दशक तक अध्यापन करने के बाद इन दिनों यूनिवर्सिटी ऑफ़ मोंटाना में प्रोफ़ेसर हैं। वे 'मानुषी' पत्रिका (1978-1990) की संस्थापक सह-सम्पादक रह चुकी हैं।

उनकी कई पुस्तकें प्रकाशित हो चुकी हैं, जिनमें *लव्स राइट : सेम-सेक्स मैरिज इन इंडिया* (2005, नवीनतम संस्करण 2021); *जेंडर, सेक्स एंड द सिटी : उर्दू रेख़्ती पोएट्री इन इंडिया 1780-1840* (2012) और *डांसिंग विद द नेशन : कोर्टिज़ैंस इन बॉम्बे सिनेमा* (2017) शामिल हैं। उन्होंने *सेम-सेक्स लव इन इंडिया : ए लिटरेरी हिस्ट्री* का सह-सम्पादन भी किया है।

उन्होंने हिन्दी और उर्दू से गद्य और पद्य, दोनों विधाओं की अनेक रचनाओं का अंग्रेज़ी में अनुवाद किया है, जिनमें पांडेय बेचन शर्मा 'उग्र' के कहानी-संग्रह का अनुवाद *चॉकलेट : स्टोरीज़ ऑन मेल-मेल डिज़ायर* सर्वाधिक चर्चित रहा है।

'मेमोरी ऑफ़ लाइट' उनका पहला उपन्यास है। 'परियों के बीच' नाम से इसका हिन्दी में पुनर्लेखन उन्होंने स्वयं किया है।

इन दिनों वे मिसूला और गुड़गाँव में अपना वक़्त बिताती हैं।

रूथ वनिता

परियों के बीच

राजकमल पेपरबैक्स

अंग्रेज़ी में यह उपन्यास *Memory of Light* नाम से प्रकाशित है। हिन्दी में इसका पुनर्लेखन लेखक ने स्वयं किया है।

राजकमल पेपरबैक्स में
पहला संस्करण : 2021

राजकमल पेपरबैक्स : उत्कृष्ट साहित्य के जनसुलभ संस्करण

राजकमल प्रकाशन प्रा. लि.
1-बी, नेताजी सुभाष मार्ग, दरियागंज
नई दिल्ली-110 002
द्वारा प्रकाशित

शाखाएँ : अशोक राजपथ, साइंस कॉलेज के सामने, पटना-800 006
पहली मंजिल, दरबारी बिल्डिंग, महात्मा गांधी मार्ग, प्रयागराज-211 001
36 ए, शेक्सपियर सरणी, कोलकाता-700 017

वेबसाइट : www.rajkamalprakashan.com
ई-मेल : info@rajkamalprakashan.com

यश प्रिंटोग्राफिक्स
ग्रेटर नोएडा-201 310 (उत्तर प्रदेश)
द्वारा मुद्रित

मूल्य : ₹ 199

PARIYON KE BEECH
Novel by Dr. Ruth Vanita

ISBN : 978-93-90971-45-9

सुजाता रघुबीर के लिए

न हि विचलति मैत्री दूरतु अपि स्थितानम्

1

उसका हर लफ़्ज़ पी जाती हूँ, ज़रा-सा आगे झुककर। सँपेरे के झूलते सिर के संग झूमते साँप की तरह। वह मेरी बहन के कमरे में है—क्या यह कमरा अब मेरा हो गया है? चबूतरे से झाँककर आती हैं तिरछी किरणें, बाहर मेरी माँ इधर-उधर फिर रही है।

कुछ बेचैन-सी, कुछ उदास-सी, अपने किसी सफ़र से लौटकर आई हुई, वह मुझ से बातें करती है। उसके हाथ को धीरे-से सहलाती हूँ मैं। दो बिजलियाँ अगर ज़मीन पर छू जाएँ तो मिलकर एक हो जाती हैं या फिर जलकर भस्म हो जाती हैं?

मेरी पलकें हिलती हैं। तो आख़िर यहीं हूँ मैं। कल और आज पत्थर की दीवारें, आनेवाला कल हवाई खिड़की। चौथी दीवार है अब हम दोनों के बीच, रोशनी की दीवार, जिसमें कोई खिड़की नहीं।

मेरे लिखने की धारा को कोई भी रोक सकता है, और हर कोई रोक भी लेता है। नादिरा पर्दों को हटाकर अन्दर झाँकती है। "राम अवध जौहरी के पास चलोगी? भज्जू की शादी के लिए हार बनवाना है। और वह जो कुंडा तुमने लेकर दिया था न, हमने उसको मरम्मत वास्ते दे दिया था, बस समझो ग़ायब ही हो गया। वापस लेकर आना है, नहीं तो वो किसी और को दे देंगे जैसे हमारी अँगूठी दे दी थी, याद है? वह तो शुक्र है कि बख़्शी को ही दी थी और उसने पहचान लिया।"

"तुम दोनों को बरसों से एक साथ देखते चले आ रहे हैं," मैंने अपने काग़ज़ों को सँभालते और इत्मीनान से अँगड़ाई लेते हुए कहा, "सोचा होगा वो तुम्हें दे देंगी।"

"अरे नहीं, राम अवध जी आजकल आए दिन एक जने की चीज़ें दूसरे को दे देते हैं; बढ़ती उम्र के साथ बहुत कुछ बिसरते जा रहे हैं।"

"हमने पहले भी तुमसे कहा है, उनके पास अपनी महँगी चीज़ें मत छोड़ा करो। छोटे-मोटे काम अपने सामने करवा लिया करो, और महीन काम उनके उस सयाने बेटे को दिया करो जिसने उन से कलह करके अलग दुकान लगाई है—क्या नाम है उन का?"

"अच्छी बेरहमी है—उम्र-भर उन्होंने हम लोगों के सारे गहने बनाए हैं और अब बुढ़ापे में ठुकरा दें? याददाश्त कमज़ोर हो गई तो क्या—हम लोग कौन से जवान हुए जा रहे हैं? और हमें उनके वो बेटे एक आँख नहीं सुहाते—नाम हनुमान क्या पाया है और बड़ी-सी, बदसूरत-सी कोठी क्या खड़ी कर दी, आसमान पर चढ़ बैठे हैं।"

"ठीक है, मेरी बुलबुल, फिर झींका भी मत करो तुम। ख़ुदा करे तुम्हें ख़ुश करने के लिए राम अवध जी तुम्हारी और बहुत-सारी चीज़ें इधर-उधर कर दें। रुको, हम अभी आते हैं।" उसके गोल-मटोल गाल पर च्यूँटी काटकर मैं छत की राह लेती हूँ।

ढलती दोपहर की उनींदी धूप में कबूतर घरघराते हुए मेरे इर्द-गिर्द आ बैठते हैं। लड़कियाँ शाम-भर के लुत्फ़, कामकाज, झगड़े-बखेड़ों और थकान के बाद नींद में डूबी हुई हैं। गहरे आकाश में छुट-पुट बादल। हमारे मोहल्ले के पार फैला हुआ शहर—दमकती सफ़ेद इमारतों में कहीं-कहीं गुलाबी रंग का पुट, और बीच-बीच में सजे हरे-भरे फूलों के गुच्छों की तरह दरख़्त।

गुड्डू मेरे कंधे पर आ बैठ मेरे कान को कुतरती है। बुढ़ाती जा रही है यह भी, इसकी अर्ध-गुलाबी अर्ध-भूरी शक्ल की चमक घटती जा रही है। परिंदों को बुढ़ाना नहीं चाहिए। परियों की तरह प्रकट हों, ग़ायब हों और

हमेशा जवान रहें। उन जवान शायरों, जवान नाचनेवालियों की तरह जो कड़ी दोपहरी में पिघल गए, बर्फ़ जैसे उज्ज्वल। हम सब जैसे नहीं, जो धीरे-धीरे गारा हुए जाते हैं। मैं हल्का-हल्का दौड़कर पौढ़ियाँ उतरने की कोशिश करती हूँ, मगर नहीं, घुटने जवाब दे जाते हैं।

अम्मी के कमरे का पर्दा हटाकर पूछती हूँ, "बाज़ार से कुछ मँगवाना है?" वह किसी दरवेश की कहानी पढ़ रही हैं, खीझती हुई कहती हैं, "नहीं, हम क्या मँगवाएँगे? दिन-भर यहाँ अकेले बैठे रहते हैं।"

"अकेले, अकेले," बोल पड़ते हैं मिट्ठू जी, सिर को एक तरफ़ किए हुए, जैसे जता रहे हों कि यह लफ़्ज़ वो कितनी बार सुन चुके हैं। उलाहना-भरी, मनकेदार काली आँखें मुझ पर टिकाए हुए, वो आधी चबाई हुई हरी मिर्च सलाखों की ओर सरकाते हैं। मन करता है एक चपत लगाऊँ। पिंजरे को उठाकर गलियारे में टाँग देती हूँ ताकि आसमान देख सकें। गहरी साँस खींच दोबारा कमरे में झाँकती हूँ।

"आप वक़्त पर खा लें, अम्मी, हमारा इन्तज़ार न करें। हम शब्बो से कहे देते हैं।"

"अरे, उस लड़की को वक़्त-बेवक़्त का ख़याल हो तब न। सजने-धजने और पिछवाड़े आए चहेतों से उसे फ़ुर्सत कहाँ?"

"वाक़ई?"

"और नहीं तो क्या? तुम तो अपनी कलम-घसीटी में डूबी रहती हो, दुनिया से बेख़बर। वह सन्देले का छोकरा—बड़ी बालियों वाला—क्या नाम है उसका ...?"

"मंगू?"

"हाँ, मंगत राम—वह वक़्त-बेवक़्त पीछे की गली में खड़ा पानी-पानी क्यों पुकारता रहता है? इसीलिए न कि शब्बो बाहर लेकर जाए।"

"अरे अम्मी, गर्मियों के दिन, सब को प्यास लगती ही है। अन्दर रखा पानी बाहर रखे पानी से ठंडा होता है।"

अम्मी मुँह बिचकाकर फिर से पढ़ाई में लग जाती हैं।

छाती में उमड़ती काली धुंध को दबा देती हूँ। किसी को इस हद तक बेतुका ग़ुस्सा दिला सकती हैं सिर्फ़ माएँ, बहनें, और वो जो माँओं-बहनों जैसी बन जाती हैं। ख़ुद को याद दिलाती हूँ, एक ज़माना वह भी था जब अम्मी शहर की सबसे जानी-मानी गानेवाली थीं। सैकड़ों चाहनेवाले इनके आगे-पीछे फिरा करते थे—अशराफ़, दरबारी, बड़े व्यापारी, अंग्रेज़ अफ़सर। उन पर तोहफ़े निछावर करते थे—गहने, कपड़े, और भी बहुत कुछ—हर्बर्ट साहब के दिए वो फ्रांस के जूते अभी भी कहीं पड़े हैं—हैरत की बात नहीं कि अब उनको लगता है कि किसी को उनकी परवाह नहीं।

उनकी दोनों बेटियों में किसी ने उनकी क़ाबिलीयत नहीं पाई। मेरी छोटी बहन शीरीन ठीक-ठाक गा लेती है—या गा लेती थी। अहम बात यह कि वह अपनी पसंन्द की चीज़ हासिल करने का हुनर रखती है। इसी हुनर के बदौलत वह नवाब ग़ाज़ियुद्दीन की पचासियों बेगमों में से एक बन बैठी। मुझ अनाड़ी को नाच सीखने लायक़ न समझा गया, मेरी आवाज़ सुरीली थी पर उसमें दम न था, और सबसे बड़ी कमज़ोरी यह कि मेरी बातचीत में न शोख़ी थी न चुलबुलापन। न ही मैं ख़ूबसूरत थी—रूप बस इतना था कि देखनेवाला चाहे, थोड़ा और बढ़कर होता। तीन बरस की उम्र में पढ़ने लग गई थी पर उस से कुछ ख़ास फ़ायदा न हुआ। शेर ठीक कह लेती हूँ लेकिन यहाँ हर गली-नुक्कड़ पर शायर हैं और उनमें से कई बहुत जाने-माने भी हैं। यह और बात है कि शरद की राय में आज के कई मशहूर लोग सौ बरस में क्या, पचास बरस में भुला दिए जाएँगे।

अम्मी का शहर है शाहजहानाबाद, दुनिया का जवाहर। दिल्ली में उनकी नानी के यहाँ इकट्ठे होनेवाले दरबारियों के नाम गिनाते अम्मी नहीं थकतीं। उनकी बेगमों के नाम भी बताती हैं, जिनके घरों में हमारी नानी कभी-कभी गाने चली जाती थीं। वही क़िस्से बार-बार दोहराती हैं तो सुननेवालों को ऊबते देख मैं बात बदलने की कोशिश करती हूँ। अम्मी बताती हैं, नानी

इतनी गोरी थीं कि पानी पीतीं तो पानी गले से उतरता दिखता था। इधर मैं सकुचा जाती हूँ क्योंकि अम्मी ख़ुद साँवली हैं और उनको कभी ख़ूबसूरत नहीं समझा गया है, ऊपर से मैं जानती हूँ कि इसके बाद वो इशारा देंगी कि उनके बाप और कोई नहीं ख़ुद शहंशाह थे, सारे जहान के मालिक, यानी असल में दिल्ली के ही मालिक। कभी मन करता है कहूँ, वो अगर आपके वालिद थे भी, तो किस काम के? जब ख़ुद को इमाद-उल-मुल्क कहनेवाले उस गद्दार ने शहंशाह और उनकी माँ की आँखें निकाल दीं तो आपको बनारस भागकर जाना पड़ा न? मलिका बनने से पहले शहंशाह की माँ हमारी बिरादरी की ही थीं, एक नाचनेवाली, और मलिका बनने के बाद उनका एक ख़्वाजासराय के साथ चक्कर भी था। हम जैसी बनी रहतीं तो ठीक रहतीं, कम-से-कम आँखों से हाथ न धोना पड़ता।

अगली सीढ़ियों से उतर चुकी हूँ। अम्मी के गिले-शिकवों से तंग आने के बावजूद मैं शब्बो पर सरसरी नज़र डालती हूँ। रसोईघर के ठीक बाहर बैठी चटनी पीस रही है, और आँगन में खेलते बच्चों पर भी, खौलते हुए भाँडे पर भी निगरानी रख रही है। सुलगते हुए चूल्हे के धुएँ में से छनकर पड़ रही है सर्दियों की धूप। लेकिन दोपहर गए इतना धुआँ क्यों? मुझे धुएँ की गन्ध पसन्द है, वह भी जाड़े की घटती दोपहरी में। चपला उदास-सी हो जाती थी दिन के इस दौर में। पीछे की गली में एक शरारती बच्चा सड़क के एक कुत्ते पर सवार हो रहा है। वह उस कुत्ते को घर में रखने पर तुला है हालाँकि उसकी माँ ने मना किया है। ऊपर से सुनाई देती हैं लड़कियों के रियाज़ की आवाज़ें—तानपुरे की गुंजन, पैरों की थाप, घुँघरू की छनक। ऊपर औरतें हुनर में समाई हुईं, नीचे मर्दों और नौकरों की ज़िन्दगी सड़क पर छलकती हुई।

गलियारे में बैठी महताब बाजी अपने नाख़ूनों पर रंग लगा रही हैं, उतनी ही महीनता से जैसे तब लगाती थीं जब उनके हाथों में झुर्रियाँ न थीं। सच पूछो तो उनकी उम्र को देखते हुए उनके हाथ अभी भी चिकने-चुपड़े

हैं। उनसे पूछती हूँ, कुछ मँगवाना है, तो अपनी अलसाई हुई, मलाई जैसी चिकनी आवाज़ में बोलती हैं, "हाँ नफ़ीस, दो-चार इमरती ले आना हमारे वास्ते। पता नहीं क्यों, कल से इमरती खाने को मन कर रहा है। शब्बो को भेजती लेकिन वह दिखी ही नहीं।" छज्जे के तले शब्बो बात अनसुनी कर देती है, और मैं मन-ही-मन मुस्कुराती हूँ। महताब बाजी निहायत नज़ाकत से मिठाइयों पर मिठाइयाँ सफ़ाचट कर जाती हैं पर रहती हैं वैसी ही दूधिया सफ़ेद। और एक मैं हूँ जो कम खाने की कोशिश करते-करते मोटी हुई जाती हूँ और मुहाँसों से छुटकारा नहीं पाती।

सामनेवाली गली में निकलती हूँ तो मंगू सलाम करता है। उसे शरद को देने के लिए चिट्ठी पकड़ाती हूँ। कैसी बड़ी-बड़ी स्याह आँखें हैं इस लड़के की और कितनी लम्बी पलकें। हमें दूर तो नहीं जाना मगर बाज़ार में भीड़ होगी और कहारों को काम देने का भी अपना फ़र्ज़ बनता है।

पालकी में पहले से बैठी नादिरा अपनी चोली की अन्दर वाली जेब से सिक्के निकालकर गिन रही है। वह जीभ से मुँह के दोनों कोनों को छूती है और माथे को ऐंठाती है। उसका यही हाव-भाव मैं तक़रीबन हर रोज़ सारी ज़िन्दगी देखती आ रही हूँ लेकिन उम्र के साथ-साथ इसमें थोड़ा-थोड़ा फ़र्क़ भी नज़र आता है।

हम रोशन-उद-दौला हलवाई के सामने से गुज़रते हैं। हमेशा की तरह दुकान भीड़ से घिरी हुई—कुछ लोग गर्म मिठाइयाँ भकोस रहे हैं तो कुछ दूसरों के सर के ऊपर से अपनी फ़रमाइशें चिल्लाकर बता रहे हैं। अपने बाप-दादे की तरह इस शोर-गुल से बेख़बर रोशन अपने काम में मस्त। चेहरे बदल गए, दुकान बड़ी हो गई, बाक़ी सब वैसा ही है। वाक़फ़ियत, बुढ़ापे की एक छोटी-सी तसल्ली—बात दिमाग़ में आती है लेकिन कहती नहीं हूँ। इस तरह की मुहावरे-जैसी बातें कम ही कहो तो अच्छा है। शरद वापिस अपने गाँव जाकर बस गया—ख़ुदा करे कि यहाँ शहर की वाक़िफ़ शक्लों और जगहों को ज़्यादा याद न करे और गाँव की जानी-पहचानी

चीज़ों में ही दिलासा पाए।

मेरे ख़याल में खाने से भी काफ़ी तसल्ली मिलती है। नादिरा जौहरी से बहस कर रही है (वह सौदेबाज़ी में माहिर है जिसमें दुकानदारों को भी मज़ा आता है; मैं उनको यह मज़ा बिलकुल नहीं चखा पाती), तब तक मैं सूरती बनिया से नानखटाई ख़रीद लाती हूँ। शाम को मदनमोहन मुझसे मिलने आ रहे हैं और शराब के साथ नाश्ते में उनकी पसन्द अजीब है। उनको असली नानखटाई चाहिए, न कि कोई मीठी-सी छोकरी। फ़ैज़ाबाद जाकर बस गए तब से कम ही मिलने आते हैं इसलिए उनकी कुछ ख़ास मेहमाननवाज़ी कर रही हूँ।

घर लौटते हुए नादिरा अपनी नवासी सोना को लेकर अपनी परेशानियाँ दोहराती रहती है और मैं अनमनी-सी सुनती रहती हूँ। "न पढ़ना न लिखना, न नाचना न गाना, ख़्वाबों में खोई रहती है बस। सारा दिन कूदना-फाँदना, झूले में लेटे-लेटे आसमान को निहारते रहना, हिरण और कबूतरों के साथ खेलना—लड़कों की तरह बेकार हुई जा रही है।" यानी नादिरा को यक़ीन नहीं आ रहा कि उनकी अनमोल वारिस, उनकी इकलौती बेटी अज्ज़ो की इकलौती बेटी सोना, शहर की अगली सितारा बन पाएगी। मैं उन्हें याद दिलाऊँ कि हमारे यहाँ दूसरी भावी सितारों की कमी नहीं तो और भभकेंगी, इसलिए चुपचाप सुनती रहती हूँ।

हमारे वापिस आते-आते सूरज ढलने लगा है। ज़मीन पर पाँव रखते ही मुझे इमरतियाँ याद आती हैं। अच्छी मुसीबत है—हम लोग हलवाई की बग़ल में ही थे और मैं सोच भी रही थी कि वह कितना बदला या नहीं बदला है। ख़्वाबों में खोई रहनेवालियाँ और उनकी ख़्वाब देखनेवाली नानियाँ! मंगू लौट आया है और शरद ने चिट्ठी लिख भेजी है। लिखना न लिखना उनके उस वक़्त के मिज़ाज पर है। मैं छत पर चढ़कर पढ़ती हूँ। कबूतर रात की तैयारियों में मग्न, ऊपर परिंदे बड़े-बड़े चक्कर काटते सुरीला कोलाहल मचा रहे हैं, फिर धीरे-धीरे वो छतों पर सैलाब जैसे बहते हुए और

चहचहाते हुए पेड़ों की डालों पर बस जाएँगे। उनकी गिरोह को काटकर जाती है एक चीख़ती हरी क़तार, रैन बसेरे तक जाते तोते। चिट्ठी में कुछ ख़ास नहीं—रोज़मर्रे की छोटी-मोटी बातें। वो टमाटरों की नई नस्ल उगा रहे हैं, भतीजी की शादी, कमर में दर्द। यही भतीजी उनका घर सँभाला करती थी, अब उसकी छोटी बहन यह काम करेगी। शरद रेज़िडेंसी के डॉक्टर से मिलने शहर आएँगे शायद। फिर शादी के मौक़े पर नई गानेवालियों को भी सुन सकेंगे—हमारी एक लड़की भज्जू जो शहज़ादे नसीरुद्दीन की पनाह में है, उनकी अगली बीबी बननेवाली है। अपने दरबारी दोस्तों से मिलेंगे। और मुझसे भी। आँख उठाकर छत के आड़े देखती हूँ—अपनी साँझ की छाया मुझे अच्छी लगती है, उसकी बदौलत मैं लम्बी और छरहरी दिखती हूँ, न कि नाटी और कुछ-कुछ गुदगुदी।

दिल में एक टीस-सी उठती है, जब मैं गोल-गोल लपेटे हुए छोटे-से काग़ज़ को ऐसे ही गोलों से भरी टोकरी में धर देती हूँ। वैसी ही मीठी-मीठी टीस जैसी मेरे घुटनों में उठती है जब मैं जर्जर सीढ़ियाँ उतरती हूँ। इनकी मरम्मत ज़रूरी है। शब्बो ने अभी तक मेरे कमरे में चिराग़ नहीं जलाया। पुकारती हूँ तो वह कुछ कहती है जो समझ में नहीं आता और दूसरी तरफ़ जाते हुए उसकी पायल सुनाई देती है। शायद अम्मी की शिकायतों में कुछ वज़न हो। मेरी दाई, दद्दा, बड़बड़ाते हुए आती हैं। काँपते हाथों से चिराग़ जलाती हैं, जो तकियों के लिए ख़तरे से ख़ाली नहीं। कहाँ गई वह फुर्तीली किशोरी जो अपनी नन्ही-सी बेटी लिए इधर-उधर भागती रहती थी सारा दिन?

मग़रिब के बाद मदन की आवाज़ नीचे सुनाई देती है, तब तक चिराग़ अपनी ताल पकड़ चुका है, और गलियारे के परले छोर पर नादिरा की बेटी-नाती की आवाज़ें लपट के साथ-साथ उठ-गिर रही हैं।

मुझे लगता है, मेरे मर्द दोस्त आम मर्दों से कुछ अलग हैं। या फिर शायद मैं ही अलग हूँ—सरपरस्त क़बूल नहीं किया, बच्चा जनना नहीं चाहा, दौरे-सफ़र पर जाने से इनकार किया। और उस सब की जगह गले लगाया

इन छुटपुट गुफ़्तगुओं, कलम-घसीटियों, यादों को।

मदन, शरद, और शायर मीर इंशा भी—सबको मैंने पहली बार झुटपुटे के वक़्त, चिराग़ की रोशनी में देखा। और यह कोई अनोखी बात नहीं—इसी वक़्त तो मर्द लोग हमारे यहाँ आते हैं, दिन-भर के कारोबार के बाद। लेखों-जोखों, दरबार-व्यापार के दाँव-पेचों, माँ-बाप, भाई-बहनों, बीवी-बच्चों, चाचे-भतीजों की माँगों-साज़िशों से थोड़ी देर छुटकारा पाने के लिए। दो लम्हे गुफ़्तगू, शायरी, नाच-गान की नित जवानी में जीने के लिए। चिराग़ों की फेंकी मनमौजी परछाइयों में तक़रीबन हर कोई मनोहर दिखता है—कम-से-कम कुछ देर तक। हम लोग तो दिन में सो लेते हैं पर मर्द लोग आधी से ज़्यादा रात तक जागकर फिर दिन का काम-काज कैसे झेलते हैं? मगर वो रोज़ तो यहाँ आते नहीं, तभी उनकी नींद पूरी हो जाती होगी।

मीर इंशा के हमजोलियों-शागिर्दों में शरद एक थे। नाम की तरह ही ठंडे स्वभाव के। धनवान बजाज के बेटे। सूखे के पहले और बाद के बरसों में शहर फैलता गया, बाज़ार, दुकान, सराय रातोरात उगते रहे और कलकत्ता से कपड़ों की बाढ़ लगातार बहती रही। उनके बाप का व्यापार दिन दोगुना रात चौगुना बढ़ता गया तो शरद महलों की बनावट-सजावट का अपना शौक़ पूरा कर सके। मोर की तरह शरद अपनी ख़ूबसूरती से आगाह तो थे पर साथ-साथ उनमें एक संयम भी था। सुलझी हुई थीं वे हिरण जैसी आँखें, वे महराबदार भौंहें, वे बहती लटें। जब शरद मुझसे पहले-पहल मिले वो मीर इंशा के गिने-चुने शागिर्दों में एक थे, उनके साए में रहते थे। बाद में वक़्त के बहाव ने उन दोनों को अलगा दिया जैसे कि बहुतों के साथ होता है।

मदन उन दोनों से बिलकुल भिन्न—व्यापारी हैं, व्यापारियों का सयानापन रखते हैं, तेज़ भी हैं पर कुछ कुंठित, कुछ मन्द भी। इनको मैंने पहली बार जब देखा ये कुछ और व्यापारियों के साथ हिचकते-सकुचाते हुए अम्मी के कमरे में घुस रहे थे। खोल से धीरे-धीरे सर निकालते हुए कछुए जैसे।

ये लो, आ गए, वज़न कुछ कम हुआ पर तोंद अभी भी निकली हुई।

दद्दा से कहते हैं, नीचे चावल की बोरी और गन्ने की गठरी रखी है। दद्दा लड़कों को भंडार में धरवाने के लिए बुला भेजती हैं। मिट्ठू कुड़कुड़ाकर उनके आने की ख़बर देते हैं, मदन उनको गन्ने का टुकड़ा देते हैं जो ख़ास उनके लिए ऊपर लाए हैं। मुझे कबूतरों का कूजन सुहाता है न कि तोतों की बकबक, सो अपने दरवाज़े का पर्दा बन्द कर मैं शब्बो को पुकारकर कहती हूँ पिंजरा अन्दर लाकर उसे रात-भर के लिए ढक दे। मिट्ठू जी को चुप कराने का यही एक तरीक़ा है। बहुत बार दिमाग़ में आता है कि काश इनको खुला छोड़ सकती आकाश में अपने कुनबे से जा मिलने के लिए, मगर नहीं, जंगली तोते इनको चीर-फाड़ देंगे।

गहरी साँस खींचते और तकियों में आराम से बसते हुए मदन मज़ाक़ के लहज़े में पूछते हैं, "कहाँ है तुम्हारा वह जिगर का टुकड़ा?"

"कौन, नादिरा? वह छत्तर मंज़िल गई हैं, शीरीन ने लाल परी की बैठक रखी है। नादिरा हम से कहीं अच्छी हैं—शुक्र है वह सबसे बनाकर रखती हैं, हमें यह सब नहीं करना पड़ता।"

"क्यों नहीं, क्यों नहीं—शीरीन तुम्हारी बहन है तो नादिरा बाई की साली जो ठहरी।" मदन को अपने इस चुटकुले पर ख़ूब हँसी आती है। "क़िस्मत वाली हैं नादिरा बाई। चलो, अच्छा हुआ बाहर गईं, मुझे अपनी चहेती संग दो पल बात करने का मौक़ा तो मिला।" मज़ाक़ सही, पर अजीब बात यह कि जिसके लिए अपने मन में चाहत की झलक तक कभी न रही हो, उस से भी किसी ज़माने में चाहा गया होना अच्छा लगता है। "और बताओ, शीरीन बीबी का बाक़ी जुबती बेगमों से बैर कैसे चल रहा है?"

"क्या पता? लाल परी को शायद इसीलिए बुला रही हो—बाक़ियों को हराकर छोटी बेगमों की सरदार बन बैठने वास्ते। मगर यह जंग कोई जीत नहीं सकता। नई-नई बीवियाँ जो शामिल होती जाती हैं।" मैं तो अपनी बहन की शादी के उतार-चढ़ाव और नवाब की बाक़ी बीवियों से उसके मुक़ाबले के क़िस्सों से ऊब चुकी हूँ। मेरी माँ बड़े चाव से ये क़िस्से

सुनाती रहती हैं। बीवियाँ तो कहने को हैं—मेरे ख़याल में पहली चार ही असली बीवी हैं।

"अरे इससे याद आया—तुमने सुना—शहज़ादे साहब की अगली शादी शायद एक फ़िरंगन से होगी। विलायती बेगम कहते हैं उनको। देखने में कुछ उनकी तरह हैं जिनसे तुम्हारी चपला को शायद कुछ-कुछ लगाव था। क्या नाम था उनका—जिनसे तुम मार्टिन साहब के घर पर मिली थीं?"

बदन कस-सा जाता है जब भी वह नाम सुनती हूँ। पर इतने बरसों बाद ठहरे हुए जवाब देने की आदत पड़ चुकी।

"प्लाउडन साहब की बीवी। नाम सूफ़िया था पर चपला उन्हें लिज़्बेथ कहती थी। लेकिन लगाव कोई ख़ास नहीं था। चपला की नज़रबाज़ी ही उसके लुभाव का राज़ था। शायद लुभाव होता ही यही है।"

"नहीं, लुभाव का राज़ है सुनने का हुनर। चपला बाई उसमें माहिर थीं। बातचीत में हर किसी से सब कुछ उगलवा लेतीं, ख़ुद के बारे में कम ही बतातीं, लेकिन उसके बाद बन्दे को हमेशा यही लगता कि वह उनके हमराज़ों में से है। तुम भी इस तरह रंग जमाने में कुछ कम नहीं हो, मेरी जान।"

"रंग तो उसने बेशक काशी पर जमाया है।" मैं उन्हें नानखटाइयों और मेवों की तश्तरी पेश कर फिर गिलौरी बनाने में लग जाती हूँ।

"हाँ, वहाँ के दिलों की मलिका समझो। सुना है जिसको वह शह दे उसकी पाँचों उँगलियाँ घी में! पर न बेटी है न नाती?"

"नहीं—बस एक बेटा।"

"भाग्य देखो—बेशुमार हुनर और कोई वारिस नहीं।"

"ऐसा नहीं है—हमारी अज्ज़ो—नादिरा की बेटी—उसके साथ काशी में दो बरस रही थी, और उससे बहुत कुछ सीखा-पाया।" आजकल मदन कम आते हैं, मालूम नहीं यहाँ की बातें कितनी याद हैं।

"हाँ, हाँ, बेशक।" वे मुँह दबाकर हँसते हैं। "और तो और, वहाँ से बेटी भी हासिल करके आई तुम्हारी अज्ज़ो। नादिरा बाई से मत कहना पर

हमारे ख़याल में उनकी बहन, पहली वाली अज्ज़ो, से उनकी बेटी अज्ज़ो की तुलना नहीं है।"

"छथ, तुम्हारी पसन्द तो शुरू से अजीब है।" वो मेरी तरफ़ आँख मारते हैं और मेरी हँसी छूट जाती है। "और फिर जवानी की हर चीज़ सुहानी जो लगती है। हम से पूछो तो हमारी अज्ज़ो ज़्यादा लुभावनी है।"

"पहली वाली अज्ज़ो थी कहाँ की?"

"कश्मीर की। तभी तो इतनी गोरी थी। नादिरा की माँ उसे मेरठ से उठा लाई थीं और वह बहुत ख़ूब निकली।" पहली अज़ीज़न को लेकर अपने एतराज़ों को मन में दबाए रखती हूँ।

"अच्छा, सचमुच कश्मीर की थी? साहब लोग तो सोचते थे कि हर कश्मीरी गाना गानेवाली कश्मीरी है।"

"नहीं, वह सच में कश्मीर की थी।" प्रेत जैसी सफ़ेद, मेरे द्वार खड़ी, पर्दे को हटा, सवालों की बौछार लगाती हुई।

मदन अपने सवाल क़ायम रखते हैं, "तुम्हारी अज्ज़ो इस साल भी काशी गई थी क्या?"

"दो दिन को गई थी—बुढ़वा मंगल पर उन लोगों संग नाचने वास्ते।"

"काशी में बुढ़वा मंगल—जवानी में देखा था, और तुम सच कहती हो—बहुत सुहानी लगती है। वो रोशनियाँ, वो लौंडियाँ, वो लौंडे—एक से एक परीज़ाद! और उन बजरों की सजावट—किसी महल से कम नहीं। होली का अंत और ख़ूँख़ार गर्मियों की शुरुआत।"

"हमें तो धुलेंडी सुहाती है—हर चीज़ कुछ सुनहरी-सी या कुछ गुलाबी-सी।"

"हाँ, उस ज़माने में हमें धूल-बुरादे से परहेज़ नहीं था। अब तो उन से दूर भागते हैं, साँस की तकलीफ़ जो होती है। तो उन से इन दिनों कब मिलीं तुम?"

"पिछले साल बसंत पर। अपनी लड़कियों को लेकर छत्तर मंज़िल

आई थी।"

"ख़ुश हैं?"

"ठीक है। उम्र के साथ अक़्ल आती है सब को, नहीं? रूपा अच्छी लड़की है।"

हम सब नाना-नानी बन गए हैं फिर मुझे लड़के-लड़की क्यों लगते हैं?

"रूपा? नाम चम्पा नहीं था?"

"वह बहुत पहले की बात है। पन्द्रह बरस से वह रूपा के साथ है।"

वो अपनी पहली बात पर लौट आते हैं। "चपला भी एक तरह से राजकुमारी है न—बेटी है काशी के कौन-से महाराजे की?"

"कहते हैं चैत सिंह की, जिन्होंने बुढ़वा मंगल का मेला पहली बार लगवाया था।" फ़र्क़ क्या पड़ता है—पिता कोई भी रहे हों, वह हमेशा अपनी माँ की बेटी थी और रहेगी। मदन की बातें चल रही हैं।

"हाँ, राजा चैत सिंह—कैसा हाहाकार मचाया था उन्होंने, कब की बात है? कितने बरस हुए? ख़ुदा सलामत रखे—हम कितना बुढ़ा गए हैं। जब वो कम्पनी बहादुर के ख़िलाफ़ बग़ावत कर बैठे और अपनी फ़ौज को लेकर यहाँ हल्ला बोलने आए। तुम्हें याद न होगा, छोटी जो ठहरीं, पर उस वक़्त हम किसी काम से रेज़िडेंट साहब के घर पर थे, अचानक ही राजा चैत सिंह के आदमी आ धमके और घर पर हमला बोलने ही वाले थे।"

"मार्टिन साहब के घर पर भी वार किया था न?" बचपन में लोग-बाग इस कांड का ज़िक्र करते थे, हल्का-फुल्का याद था।

"हाँ, उनके कुछ तरफ़दारों ने किया था, उसके बाद ही मार्टिन साहब ने घर के चारों तरफ़ खाई खुदवाई थी।"

"लख-पेड़ा के चारों तरफ़ खाई? उस वजह से खुदवाई थी? मैंने सुना था फ्रांस में अपने किले के नक़्शे पर लख-पेड़ा बनवाया था, एक लाख पेड़ों के बीच। चपला और हम वहाँ गई थीं तो तस्वीरें देखीं फ्रांस के क़िलों की—खाइयाँ, कँगूरे, कलदार पुल, और ऊपर ठंडा नीला

आसमान। हमें वह खाई बड़ी अच्छी लगी—नवाब साहब ने बेकार ही हटा दिया।"

मदन मेरी बात नहीं समझ पाते हैं, समझें भी कैसे—मेरे अन्दर उठती तस्वीरें नहीं दिखती हैं उन को—खाई, नदी, आकाश, उनके बीच तैरता परीनुमा घर, पीछे परत-दर-परत स्याह पेड़, हम दोनों को अन्दर खींचकर बन्द होता हुआ पुल—और तुम, रोशनी की ढली हुई।

"चलो, हमें न छेड़ें तो हमें क्या?" मुस्कुराते हुए वो मेरा हाथ पकड़ते हैं तो मैं उनका प्याला दोबारा भरती हूँ। "तुम अभी भी शराब बिलकुल नहीं पीतीं?"

"बिलकुल नहीं।"

"यह क्या ज़िन्दगी हुई, लुत्फ़ से ख़ाली? और तुम्हारा पेशा है लुत्फ़ सिरजना।"

ज़िन्दगी की मय को मैंने एक ही लम्बी घूँट में पी डाला, अब दूध-पानी पीती हूँ। बात बदलने वास्ते पूछती हूँ, "थोड़ी और नानखटाई?"

"हाँ, बढ़िया हैं।"

"बीवियाँ नहीं बनातीं?"

"बनाती हैं पर कभी-कभार बाज़ार की मिठाई चखने को मन करता है।" नटखट मुस्कान के साथ वो फिर चपला पर आ जाते हैं।

"चपला तुम से बहुत छोटी थीं, नहीं?"

"पाँच, नहीं, तक़रीबन छह साल।"

"काफ़ी फ़र्क़ है—वह बच्ची थी जिस वक़्त तुम्हारा बच्चा हो सकता था। ख़ैर, सारा मामला ही कुछ नामुमकिन-सा था। जैसे हम शहज़ादी से शादी करने चलें।"

"तो आपके हिसाब से हम दोनों बेमेल थे।"

"नहीं, ऐसा नहीं है, चल भी सकता था, मगर उन गर्मियों में तुमको उन्हें अकेले काशी वापिस जाने नहीं देना चाहिए था। तुम्हें साथ जाना

चाहिए था। उन्हें अकेले रहने की आदत नहीं है, न ही लोग उन्हें अकेले रहने देंगे।"

कपड़े में दबी सूई की तरह बात चुभ जाती है। मैं शराब उड़ेलती निगाह नीची करती हूँ ताकि वो मेरी शक्ल न देख पाएँ। तीस साल होने को आए, अब जाकर किसी ने ऐसी वजह बताई जो इतनी सीधी-सी है कि सच भी हो सकती है।

2

हम दोनों लाल परी की बैठक में पहली बार मिली थीं। उन दिनों इन बैठकों ने उतनी चाल नहीं पकड़ी थी जितनी आजकल पकड़ी है मगर होती ज़रूर थीं। कोई बाई या बेगम, जो सवाल पूछना चाहती थीं या जो अपनी बहन, आशिक़, नौकरानियों या सास-ननद से परेशान थीं, जिन्न-परियों से मशविरा करने पर तुल जाती थीं। जिन्नों को रोशनी के शहज़ादे कहा जाता था तो सातों परियों को रोशनी की ढली हुई।

अब याद नहीं कि हमारी पड़ोसन मट्टन आपा ने परी की बैठक क्यों रखी थी—शायद मालूम करना चाहती हो कि उनके अनमोल रतन बख़्शी का क्या बननेवाला था या शायद उनका मन यों ही अपनी हमजोलियों से मिल बैठने को कर रहा हो। मुझे याद है कि इस मौक़े के एक बरस पहले मीर इंशा फ़ैज़ाबाद छोड़ यहाँ बसने आए थे और इसके अगले ही साल अंग्रेज़ महाराजा जॉर्ज की पचासवीं सालगिरह का जश्न मनाया गया। मीर इंशा की बदौलत अम्मी मेरी बहन शीरीन को फ़ैज़ाबाद के दरबार ले गई थीं, इसलिए मुझ अकेली को मट्टन आपा के घर जाना था अपने घर का नुमाइंदा बनकर।

मट्टन आपा का कोठा हमारी गली के नुक्कड़ पर था, और नादिरा, मेरी हमउम्र, वहीं पली-बढ़ी थीं अपनी कश्मीरी बहन अज़ीज़न के साथ,

जिसको नादिरा की माँ ने मेरठ में गोद लिया था। नादिरा की माँ थीं मशहूर गानेवाली, ख़ानम जान; अंग्रेज़ लोग उनको टानी कहते थे, अंग्रेज़ी में इसका मतलब है साँवली। वो जवानी में ही गुज़र गईं—चपला के यहाँ आने से कोई तीन बरस पहले—हाँ, भयंकर सूखे के वक़्त, जब नवाब साहब ने राजा टिकैत राय, मिर्ज़ा रज़ा और झाऊ लाल की मदद से शानदार इमारतें बनवाना शुरू किया, ग़रीबों को काम दिलवाने वास्ते। मट्टन आपा और मेरी माँ की आपस में वैसी ही अनकही होड़ क़ायम थी जैसी शायरों के बीच होती है; हमारे घरों के सभी तमाशों के नेपथ्य में इसकी गूँज बनी रहती थी। बहुत बाद में जब मट्टन आपा चल बसीं तो अम्मी की ताक़त जैसे एकदम गायब हो गई। उनके क़िस्से-कहानियों का पैनापन भी जाता रहा।

मट्टन आपा के और हमारे घर के बीच एक छोटा-सा, तुच्छ-सा कोठा था, लम्बा और सँकरा, जिसकी छत पर से हम लड़कियाँ आदतन गुज़रा करती थीं, एक-दूसरी से मिलने वास्ते, मगर आज ख़ास मौक़ा था तो मैंने मेहमानों की तरह गली से जाना तय किया।

अम्मी नहीं थीं इस वजह से हमारे घर की शाम की महफ़िल जल्दी निपट गई। घर रहने का मन था मेरा पर ज़बर्दस्ती तैयार हुई और अम्मी के कमरे से लाल शाल लेकर ओढ़ लिया। मिट्ठू (आज के मिट्ठू के हमनाम) ढके हुए पिंजरे में हिला-डुला, बड़बड़ाया। बाद में मैंने याद किया, वह मेरी बाईं तरफ़ था। ख़ुशबख़्त सफ़र।

निचली मंज़िल पर बच्चे नींद में डूबे, उनके पास खर्राटे ले रहीं उनकी दाइयाँ, और दहलीज़ पर ऊँघ रहे उनके कुत्ते। सबसे बड़ी दाई, जिन्होंने मुझे पाला था और जिनको मैं दद्दा कहती थी, अपनी बेटी हीरा, मेरी कोका, को बाँहों में बाँध सोई हुई थीं। दोनों को देखकर मुझे भी नींद आने लगी लेकिन निकल पड़ी।

नादिरा कहीं गई हुई थीं; मैं उनकी सहेली बख़्शी के पास बैठी, जो उम्र में हम दोनों से कुछ बड़ी हैं। नाम है मुराद बख़्श मगर सब उनको बख़्शी

कहते हैं। नादिरा की माँ के गुज़र जाने के बाद बस बख़्शी की ग़ज़ब की आवाज़ ही थी जिस के बल पर उनका कोठा हमारे कोठे से मुक़ाबला कर पाता था। मगर वो अपनी शोहरत से जैसे अनछुई रहीं।

ज़्यादातर मेहमान सर से पाँव तक लाल रंग में सजी हुई थीं, और उन पर सवाल-दर-सवाल पूछने का जुनून चढ़ा था। मैं मुश्किल से अपनी हँसी दबाए बैठी रही। बख़्शी शान्त-शीतल, चन्दन जैसी।

"तुम्हें कुछ नहीं पूछना, नफ़ीस बेटी?" मट्टन आपा ने मेरे कान में ज़ोर से फुसफुसाया। अपनी अक़्लमन्दी के ग़ुरूर में मैंने सिर ना में हिलाया। सोचा, मैं अपने दिल की बात एक अनपढ़ औरत को बताने से रही, जो पगलाई हुई घोड़ी की तरह सिर फेंक-पटक रही हो और ढोलक की थाप पर किकिया-बड़बड़ा रही हो। लेकिन उस वक़्त मेरे पास बताने-छुपाने को ख़ास था ही क्या?

जब सारे सवाल पूछ लिए गए और जिन्न साहब—कौन थे—मियाँ शाह दरिया?—ने उल्टे-सीधे जवाब दे दिए, हम लोग बैठी रहीं, बातें करती रहीं, शराब की चुस्कियाँ लेती रहीं। अब मैं पूरी तरह जगी हुई थी, मन कर रहा था घर चलकर अपनी आधी-लिखी नज़्म पूरी करूँ लेकिन कमरे का सुगन्धित ताप छोड़कर बाहर के अँधेरे में जाने से जी हिचक रहा था।

मट्टन आपा ने कमरे को लालिमा से भिगोने में कोई कसर नहीं छोड़ी थी। गहरे लाल पर्दे, दो-रंगे चिराग़ जिनकी लौ में ईरानी कालीन की मिली हुई याकूत-नीलम रंगत खिल रही थी। कमरे की हवा तक सुर्ख़, ताँबे के कटोरों में तैरती गुलाब की पंखुड़ियों की ख़ुशबू से महकती। सुर्ख़ मय, चुकन्दर के कबाब, फ्रांसीसी चीन के बर्तनों पर सजी गाजर, अनार की मिठाइयाँ। ख़ुद मट्टन आपा ने लाल साटिन का जोड़ा पहन रखा था और अपनी कामयाबी पर फूली न समा रही थीं।

मट्टन आपा की सहेली, जिनके ऊपर जिन्न आया था और जिनका नाम मुझे अब याद नहीं, अपने दौरे से उबर चुकी थीं। दरख़्वास्त करनेवालियों

को अपने आधे-चबाए बीड़े की डलियाँ बाँट रही थीं। सब-की-सब पसीने से तर, गीले बाल कंधों से चिपके। देखकर घिन आ रही थी।

अनार के दो दाने मुँह में फूटे, कसैली-सी किरकिरी-सी मिठास। "ओ नफ़ीस, ये हैं केतकी बाई की बेटी," न जाने किस ने कहा। मैंने आँख उठाई। आधी-हँसी, आधी-मुस्कुराहट की लहर, शर्मीला-शरारती उसका वह लहज़ा।

आँखें मिलीं, रुकीं। कमरा ख़ामोश।

उघड़ी खड़ी हूँ, जन्म की दहलीज़ पर, बहती आग के लम्हे-भर ठहराव में।

उजला लिबास, सुर्ख़ी के मध्य सफ़ेद। बाल खुले थे उसके क्या, जैसे अभी-अभी धुले हों? या ख़याल यादों संग लुका-छुपी खेल रहा है?

"अम्मी को तुम्हारे आने का पता नहीं था। वो फ़ैज़ाबाद गई हैं।"

"हाँ, ऐन वक़्त तय किया था। दोबारा आऊँगी।" सलोनी धूप।

"अरे नफ़ीस, कम-से-कम दो दिन से हम लोग यही बात लगातार कर रही हैं।" दुल्हन जान की आवाज़। फुलवाड़ी में टूटता काँच। "तुम रहती कहाँ हो?"

बाक़ी लड़कियाँ खिलखिल करने लगीं।

"नफ़ीस बिटिया के और काम हैं, पढ़ने-लिखने में मसरूफ़ रहती हैं," मट्टन आपा ने जवाब दिया। "वह तुम लोगों की सारी गपशप एक कान से सुनती है, दूसरे से बाहर निकाल देती है।" दो-धारी थी यह झिड़क; उनकी तक़रीबन सारी लड़कियों के सरपरस्त क़ायम थे; एक मैं अपनी माँ की बिगड़ी हुई बेटी जो इस उम्र में भी सिर्फ़ पढ़ने-लिखने में ही मस्त थी।

और कोई बातचीत हुई तो मुझे याद नहीं। न यह याद है कि कैसे मैं ख़ामोश गली में पहुँची। घुप्प अँधेरे में ऐसा लगा जैसे मार्टिन साहब की किसी दावत पर बैंड बज रहा हो और मैं उनकी दूरबीन से देख रही हूँ अनगिनत सितारे मगर बहुत क़रीब से। अँधेरा यों थरथरा रहा था जैसे मैंने गर्मियों के तपते आसमान को घूरकर आँखें बन्द कर ली हों।

जैसे किसी से दोबारा मिली होऊँ जिसको मैं हमेशा से जानती थी। पिछले किसी जन्म से।

अपनी ज़िन्दगी के हमेशे में उसका होना पिरोया तो हुआ था। बस मिले नहीं थे। उसकी माँ, केतकी बाई, जवानी में बनारस की जानी-मानी नाचनेवाली, मेरी माँ और मट्टन आपा के साथ बहुत बरस पहले नवाब सआदत अली के ब्याह के जलसे में नाची थीं। जलसा बनारस में था और कम-से-कम बीस टोलियों ने अपना नाच-गान पेश किया होगा, मगर ये तीनों पक्की दोस्त बन गईं, आपस में ओढ़नियाँ बदलीं।

मट्टन आपा अब तो इतनी मोटी थीं कि सीढ़ियाँ चढ़ना मुश्किल हो गया था, मगर उस ज़माने में ज़रूर लचीली रही होंगी। अम्मी के पास अभी भी रखी हुई है केतकी मौसी की वह नारंगी ज़री-वाली ओढ़नी, मोतियों से सजी, जो अब छूने-भर से चिथड़ जाएगी। मेरे पास चपला का कोई कपड़ा नहीं है, सिर्फ़ पुराने, नरम, सिलवटदार काग़ज़ पर लिखी उसकी चिट्ठियाँ और नज़्म। कहीं न कहीं वह मीनाकारी धुकधुकी भी रखी होगी। उस में छुपा है काग़ज़ का चिथड़ा जिस पर लिखे शेर में उसके और मेरे नाम को जोड़ दिया गया है। चपला केतकी मौसी की इकलौती बेटी थी, और उसका एक छोटा भाई भी था।

यह सारी जानकारी पल-भर में लुप्त हो गई। मैंने इशारे से कहारों को भेज दिया, पैदल चल पड़ी। मय को छुआ-भर था फिर भी सर घूम रहा था। अब तक मैं सिर्फ़ ख़्वाबों में ज़मीन से दो क़दम ऊपर तैरी थी हालाँकि वो ख़्वाब इतने साफ़ थे कि बरसों तक हवा में तैरना मुझे सपना नहीं, याद मालूम होता रहा।

गली सचमुच ख़ामोश थी क्या, दोनों तरफ़ अँधियारी इमारतें? अगर सारे मौजी घर चले गए तो पौ फटने ही वाली होगी।

भोर। मैं गलियारे में निकली। पीछे की गली में चूल्हों की क़तार से उठते धुएँ की ख़ुशबू। दर पर थी दूधवाले की भैंस—नादान, निरीह। हमारी

प्यारी हीरा उनींदे हाल में बाहर जा रही थी, मटकी भरने। नर कोयल अपना तरल तान दोहरा रहा था।

हवा में गान, तिरछी किरणों पर कंचन के कण। उसके नैनों की सुनहरी चित्तियों जैसे। ऐसा सुहावना सवेरा पहले कभी उगा था? हमारे मोहल्ले जितना क़िस्मतवाला मोहल्ला और कहीं था भला? दद्दा मेरी छाछ लेकर ऊपर आई तो मैंने कसकर उन्हें भींच लिया। चौंकी भी, ख़ुश भी हुईं।

"अरे, अरे, क्या हुआ, बिटिया?"

"कुछ नहीं।" गाकर ही बताया जा सकता था—उस दिन ज़िन्दा होने का अहसास।

अन्दर गई, अपने भीतर गूँजती उसकी श्यामल आवाज़ को गीत में बदल डालने की कोशिश की, फिर गीत को साफ़-साफ़ लिखकर मट्टन आपा के यहाँ भेजा, जहाँ वह टिकी थी। यह भी लिखा कि मुझसे मिलने आए।

अचानक मेरा कमरा छोटा, सँकरा लगने लगा। खिड़कियाँ गली की ओर थीं, उनसे सामनेवाला मकान ही दिखता था। बाक़ी लड़कियों के कमरों से सजा भी कम था, शायद इसलिए कि मैं सब से कम मुनाफ़ा कमाती थी या इसलिए कि सब से कम रौब जमाती थी। कमरे को सँजोने की कोशिश की, तकियों को हिलाया-डुलाया, गाव-तकियों को मोड़कर रखा, उनके धुँधलाए हिस्सों को छुपाने वास्ते।

छतों की राह से आने की बजाय, जैसे हम सब आती थीं और वह भी बाद में आने लगी, वह उस रोज़ गली की राह आई। सीढ़ियों के ऊपर खड़ी, मैंने उसे जैसे उदित होते देखा, मुस्कुराता चेहरा मेरी तरफ़ उठाए, मुझ पर नज़र टिकाए। इस बार लिबास लाल था।

कमरे में क़दम रखकर हिचकिचाई, बैठने से पहले ही ब्रजभाषा में लिखे कुछ दोहे मुझे पकड़ाए। किसी ख़तरे से बचने के लहज़े में कहा, मेरी गुइयाँ चम्पा की हैं। मैंने सोचा दोनों नामों का एक जैसा होना अजीब है लेकिन कुछ कहा नहीं।

वह परवल की मिठाई भी लाई थी, बाहर हरी-भरी, अन्दर सरस गूदा, हर छेद चाँदी से लिपटा, बादाम से जड़ा हुआ। "चम्पा ने बनाए।"

आख़िर दोनों बैठीं, पानदान बीच में, और बातें कीं, याद नहीं कौन-सी। बसंत तेज़ी से गर्मियों की ओर बढ़ रहा था। शीतल, खस के गन्ध में बसे, अँधियारे कमरे में हवा यों भड़क रही थी जैसे आग लगने वाली हो। उसकी आँखें। अगर मैं झुककर उसके गाल पर होंठ रखकर कहती, "यह दिखावा छोड़ दें?" तो क्या होता? पर मैंने उठकर शर्बत मँगवाया।

कई महीनों बाद उसने मुझे बताया, उस दिन मेरे होंठों, उँगलियों की बनावट को उसने ग़ौर से देखा था। अगले ही दिन उसे बनारस लौटकर जाना था।

क्या एक बार फिर मिलना मुमकिन था? रात को मैं महफ़िल में से सरक गई, आबरू की ग़ज़लों के अपने क़ीमती इन्तख़ाब में एक ग़ज़ल पर मोरपंख लगाया, छतों के रास्ते उसके कमरे के बन्द दरवाज़े पर पहुँची। न जाने कितनी देर वहाँ खड़ी रही अँधेरे में, फिर चुपचाप चली आई। पौ फटने से पहले मैं फिर निकल पड़ी। कबूतर कुढ़ने लगे और मुर्गे ने बेवक़्त बाँग दी।

फिर उसी दरवाज़े पर, जिसके कुंडे-पोर मेरी उँगलियाँ में बस से गए थे। अचल ख़ामोशी। आकाश में भोर की पहली धारी। मैं वापिस जाने को मुड़ी ही थी कि दरवाज़ा खुला। उसके हाथों में किताब थमाकर, मैंने कुछ बड़बड़ाया और भागने को हुई।

खुला गला, नींद से मदमाती आँखें। मेरी बाँह पकड़ ली। "ठहरो। लौटाऊँगी कैसे?"

"ख़ुद लौटोगी तो लेकर आना।" कहीं किसी दरवाज़े के खुलने की आवाज़। मैं उल्टे पाँव लौट आई।

इसके बाद शुरू हुआ ख़तों का सिलसिला। शरद खुले दिल का है ही—ज़रा-सा आभास मिलते ही उन्होंने मेरे वास्ते अपना क़ासिद भेजा। अम्मी एक

हफ़्ते बाद लौट आईं तो उसके रह-रहकर हमारे द्वार आने पर उनको अचरज हुआ।

मुझे ख़त पकड़ाते हुए बोलीं, "लगता है केतकी की बेटी तुमसे हिलग गई।" गहरी साँस भरी। "पिछली बार देखा तो छुटकी-सी नटखट थी। सुना है अब एकदम केतकी जैसी शक्ल-सूरत है।"

मन किया बोलूँ, "उनसे कहीं ज़्यादा ख़ूबसूरत।" मैंने केतकी मौसी की तस्वीर देखी थी। चौखट पर खड़ीं, दिलेर भाव से दुनिया को निहारतीं। मगर कुछ कहा नहीं। आम तौर पर मुँहफट हूँ लेकिन एक नया अहसास हुआ—जो अपना हो वही सबसे ख़ूबसूरत होता है।

गर्मियाँ चिट्ठी-पत्री में गुज़र गईं। उद्दीप्त काशी, उसके चारों ओर दीपक की, चाँद की, प्रभात की जोत। किताबें जो वह पढ़ रही थी, गाने जो वह सीख रही थी, लोग जो किसी अफ़साने के क़िरदार जैसे हैं—तीस साल से उनका हाल-चाल पूछ रही हूँ, हालाँकि कइयों को देखा तक नहीं है और कुछ से दो छन ही मिली हूँ।

इन बयानों के साथ-साथ वह लिखती, काश तुम यहाँ होतीं तो हम दोनों हर सुबह घाटों से उतरतीं, गंगाजी के तट जातीं, मन्दिर जातीं जिन को रानी अहल्या बाई ने कुछ बरस पहले फिर से खड़ा किया है। शहरों की महारानी में रानी। लगता है मैं उस नदी को, उसके दूसरे छोर के खेतों को बिना देखे ही अच्छी तरह जानती हूँ।

"कल शाम को दीप-बत्ती के समय घर लौट रही थी। गंगाजी में दीपों की ज्योति के सामने हर ज्योति फीकी पड़ जाए। तुम दर्शन करोगी तो समझोगी। कोई आरती गा रहा था : 'नव कंज लोचन कंज मुख कर कंज पद कंजारुणम, ...मम हृदय कंज निवास कुरु...' शाम के धुएँ-धुँध से गुज़रते हुए हम एकदम शान्त हो गए। वापिस आए तो किसी को पता भी न था कि हम कहीं गए थे। सिर्फ़ गोरी द्वार पर हमारी राह देख रही थी। तुम होतीं तो हमारी राह देखतीं? हम दोनों मिलकर गीत गातीं?" गोरी थी

उनकी चितकबरी गाय। पैदा हुई बहुत छोटी, और जुड़वाँ बहन परेशान करने लगी। चपला ने उसे अपने हाथों से पाला-पोसा। अब वह उसके पीछे-पीछे फिरती थी जैसे चूज़ा माँ के पीछे फिरता है।

"गुरुजी के साथ हम लोग कामसूत्र पढ़ रही हैं और पुराण भी। तुम्हारे लिए कुछ उद्धरण लिख भेजेंगे। तुम भी बताती रहना, क्या-क्या पढ़-लिख रही हो। अभी जाना पड़ेगा, किशन को खिलाना है। आजकल नई धुन सवार है—सिर्फ़ मेरे हाथ से खाएँगे। तुम दूसरों को खिलाने में माहिर हो न? तुम्हारे कमरे में हमें ऐसा लगा जैसे हम कई दिन वहाँ खाते-सोते बिता सकते हैं।"

मैं ख़त लिखती, फिर उसे पढ़कर दोबारा लिखती। बाहर पपीहे की हूक दोबारा, दोबारा, दोबारा, बढ़ती उत्कंठा के साथ हर बार कटती, आरोह पर पहुँचती, रुकती। हर बरस यों ही हूकता होगा ज़रूर, पर उस बरस मेरे कमरे के ठीक सामनेवाले पेड़ पर आसन जमाया, जैसे मेरे लिए ही पुकार रहा हो।

ख़त—दुनिया-भर में लोग एक-दूसरे को लिख रहे हैं, सदियों से लिखते आ रहे हैं। यक़ीनन वही उक्तियाँ दोहराते होंगे। कभी-कभार सोचती हूँ, शायद हमारी शक्लें भी दोहराई जाती हों—क्या मालूम सौ साल पहले ठीक चपला की शक्ल वाली कोई लड़की रही हो या फिर सौ साल बाद रहेगी? लेकिन न जाने क्यों मुझे पक्का यक़ीन है कि उसकी ये चिट्ठियाँ, जिन को मैं अब शायद ही कभी देखती हूँ, अनोखी हैं। किसी ने ये बातें नहीं लिखी होंगी, ठीक इन्हीं लफ़्ज़ों में।

बनारस तो लगता था बग़ल में ही है क्योंकि हमारी गली के लोग वहाँ अक्सर चक्कर काटा करते थे, नवाबों के ताँगे में। उसके ख़त पढ़ते वक़्त उसका शहर देखने की ललक उठती थी मगर बाद में टालती रही, कभी बीमारी के बहाने, पर ज़्यादातर यह कहकर कि घर के सारे काम मैं ही सँभालती हूँ, मेरा यहाँ रहना ज़रूरी है। सारी गली में एक मैं ही हूँ जो काशी नहीं गई हूँ।

~

हम सब एक बड़े, नाव के आकार वाले घर में हैं। लोगों का आना-जाना, बच्चों की खेल-कूद, चीख़-चिल्लाहट। चपला-रूपा भी हैं। रूपा-नादिरा बातें कर रही हैं, मैं छोटे-मोटे कामों में लगी हूँ। समय-समय पर चपला मुझे अपनी कोई परेशानी बताती है। बैठकर बात करने की बढ़ती चाह मगर मजमे में मौक़ा नहीं मिलता। हाथों का छू जाना, पुर्ज़ों, टुकड़ों, लफ़्ज़ों की लेन-देन। आख़िर हम पिछवाड़े निकल जाती हैं। वह हिंडोले पर लेटी है। लम्हे-भर की आगोश, मैं धीमे-धीमे कुछ बोलती हूँ, वह कहती है, "मालूम है, मालूम है।" सुख की इन्तहाई में मैं समन्दर तट की ओर इशारा करती हूँ, वह मुड़कर देखती है—सामने है प्रशान्त सागर। किनारे पर, आधा हिस्सा पानी में डूबा, है एक बड़ी चट्टान, समन्दर के जीव-जन्तुओं, सीप-घोंघों से ढकी। किशन, सोना, बाक़ी बच्चे उस पर चढ़-चढ़कर खेल रहे हैं। और उनके पास देखती हूँ एक छोटा, भूख से कमज़ोर पड़ा शेर। डर के मारे मैं बच्चों को पुकारकर अन्दर बुलाती हूँ। वो घर के अन्दर दौड़ते हैं, हम दोनों पीछे-पीछे, शेर भी दरवाज़े से घुस आता है पर मैं उसे बाहर भगा लेती हूँ।

जगते हुए वह बिसरा झुकाव महसूस होता है जल्द ही रिस कर जाता हुआ—दिन-भर के काम-काज के दौरान उसकी ओर अपना झुकाव। कोशिश करूँ तो याद नहीं आता, पर कहीं वह सलामत है ज़रूर, नींदों में गाढ़ा।

~

उस बरस के अफ़साने—एक मेरा, ख़ामोश, यहाँ कुछ ही लोगों को इसकी मालूमात थी और काशी में चपला के ज़्यादातर दोस्तों को शायद कभी थी ही नहीं। दूसरा बख़्शी का, जो सारे शहर की ज़ुबान पर

था और जिसको मियाँ जुरअत ने अपनी मस्नवी में अमर कर दिया।

हज़रत ख़्वाजा हसन उन घुमक्कड़ शायरों में हैं जिनके झुंड समय-समय पर हमारे शहर पर उतरते रहते हैं। ज़्यादातर दिल्ली से आते हैं, वहाँ बराबर पलती आफ़तों से बचने। हिजरती परिंदे, शरद उन्हें कहते हैं। शरद को तो मालूम है वह कहाँ का है, घर से दूर जाने का कोई इरादा नहीं।

शाहजहानाबाद तबाह हुआ तो हज़रत भागकर फ़ैज़ाबाद गए। वहाँ मियाँ जुरअत से जुट गए। जुरअत साहब अन्धे हैं, मीर इंशा, रंगीन से बुजुर्ग होकर भी उनके अच्छे दोस्त हैं। जुरअत और हज़रत साहब इटावा पहुँचे और फिर यहाँ। जल्द ही वो ख़ूबाँ की हर महफ़िल में दिखने लगे, ज़ाहिर है हमारी गली में भी। दो साल पहले नादिरा ने उनके बारे में बताया, "पिछले हफ़्ते हज़रत साहब ने बख़्शी को अपने घर बुलाया, और भी कई लड़कियाँ साथ गईं। दोनों की लम्बी बातचीत हुई। सुना है बख़्शी पर फ़िदा हैं। आज शाम को आ रहे हैं हमारे यहाँ, महफ़िल में। आओगी?"

इधर कुछ दिनों से घर बैठे बेचैनी-सी लग रही थी, मैं मान गई। घर में क़दम रखा तो जैसे सुगन्धों की बौछार में; नौकर-चाकर फूल, फल, शराब, मेवे-मिठाई लेकर भाग रहे थे। यानी हज़रत की ख़ास मेहमाननवाज़ी! बख़्शी का दो और लड़कियों के साथ नाच-गान हुआ। पर मैं उनको नहीं, हज़रत साहब को टटोल रही थी। उनकी वह चितवन पहचान में आई। दुल्हन जान का ज़माना गया; बख़्शी मट्टन आपा के घर की नूतन सितारा थी। "बहुत ख़ूब—राजा इन्द्र की परियों से बढ़कर!" हज़रत फ़र्माए। "कैसी आवाज़ है—दिल-ओ-जान को हड़प कर ले जावे," मियाँ जुरअत बोले। पान बनाने में लगी दुल्हन बाई ने बात अनसुनी कर दी।

हज़रत साहब जवान नहीं थे, देखने में भी कुछ ख़ास नहीं। उनका ठंडे स्वभाव की बख़्शी पर फ़िदा होना सबको मज़ाक़-सा लगा। ऊपर से मट्टन आपा ने मामले को उल्टा समझा। हज़रत की उम्र और नवाबी चाल-ढाल के चक्कर में आकर उन्होंने समझा ये पहुँचे हुए बुजुर्ग हैं, बख़्शी

को उमराव की नज़र में लाएँगे। उनकी ख़ूब ख़ातिरदारी करी, कहा इस घर को अपना समझें।

हज़रत ने उनकी बात पर अमल किया। रोज़ बख़्शी से लम्बी गुफ़्तगू करते, मट्टन आपा ख़ुश होतीं, हम लोग तमाशा देखते। "रोए, पिघले, सर हाथ पर धरे," शीरीन ने कहा। "उनकी गली में जीए, उनकी गली में मरे," नादिरा ने जोड़ दिया। बख़्शी बेपरवाह मुस्कुराईं। "वो हमें बहुत किताबें लाकर देते हैं," सफ़ाई देती हुई बोलीं। सही बात थी—उनके कमरे में किताबों का ढेर लग गया। दो बरस हज़रत आते-जाते रहे, बख़्शी पर कोई असर होता न दिखा। अपने पहले वाले सरपरस्त से तंग आकर उन्हें छोड़ दिया, लेकिन लगता था दूसरे को ढूँढ़ने की जल्दी न थी।

फिर उस बरस की, मेरे बरस की, गर्मियों में, नादिरा मुझसे मिलने आई; दोपहर का वक़्त हम दोनों के गप-शप लगाने का वक़्त था। कहा, "बख़्शी को भी हज़रत का रोग लग गया है।"

"सच? कब से?"

"कहती है धीरे-धीरे हो गया।"

चपला को लिखकर बताया। इस ख़बर में अपनी अनकही ललक पिरो दी। "धीमी बत्ती को आग लग ही गई। शायद सही कहते हैं कि किसी पर जी-जान लगा लो तो न चाहते हुए भी वह तुम्हें चाहने लगेगा।"

"बख़्शी को जोश तो कम आता है," मैंने नादिरा से कहा, "हमारी महताब बाजी की तरह सूकून वाली जो ठहरीं।"

"अरे नहीं, उन से कहीं ज़्यादा सुजानी हैं, कोई मुक़ाबला ही नहीं। बख़्शी जैसे कोई लिखता-गाता हो, तो अन्दर आग ज़रूर सुलग रही होती है। कहती है आशिक़-माशूक़ एक-दूसरे में हक़ को ढूँढ़ते हैं।"

कुछ हफ़्तों तक बातें यों ही चलती रहीं। फिर एक दिन दोपहर को मट्टन आपा झंझावात बनकर आ धमकीं। उनकी ऊँची आवाज़ और मिट्ठू की चीख़ें सुन हम सब दौड़ कर अम्मी के कमरे पहुँचीं। फड़फड़ाती आपा

गावतकिए के बल धम से बैठीं। गालों पर पसीना और एकाध आँसू का बहाव।

"सच मानो, यक़ीन नहीं आ रहा। यहाँ हम सोचे उमराव से मिलावेंगे, वहाँ ऊटपटाँग सूफ़ियाना बातों से बहका रहे थे। दीवानी हो गई छोकरी। क़िस्मत देखो—फिर वही गुलबदन वाला मामला होने जा रहा है।" इशारा मेरी तरफ़ था क्या? कहीं उनको मालूम तो नहीं हो गया था कि गुलबदन के अंग्रेज़ सिपाही के साथ भाग जाने से पहले मैं ही दोनों की चिट्ठियाँ पहुँचाती थी?

"हमारे बुढ़ापे का चिराग है वह। नादिरा से या चलो दुल्हन से भी इश्क़ फ़रमाता तो ग़म न होता। इनसे मिलने पर भी एतराज़ नहीं लेकिन यह कोई बात हुई कि बाक़ी सब आनेवालों से मिलना ही छोड़ दें। अपने को समझते क्या हैं? आख़िर शायर ही तो ठहरे। हमें कल का पैदा समझते हैं?"

"पता लगाने में तो काफ़ी वक़्त लग गया," नादिरा ने मेरे कान में फुसफुसाया। मेरा दिमाग़ आगे दौड़ पड़ा—अगर कभी यों चपला और मेरी बातें होंगी तो क्या होगा? मुझे अच्छा लगेगा? हाँ, ख़्वाब असलियत में बदल जाएगा। मगर नहीं, सब लोग हँसकर टाल देंगे, कोई हंगामा नहीं होगा। वैसे भी, बात है कहाँ? मेरा रंगीन सपना ही तो है।

"अब क्या करोगी?" अम्मी ने हमदर्दी-भरे लहज़े में पान की तश्तरी पेश करते पूछा। हीरा को इशारे से पंखा झाड़ने को कहा।

"अजी, फ़िक्र न करो, हमने उनका काम तमाम कर दिया।" सफ़ाई से गिलौरी चुन, गाल के अन्दर ठूँसा और अम्मी के हवा जैसे हल्के मलमल के दुपट्टे से अपना मुँह पोंछ डाला। उनके अपने दुपट्टे पर सलमे-सितारों की भारी कढ़ाई थी। अम्मी के चेहरे पर शिकन पड़ गई मगर आपा बेख़बर। "मैंने आज उनको बिठलाकर समझाया कि दोबारा तशरीफ़ फ़रमाने की तकलीफ़ न उठाएँ। इश्क़—मेरी जूती से! हमारे यहाँ आशिक़ों की कोई कमी नहीं। अपनी शायरी और अपने शौक़ जहाँ मर्ज़ी ले जाएँ। और तुम्हारे प्यारे दोस्त मियाँ जुरअत को भी यही लाज़िम है।" अम्मी को जुरअत साहब

की इस नई तारीफ़ ने कुछ हक्का-बक्का कर दिया। "भोले-भाले बन कर सितार छेड़ते रहते हैं। अन्धे होंगे वो, मेरी तो आँखें खुल गईं।"

"अन्धे, अन्धे," मिट्ठू चीख़ उठा।

"पता कैसे लगा?"

आपा ने कमरे में इधर-उधर खड़ी-बैठी हम सब पर उड़ती हुई निगाह डालकर होंठ भींच लिये। "शुक्र है किसी ने हमें बताया कि लड़की ने सब मेहरबानों से बात करना क्यों छोड़ दिया है। नहीं तो उसकी सारी बेवकूफ़ सहेलियों ने हम से बात छुपाने की साज़िश रचा रखी थी। हमारी कमाई ख़त्म हो जाए, इनका क्या जाता है? सब को खिलाने-पिलाने का काम हमारा है न।"

नादिरा के चेहरे से मालूम हुआ, वह बहस करना चाहती थी लेकिन चुप रही। हम गैलरी पर निकल आए।

"अब क्या होगा?" अज़ीज़न ने नादिरा के कंधे पर अपनी पैनी ठोढ़ी टिकाते हुए पूछा। नादिरा और मेरी बातचीत के बीच में पड़ना और सवालों में बात करना—मुझे अज़ीज़न की ये दोनों आदतें एक आँख नहीं सुहाती थीं। मैंने उसका सवाल अनसुना कर दिया।

शाम के वक़्त अचानक हज़रत मियाँ जुरअत को हमारी सीढ़ियाँ चढ़ाते हुए नज़र आए। हज़रत पहली नज़र में पहचाने नहीं गए—सिकुड़े, कुम्हलाए हुए। अम्मी ने उनको बिठलाया और मियाँ जुरअत की नई नज़्मों की बात करने लगीं मगर हज़रत साहब का दिमाग़ कहीं और था। वो लगातार ग़ुसलख़ाना जाने के बहाने गैलरी से मट्टन आपा के घर की तरफ़ ताक़ते रहते। मियाँ जुरअत ने इश्क़ के राज़ों पर एक लम्बा भाषण झाड़ दिया—जब क़िस्मत दो लोगों को मिलाती है तो कोई उनको जुदा नहीं कर सकता, इस आतिश को कोई बुझा नहीं सकता, वग़ैरह वग़ैरह। इन ऊँची-ऊँची बातों में वो कम ऊँची बातें मिलाते रहे।

"आवाज़ तानसेन की पाई है, सरस्वती जैसे नाचती हैं। औरत की

ख़ूबसूरती, मर्द की हिम्मत। छातियाँ नारंगी जैसी, नैन हिरणों जैसे।"

अदब निभाने वास्ते अम्मी हाँ में हाँ मिलाती गईं, हम लोग अपनी हँसी दबाती रहीं। ये अजीब-ओ-ग़रीब बन्दिशें, जो बाद में उन्होंने अपनी मस्नवी में भी रखीं, हमें उन अफ़वाहों की याद दिला रही थीं, कि मियाँ जुरअत ने अपने दोस्तों के घर की औरतों को देखने के लिए अन्धे होने का नाटक किया था, उसके बाद सचमुच अन्धे हो गए। उनकी फ़लसफ़े वाली नज़्मों से उनकी नमकीन नज़्में ज़्यादा सजीव थीं। मेरे ख़यालात ने दूसरी राह पकड़ी। कितना मुश्किल होता है किसी के रूप का बयान करना, चाहे उसका चेहरा सोते-जागते नज़रों में समाया हो। मियाँ जुरअत की तरह मेरे दिमाग़ में भी सिर्फ़ शेर-ओ-शायरी की घिसी-पिटी बातें आती थीं। चाँद-सा चेहरा। बाल बरसात के बादलों जैसे। हवा में हिलते पत्तों के बीच छनी रोशनी जैसी आँखें। होंठ अर्ध-खिला गुलाब। सुराही जैसी गरदन। सरो की कद। मन...नहीं, मन की तुलना किस से करे? मेरे मन में लफ़्ज़ गूँजते रहे—मरमरी रंगत। खिलते कमल जैसे हाथ। अनदिखे चाँद जैसी छातियाँ...

ताज़ी बन जाती है बासी। गहरी दरार है तजुर्बे और उसकी उक्ति में।

नादिरा ने मुझे टहोका मारा।

मियाँ रंगीन के बेकार-से शागिर्द मियाँ मारूफ़ अन्दर आए थे। हम सब को मालूम था हमारी अज़ीज़न उनकी नज़रों पर चढ़ी थी। अज़ीज़न आई तो मारूफ़ ने आँख मारी और वह सकुचाकर बाहर गई जैसे कुछ भूला हुआ काम याद आ गया हो। पूरे तमाशे के दोहराए जाने की तैयारी! मारूफ़ उसके पीछे-पीछे जाने वास्ते खड़े हुए तो अम्मी ने मुझे आँखों-आँखों में इशारा किया। मुझे उनका पीछा करना पड़ा हालाँकि मैं अपने कमरे में जाकर चपला के ख़त को चौथी बार पढ़ने का मौक़ा देख रही थी।

अगली सुबह नादिरा अचानक पहुँची तो मैंने ख़त को किताब में दबाया। "यह देखो।" उसने ग़ज़ल दिखाई। "हज़रत ने अज़ीज़न को और

हम को गाने के लिए कहा है।"

"तो?" मैं जल्दी से जल्दी बात निबटाना चाहती थी। हज़रत की ग़ज़ल से तो मेरा ख़त कहीं ज़्यादा दिलचस्प था। "तुम्हें पसन्द नहीं है क्या?"

वह मेरे बिस्तर के एक कोने बैठ गई जहाँ हमेशा बैठती थी, पैरों से चप्पलें फेंक डालीं और पैर ऊपर खींच लिये। न जाने क्यों इन रोज़ की हरकतों, यहाँ तक कि उसके पैरों की उँगलियों की सूरत और उसकी चप्पलों के दो अलग-थलग ओर उड़ने से मुझे बेइन्तहा चिढ़ हुई पर मैंने दिखने न दिया।

"यह बात नहीं। बख़्शी को सन्देशा है यह।"

अब समझी कि अंजाम क्या हो सकता था। किताब रख दी। सुनना और सलाह देना ज़रूरी था। "चौकस रहो तुम। आपा पहले ही हम लोगों को दोष देती हैं। पता लगेगा तो आगबबूला हो जाएँगी।"

"दोष आपा का है। हज़रत कंगाल थोड़े ही हैं। तुम्हें अन्दाजा नहीं कि हमारी बख़्शी कितना तड़प रही है। बोलती नहीं, बस यों ही पड़ी है। मियाँ जुरअत कहते हैं हज़रत सारी रात रोते हैं। आँसू बहाने से राहत तो मिलती होगी।"

"मगर आपा बख़्शी को लेकर बड़े-बड़े सपने जो देखती हैं।"

नादिरा ने ग़ज़ल समेटकर अपनी अँगिया में रख ली। कुढ़ते हुए सोचा मैंने, उसके पसीने से वह गीली-काली पड़ जाएगी। तभी तो मैं चपला का कोई ख़त अपनी अँगिया में नहीं रखती।

"बख़्शी के अपने सपने हैं," उसने कहा, "यह देखो, उसने भी ग़ज़ल लिखी है। शीरीन तुम्हारे यहाँ गाएगी तो हज़रत सुनेंगे।"

"तुम अच्छी-ख़ासी क़ासिद कबूतरी हो गई हो। तुम जानती तो हो एक कोठे पर कही गई ग़ज़ल दूसरे कोठे पर नहीं गाई जाती। अम्मी सख़्त मना करेंगी।"

"उन को पता लगेगा तब न। शीरीन को भी कुछ मत कहना। मक़्ते

में मैं तख़ल्लुस बदल कर तुम्हारा लगा दूँगी, हज़रत फिर भी पहचान जाएँगे। तभी तुम्हें बताने आई हूँ। ग़ज़ल को तुम अपने नाम से शीरीन को गाने को दो।"

मैं कुछ कहती उससे पहले ही वह उठकर चली गई। लेटकर ख़त पढ़ने के सुख में आशंकाओं को भुला दिया मैंने।

चपला कलकत्ते में थी, वहाँ प्लाउडन मेमसाहब से मिली थी।

"वही गंगाजी हैं पर यहाँ अलग लगती हैं—श्यामल, अधेड़। काशी कलकत्ते से पुरातन है पर गंगाजी दोनों से प्राचीन। समुद्र को पहली बार देखा—बहुत सारे जहाज़—छोटे-बड़े, अलग-थलग आकारों के, रंग-बिरंगे। अन्दाज़ा नहीं था कि इतने क़िस्म के जहाज़ होते हैं। कैसे महसूस होता होगा, जहाज़ पर, चारों तरफ़ सागर ही सागर। बन्द मगर मुक्त। सागर तट पर सीपें बटोरीं—गुलाबी, नारंगी, हरी। तुम्हारे लिए लेकर आऊँगी। तुम्हारे शहर के लिए चूना बनाने में लाखों सीपें लगी होंगी—तभी तो यों दमकता है—एकदम नया।"

नया? हाँ, इस नाम से, और काशी के मुक़ाबले नया, मगर नवाबों से पहले सदियों तक लोग यहाँ रहते थे, और मैंने यहाँ ज़िन्दगी बिताई, शायद इसलिए मुझे कभी नया नहीं लगा।

"प्लाउडन मेम—उन्होंने हम से कहा कि उनको लिज़्बेथ कहूँ पर सब सूफ़िया कहते हैं—को हम लोगों का संगीत बहुत पसन्द है। प्यानो पर हमारे गीत बजाने की और सीखने की कोशिश करती हैं। बताया कि एक बार उनके दोस्तों की पूरी टोली ने नाचने-गानेवालियों का वेश धारण किया था।"

यह मैंने भी सुना था। यहाँ पर कुछ फिरंगियों ने ऐसे ही वेश बदला था, उसी साल जब वो लोग नादिरा की माँ से मिले थे, उनको टानी बुलाने लगे थे। प्लाउडन साहब और मेम को उनका गाना इतना पसन्द था कि जब वो गुज़रीं तो अपने बग़ीचे में उनको दफ़नाया। सराहने वास्ते ही हम

लोगों की नकल उतारते थे।

"हमारे लिबास में अजीब लगे होंगे। हमारे गीत अजीब तरीक़े से गाती हैं। सुना है वो जल्द ही तुम्हारे इलाक़े जा रहे हैं। हम भी फिर से तुम्हारे इलाक़े आएँ या मन भर गया है?" मैं लुढ़क कर पेट के बल लेट गई, सिर तकिए में गाड़ दिया।

अगले दिन शाम ढलते ही हज़रत पहुँचे। हीरा बाज़ार से तभी लौट कर आई थी, गैलरी पर मुझे रोकने वास्ते बाँह में बाँह डाली, कान में फुसफुसाया, "सुबह इनको जागते जोत दरगाह पर देखा हम ने; बख़्शी आपा वहाँ अकसर जाती हैं।"

अगले दिन हम छत पर कबूतरों को दाना डाल रही थीं, गली के बिल्ले पर नज़र रखते हुए, तो नादिरा बोलीं, "वह कहती है बस एक-दूसरे को देखना उनके लिए काफ़ी है, तो दरगाह पर हर दूसरे-तीसरे दिन देख लेते हैं। ऐ, बस करो, तुम लोग," आँगन में मुर्गियों के पीछे दौड़ते बच्चों को डाँटा, "अंडे देने में नुक़सान पहुँचेगा।"

ऊपर वाली सीढ़ी पर शीरीन का सिर उचक पड़ा। "जनाब मजनूँ से कम नहीं," वह खिल्ली उड़ाती बोली, "खाते नहीं, पीते नहीं, मियाँ जुरअत कहते हैं सोते भी नहीं। दो दिन पहले बेहोश हो गए, सब को लगा चल बसे। किसी ने पैर दबाए, किसी ने हाथ, एक ने मुँह में पानी डाला, दूसरे ने तलवे गरम किए, तीसरे ने सिर थामा, सब ने चिल्लाया, ओ, ओ यह क्या हो रहा है? तब वो अचानक उठ बैठे और बोले, घर जलाकर उस में मर जाएँगे लेकिन उन से दूर नहीं जी सकते। यक़ीन नहीं आता—यह सब उनकी उम्र में?"

नादिरा हँस पड़ी, मैंने भी मुस्कुरा दिया लेकिन पेट धँसता हुआ महसूस हुआ। बरसों तक दूर रहना—वाक़ई कैसे जिया जाए?

नीचे से सुनतीं अम्मी ने कहा, "क्या बकवास है। मियाँ जुरअत रसीला अफ़साना पका रहे हैं, नमक-मिर्च डाल कर। दास्तानों में ही लोग बरसों तक ऐसी ऊट-पटाँग करतूत करते हैं। किसी को ऐसे बरसों तक जीते देखा

है? नीचे आओ, सब की सब, दूसरों के मामलों की छान-बीन छोड़ो, अपने रियाज़ में लग जाओ।"

नीचे जाते हुए शीरीन मेरे कान में बोली, "नादिरा से मत कहना—मुझे लगता है बख़्शी आपा छुप-छुप कर पीती हैं। हज़रत ने पीना ही छोड़ दिया और इन्होंने शुरू कर दिया। तभी तो अक़्ल मारी गई है।"

कुछ दिन बाद सब को ख़याल आया कि मट्टन आपा ने दोपहर की गुफ़्तगू वास्ते आना छोड़ दिया था।

"ज़ाहिर है, उनको अच्छा नहीं लगता होगा कि हज़रत उनके यहाँ बवंडर लाएँ, फिर भी हमारे यहाँ आते रहें," शीरीन ने कहा।

"मियाँ जुरअत से हमारी बहुत पुरानी जान-पहचान है, उनके दोस्त को हम मना नहीं कर सकते," अम्मी ने जवाब दिया। "मट्टन भी बहुत बरसों की हमजोली हैं। किसी एक को ख़ुश रखने के लिए हम दूसरे को दरवाज़ा नहीं दिखा सकतीं। मट्टन ठंडे दिमाग़ से सोचेंगी तो बात समझेंगी। आशिक़ आते-जाते रहेंगे; उनकी करतूतों पर दोस्तियाँ ख़राब नहीं कर सकते।"

"चलो, कम-से-कम आपा ने नादिरा को यहाँ आने से मना नहीं किया," शीरीन ने फ़रमाया।

"ऐसा भद्दा काम मट्टन कभी नहीं कर सकतीं।" अम्मी ने बात ख़त्म करी।

मगर आपा को मालूम था क्या कि बख़्शी और हज़रत की ग़ज़लें, नादिरा की अँगिया में समेटी और शीरीन की गाई हुई एक-दूसरे तक पहुँच रही थीं? पता लगता तो ज़रूर एतराज़ करतीं।

इस सब तहलके में किस को फ़ुर्सत थी यह पता लगाने को कि नफ़ीस उस काशी की छोरी संग काग़ज़ के घोड़े क्यों दौड़ा रही है? मेरी अँगिया में छुपाई चिट्ठी पर किसी ने ध्यान नहीं दिया, नादिरा ने भी नहीं। उसको साफ़ रखने का तरीक़ा ढूँढ़ निकाला था मैंने—अम्मी के पुराने महीन से महीन मलमल के दुपट्टे की तहों में उसको लपेट लिया। दिन-भर चलते-फिरते

क़रीब-क़रीब बदन पर उसके छुए हुए काग़ज़ की सहलाहट।

मियाँ जुरअत हज़रत बख़्शी को लेकर मस्नवी न लिखते तो मुझे उनकी कहानी कम ही याद रहती क्योंकि उन गर्मियों से मैंने सिर्फ़ उसके ख़तों की कहानियाँ सँजोकर रखीं। मेरे लिखे हुए ख़त मुझे याद नहीं, हालाँकि मैंने एक-एक को बड़ी मेहनत से दो-तीन बार लिखा। उतावलापन दिखाना भी था और छुपाना भी।

एक महीने बाद उसने लिखा कि वह अपनी माँ के साथ एकाध साल यहाँ ठहरने आ रही है। अपने भाई के इन्तक़ाल के बाद केतकी बाई बनारस से कुछ दिन निकलना चाहती थीं। उनका मन था कि चपला यहाँ की नई शैलियाँ सीखे, नवाब साहब के और रेज़िडेंट के दरबारों में पेश हो। बरसों बाद पता लगा कि ख़ास अंग्रेज़ डॉक्टर से भी मिलना चाहती थीं।

मन कर रहा था समझूँ कि यह सब चपला की राय से हो रहा है मगर चपला तो परेशान मालूम हो रही थी। "हमें अच्छा नहीं लगता, शहर-शहर घूमना। आधी चीज़ें घर पर छोड़ दो, आधी गाड़ियों पर पहुँचती-पहुँचती टूट-फूट जाती हैं। हमारा बस चले तो एक जगह बस जाएँ। पर ख़ुशी की बात यह कि तुम से फिर मिलेंगे, हमारी अधूरी बातें पूरी होंगी। तुम्हारा कमरा याद है हमें, रंग-रस का ख़ज़ाना—किताबों, मिठाइयों, नज़्मों से भरपूर।"

कमरे में अभी तक न रंग दिखा था न रस; अब आँख उठाई तो दमक रहा था। हमारे और मट्टन आपा के कोठे के बीच सिकुड़े छोटे कोठे में उन लोगों ने दो कमरे किराये पर लिये।

साथ वाला घर। वह साथ वाले घर में होगी। हम गैलरियों में खड़े होकर बात कर सकेंगी, दो पल में दौड़कर छत पर मिल सकेंगी। मेरी आधी-पूरी

तसल्लियों की ज़िन्दगी अनजाने में इसी मंज़िल तक बहती रही है क्या?

सुबह पहुँचना था उन लोगों को मगर बारिश हो रही थी, बे-मौसम की बारिश। चढ़ती-पड़ती, उठती-गिरती, गड्ढों-रोड़ों से भरी सँकरी गलियों में इस ज़रा-सी देर की बारिश से बाढ़ पड़ गई। बारिश होती तो शुभ है पर अब वो देर से आएँगे। दिन-भर मैं हर आहट सुनकर खिड़की से झाँकती रही। उनके कमरे तैयार थे। मैं बार-बार जाकर सजावट में छोटे-मोटे बदलाव करती, फूलदानों में पानी बदलती, हमारे घर से उधार लिये सामानों को छूते उसके हाथ, कालीनों पर उसके लम्बे, थोड़े-से फैले हुए पैर देखती। नादिरा ने मुझ पर नज़र रखी, मन-ही-मन मानो हँस रही हो।

शाम हो गई तो कोलाहल से मालूम हुआ वो पहुँच गए। लड़कियों की भीड़ समेत नीचे भागकर गई; मर्द लोग पहले ही उतरने में मदद कर रहे थे। अम्मी उसको और केतकी बाई को गले लगा रही थीं। माँ-बेटी फ़ौलाद और पारा। मेरी तरफ़ उसकी कौंधती मुस्कान। कहार लोग सामान को ऊपर पहुँचाने के सही तरीक़े पर बहस में लगे रहे, तब तक हम सब मिट्टी-भरे, घुटनों तक आते पानी को पार कर सँकरी सीढ़ियाँ चढ़ गईं। छोटी लड़कियाँ चीख़ती-चिल्लाती किशन को उठाकर ले गईं। शर्मीला-सा, गोल-मटोल गुड्डा।

भीड़ में से राह काटती हुई उसकी नज़र, साँस जैसी छन-भंगुर। लम्हा-भर मुझ पर रुकती उसकी आँखें—यह सुकून था या दर्द?

रात को हमारे बीच चन्द गज़ की हवा, चन्द पतली दीवारों की दूरी। महफ़िल के बाद, सब अपने-अपने कमरे चली गईं, मैं गैलरी के बाएँ सिरे जाकर मुँडेर के सहारे झुक कर खड़ी रही।

पानी उतर गया था। अगुवाई की गली से मर्दों की तकरार; आसपास के कमरों से बुदबुदाहट, गुनगुनाहट; पीछे की गली में झगड़ते बिल्ले। मियाँ मारूफ़ रुआँसी आवाज़ में बेकार शेर कहते, जिस पर अज़ीज़न खिलखिलाकर हँसती। सितार की हल्की-सी छुअन ज्यों तड़प रहा था घर

जवान फ़ितरतों की बेचैनी से।

वह नहीं दिखी, ख़ैर, उसके घर को एकटक देख ही सकती थी। यहीं है, सचमुच यहीं है पर हमेशा बहुत क़रीब ही न रही है, नज़र के छोर पर? एक बार केतकी मौसी की आवाज़ सुनाई दी और किशन की, कुनमुनाती हुई, उसकी नहीं। इतने दिनों के सफ़र से थककर सो गई होगी। मोगरा बेवक़्त की बारिश से उभर भीगे-भीगे अँधेरे में अपनी ख़ुशबू बिखेर रहा था। मट्टन आपा के यहाँ से उसको सूँघ पा रही थी। देर से देर होती गई। यहाँ तक कि दद्दा और बाक़ी दाई-चाकरी भी सो गईं। वो सब तो देर रात तक गप-शप करती हैं, गर्मियों में कुएँ, सर्दियों में आग के इर्द-गिर्द।

कुछ-कुछ मिट्ठू जैसा महसूस हो रहा था। कबूतर ख़ुशनसीब हैं, छत से, खिड़की से, रोशनदान से, कभी भी कमरों में झाँककर देख लें कि हर कोई क्या कर रहा है।

चाहती हूँ वह फिर एक बार मुझ पर नज़र डाले। जलाकर आज़ाद करनेवाली नज़र। अपनी तरफ़ उकसानेवाली नज़र।

इशारे का इन्तज़ार था। नहीं मिला तो आख़िर छोटी-सी चिट्ठी लिखी, अपनी छत से उसकी छत के रास्ते उसकी गैलरी में पहुँची, उसके दरवाज़े पर कान लगाया। कुंडी उठाने की हिम्मत थी? नहीं। काफ़ी देर खड़ी रही, फिर दरवाज़े के नीचे चिट्ठी सरकाई, वापिस चली आई। बिस्तर पर गिर गई। रेगिस्तान तय किया, नखलिस्तान नहीं मिला।

अगले दिन वो लोग दिन-भर सोते रहे, हीरा ने बताया। शाम की महफ़िल में अम्मी और शीरीन किसी की फ़रमाइश पर गा रही थीं, मैं हमेशा की तरह दोनों के पीछे बैठी थी। आम तौर पर मददगार गानेवाली मैं ही होती थी पर कुछ थका-हिला लग रहा था तो कह दिया गला ख़राब है। चाँद ने ख़ुशी से मेरी जगह गाया। कमरा भरा हुआ था, शायद नई आनेवालियों को देखने की उम्मीद थी, हालाँकि इन दिनों अज़ीज़न भी बख़्शी के न गाने का फ़ायदा उठा रही थी। मीर इंशा गुलाबी कुर्ते में ख़ूब सज रहे थे। अचानक उनकी

आँखों में, बल्कि सारे कमरे में बदलाव आया। सब की नज़रें मुझ पर, नहीं, मेरे पीछे किसी पर टिकी थीं। मुड़ते हुए मुझे ख़ुशबू छू गई—रोशनी और पानी, भोर के वक़्त की गोमती। केतकी जैसी हल्की सुनहरी साड़ी, बदन को लिपटाती लम्बी चोटी। विनती करती आँखें, झिझकतीं, क़रीब-क़रीब डरी हुईं। होंठ आधी-मुस्कान में खुले। बल खाती हुई, तनिक आगे को झुकी। पहली बार समझ आया ब्रज के कवि लड़की को लता क्यों कहते हैं। देखने में नाज़ुक, असल में मज़बूत।

बाद में, मेरी माँ के हमजोली उनके कमरे में केतकी बाई से मिलने आए तो मीर इंशा ने मेरे सिर पर हाथ रखा। "नई-नवेली शायरा ने और नज़्में कही हैं क्या?"

मेरे मुँह से निकल गया, "नहीं, पर कहूँगी ज़रूर।" सब लोग हँसने लगे।

मीर इंशा मेरी माँ के दोस्त थे। उन दिनों मेरी नज़र में बुज़ुर्ग थे, फिर भी नवाब साहब के दरबार की छत पर बने फ़रिश्ते जैसे लगते थे। नटखट, मासूम-सी मुस्कान, शरारत से चमकती काली आँखें, घुँघराले बाल जो घटने लगे थे, गुदगुदे गाल चिकोटी काटने के लायक़। मर्दों, औरतों, बीच-वालों सब को मोह लेते थे। हाज़िरजवाबी की कटारों की आड़ में कुछ शर्मीले, कुछ शक्की रईस का मिज़ाज, जल्दी ही हर चीज़ से ऊब जानेवाला, चौकस लेकिन किसी-किसी जने के साथ आकाश की तरह खुल जानेवाला—यह समझने में मुझे कई बरस लग गए।

चपला हाथ पकड़कर मुझे गैलरी में ले गई। आनेवाले महीनों में कितनी बार हाथ या बाँह पकड़कर धीरे-से मुझे इधर-उधर खींचकर ले जाती, किसी मदहोश को ले जानेवाली बच्ची की तरह। मैं आँख पर पट्टी बाँध उसके पीछे कहीं भी चली जाती।

"अपनी किताबें दिखा दो?"

मैं आगे चली। हर क़दम पर गिर पड़ने का डर। उसने गहरी साँस भरी। "शुक्र है, भीड़ से निकल आए।"

कमरे में बेचैनी से फिरने लगी, किताबों को खोला, बन्द किया, रख दिया, खिड़कियों से झाँका।

"मीर इंशा बहुत पहुँचे हुए हैं न?"

"हाँ, और दिल के बहुत नेक। लोग उनका फ़ायदा भी उठाते हैं, ग़लत भी समझते हैं।"

"उन से जलते होंगे। तुम से भी जलते होंगे।'

"हम से?" मेरी हँसी निकल गई। "या हमारी बहन से?"

"नहीं तो।" उसने तेज़ी से बात बदली, उसकी इस आदत से मैं बाद में वाक़िफ़ हुई। "अगर कहीं और रहना होता तो कहाँ रहती?"

मन किया कहूँ, "तुम जहाँ चाहो रहो।"

लेकिन बोली, "पता नहीं। शायद शाहजहानाबाद। और तुम?"

"वैशाली में शायद।"

"उस बीते ज़माने में?"

"हाँ, महात्मा बुद्ध से मिलती। या फिर..." कुछ झिझककर बोली, "या शायद लंदन में, आज से सौ साल बाद।"

"मेमसाहब बनकर गिट-पिट बोलोगी?"

"क्यों नहीं, कुछ नया करके देख लें। मगर सुना है वहाँ ठंड बहुत होती है, हमें अच्छा नहीं लगेगा।" फिर से बात बदलते हुए, मनाते हुए, "अपनी कुछ और नज़्में दिखा दो।"

मैंने ग़ौर से चुने हुए दो-चार पर्चे दिखाए। क़ालीन पर बैठकर देखने लगी।

"हमारी मदद करोगी, हमारी नज़्मों को ठीक करोगी?"

"इस्लाह?" मैं उसकी नज़्में ठीक करूँ तो उसकी उस्तानी बन जाऊँगी? एक तरह से ख़याल लुभावना था मगर ऐसा करने से उम्र का फ़र्क़ ज़्यादा न दिखेगा, और फिर मैं इतनी पहुँची हुई शायरा कहाँ थी कि शागिर्द बनाने लगूँ?

"कोशिश करूँगी, पता नहीं कर पाऊँगी कि नहीं। तुम भी हमारी पढ़ोगी?"

"शौक़ से।"

गाँठ-सी बाँध ली।

"खीर खाओगी? या आम की कुल्फ़ी?" मैंने आग की लपट छूते जैसे उसका सिर छुआ। "अम्मी ने मीर इंशा के लिए बनाया है, उनकी मनपसन्द चीज़ है।"

"ठीक है।" ऊपर निगाह की मेरी तरफ़, मुस्कुराई, दाँत मोतियों जैसे, नहीं, सूरज जैसे चकाचौंध करते हुए। छरहरी, नाज़ुक-सी, मगर चाव से खानेवाली, यह मुझे जल्द पता लग गया।

मैं मुड़ी, उसने हाथ पकड़ लिया। "जाना मत, किसी को बुला भेजेंगे।" सिर तैरने लगा जैसे अभी गिर पड़ूँगी।

"चपला, ओ चपला," किसी ने पुकारा।

"अम्मा।" मुँह बिचका खड़ी हो गई।

"साड़ी में ख़ूब फबती हो," मैंने झिझकते हुए कहा, जैसे चाँद से कोई कहे वह फब रहा है।

"तुम्हारे लिए पहना," कहकर ग़ायब हो गई।

दिमाग़ को टिकाने वास्ते बैठकर शेर पढ़ने लगी।

गैलरी से सुनाई दी मीर इंशा की आवाज़—केतकी और गुल की ख़ुशबुओं के मिलने पर बेतुका-सा शेर कह रहे थे।

खेल-खेल में अम्मी नाराज़ होकर उन्हें चुप करा रही थीं।

अम्मी का नाम है गुलरुख।

3

अगले दिन शाम को शरद जल्दी पहुँच गए और नादिरा उसी वक़्त मेरी मीनाकारी वाली चूड़ियाँ उधार लेने आई। आम तौर पर मेरा छोटा-सा गुट मेरे कमरे में इकट्ठा होता तो बहुत अच्छा लगता था मगर आज मन कहीं और था।

"क्या हुआ, नफ़ीस बाई?" शरू अपनी लम्बी ज़ुल्फ़ों पर हाथ फेरते बोले, "शक्ल ऐसी हो रही है जैसे भूत देखा हो?"

"अब लौंडे नहीं रहे आप, ये काकुल किस काम के?" मैंने बचाव किया।

"लगता है आठों पहर सोई नहीं, क्यों?" कुछ दिल्लगी, कुछ कौतुक। मेरा चेहरा तो हमेशा पढ़ ही लेते हैं। "केतकी बाई की बेटी दिल चुरा ले गई क्या?"

गैलरी में निकलकर मैंने शीरीन को आवाज़ दी। उसने मुझे अपनी मोतियों की माला दी थी दोबारा पिरोने वास्ते, वह हो गया था। कुछ खीझती, कुछ हँसती हुई आई। "हीरा के हाथ भेज देतीं। यहाँ तो सारा बदन टूट रहा है, मालिश करानी पड़ेगी। उन बेमुरव्वत बच्चों ने सभी मुर्गियों को गली में खुला छोड़ दिया। हम ही थे वहाँ, हमें ही दौड़-दौड़ कर पकड़ना पड़ा। वैसे अम्मी तुम्हें बुला रही हैं। पूछ रही हैं..."

"यही न कि बेटी का क़ीमती वक़्त हम क्यों बरबाद कर रहे हैं?"

शरू वक़्त के गुज़रने, कली के मुरझाने पर कोई गाना गुनगुनाने लगे, "लेकिन तुम कौन खिचड़ी पका रही हो, शीरीन बीबी? महज़बीन शहज़ादा फँसे कि नहीं?"

"वो तो बहुत पहले फँस गए," नादिरा बोली।

"मेरा मतलब है इन्हें दौलतखाना ले जाएँ, शादी-वादी करें।"

"कहीं अपने ताऊजी जैसे बेइन्तहा सफ़ेद महज़बीन पर निगाह तो नहीं है?" नादिरा ने कुछ शातिरबाज़ी से पूछा।

शीरीन ने झुँझलाते हुए मुँह बनाया, शरू ने कहा, "कौन? जौन मौर्डंट साहब?"

"और कौन?"

"टाँगें सुडौल हैं—मानना पड़ेगा।" शरू अभी भी मेरी शक्ल बार-बार देख रहे थे। "मगर उनकी करतूत देख-देखकर आदमी थक जाता है। जब देखो बन्दूक़ या रैकेट लिये भाग-दौड़ करना और हो-हल्ला मचाना।" हम सब मुस्कुराईं। शरू कभी भाग-दौड़ करे नफ़ासत से भी—नामुमकिन।

"कइयों को उनका जोश दिलकश लगता है।"

"गोरी चमड़ी और दिलकशी—न बाबा। और उसकी उम्र देखो—नवाब साहब के मुनासिब है, शहज़ादे के नहीं।" शीरीन को इस आख़िरी बात से इत्मीनान मिला।

नादिरा ने पूछा, "सुना है एक और महजबीन आकाश में उग आया है?"

"हाँ। हम ने उस से कहा, आज शाम को शीरीन बाई का गाना सुनने आए। पर वह दिखनेवालों में से है, देखनेवालों में से नहीं।"

"कौन है?" मेरी ज़ुबान पर आ गया, हालाँकि सबकी तवज्जह ख़ुद से हटाना चाहती थी।

गावतकिए के बल बैठ नादिरा शरद के लिए बीड़ा बनाने लगी। "नाम रतन है। इलाहाबाद का। बख़्शी ने दरबार पर देखा। कहती हैं सब पर जादू डाला था, नवाब, दरबारी, बेगमों से लेकर हिजड़ों, गानेवालियों, नटों तक।"

"अच्छा? हम ने नहीं सुनी यह बात।" कोई शीरीन से बढ़कर दरबार की ख़बर रखे, उस से बर्दाश्त कैसे हो? "और बख़्शी साहिबा दरबार पर? इश्क़ का बुख़ार उतर गया?"

"उस को उम्मीद थी हज़रत वहाँ होंगे," नादिरा ने दो टूक जवाब दिया।

"चलो, कम-से-कम आवाज़ ठीक हुई। दो दिन पहले उनकी सुबह की बक-झक सुनने लायक़ थी।" कराहते हुए शीरीन ने आँखें छत की तरफ़ घुमाईं। "हाय, कोई बख़्शी को हज़रत से मिला दो! नौटंकी कहीं की।" नादिरा का ग़ुस्सा फूट पड़ने को था, मैंने बचाव किया।

"और क्या बताया रतन के बारे में?"

"फ़रिश्ते जैसे नाचते हैं, सब को हँसाते भी हैं। मीर इंशा के होते हुए मीर मुसहफ़ी चिड़चिड़े रहते हैं—उन को भी हँसा दिया। कुछ ख़ास ही सितम होंगे।"

"सो तो है।" शरू किसी की तारीफ़ खुले दिल से कम करते थे। "शोख़, अक़्लमन्द, ख़ुशदिल। मगर शेखीबाज़ नहीं।"

"देखने में कैसे हैं?" नादिरा ने पूछा।

"नमकीन।"

"आप जैसे ख़ूबसूरत?"

"अब यह बताना तो मुश्किल है।"

"गोरे या साँवले?"

"कनक ज्यों सलोने।"

न जाने क्यों सब को रंगत की चर्चा ख़ूब भाती है, मैं ही ऊब जाती हूँ, पर आज लगा, चलो थोड़ी देर तो इसी बात में लगे रहें।

"मक्खन जैसे चिकने," शरद बोले, "जब तक वहाँ रहे सब ने टक-टकी बाँध रखी थी।"

"आपने भी?" नादिरा हँस रही थी।

"बड़ी दुष्ट हो!" शरद ने मेरी आरसी उठा ली, अपने अँगूठे पर चढ़ा

नहीं पाए तो तिरछी नज़र से देख लटों को सँवारने लगे।

"आप फ़िदा हो गए?"

"जी नहीं, हम तो शुरू से ख़ुद पर फ़िदा हैं।"

हँसी की लहर में वे दरवाज़े पर पहुँचे। काश मैं भी शरू की तरह सवालों के जवाब में अपनी पसन्द को दिल्लगी में उड़ा पाती पर वह हुनर सीखा न था मैंने। उसी वक़्त मीर रंगीन अन्दर आए, तुरन्त अपने पुराने शागिर्द मियाँ मारूफ़ की बेवकूफ़ियाँ गिनाने में लग गए। शायरों की गुफ़्तगू चलते-चलते हमेशा उनके शागिर्दों, रक़ीबों और शागिर्द से बने रक़ीबों पर आ ही जाती है। किसी भी गुट में होने का अंजाम एक ही है, चाहे दरबारी हों, शायर, गवैये-बजैये या हम लोग—पीठ पीछे दूसरों की निन्दा करने की लज़्ज़त।

"हमें बताया उन्होंने, अगले साल उम्रह जा रहे हैं," शरू ने कहा।

"बहुत ख़ूब!" मीर रंगीन बोले, "नौ सौ चूहे खाकर बिल्ली चली हज को।"

"इतने तो नहीं खाए होंगे बेचारे ने," नादिरा हँसकर बोली।

"सही कहा, नादिरा बाई, उसे देखते ही चूहे बिल्ली हो गए।" और मीर रंगीन इशारों समेत शेर कहने लगे :

दिल्ली में सलामत थी तवायफ़ मशहूर,
मारूफ़ था उस पर जान और दिल से चूर।
यह तो मरता था उस पर लेकिन 'रंगीन',
वह कहती थी चल बे चल दूर हो दूर।

हम सब ख़ूब हँसे, गैलरी पर मिट्ठू ने भी ठहाका मारा, किसी ने पूछा यह कहानी सच है, उन्होंने बताया सौ पर सौ सच। "उस ने हमारी तौहीन की, हम को लेकर झूठी अफ़वाहें फैलाईं। ख़ैर, हमें उसे मुआफ़ कर देना चाहिए, शागिर्द था, शागिर्द बेटा होता है। बेटा बेटा ही रहेगा।" मन-ही-मन सोचा मैंने, इसीलिए इतने सारे बाप-बेटों की बातचीत बन्द हो जाती है।

तो मारूफ़ साहब अज़ीज़न के अलावा औरों से भी इश्क़ फ़रमाते हैं।

अचरज की बात नहीं।

मीर रंगीन आगे बढ़ गए थे। "वह नहीं समझता कि हमारी शेर-ओ-शायरी कितनी अहमियत रखती है। हमारा इरादा है ख़ुदा के प्यारे होने से पहले हरेक अन्दाज़ में इस ज़माने के और गुज़रे ज़मानों के हर शायर से ज़्यादा नज़्म लिखने का। हम कई सारे नए अन्दाज़ भी पैदा कर रहे हैं, बारह से ज़्यादा ज़बानों में लिखते ही हैं।"

यह हुआ एक मजमून जिस पर चपला से बात हो सकती थी—शेर-ओ-शायरी में तादाद की क्या अहमियत है? कैसे कहूँ कि वह मेरी अक़्ल की दाद दे—सवाल पूछूँ कि राय ज़ारी करूँ?

अम्मी के कमरे से हज़रत ने बुलवा भेजा। जाते हुए शरद ने शरारती मुस्कुराहट के साथ पूछा, "चल रही हो? या इन्तज़ार करना है?"

"अभी आती हूँ। आप चलिए।" मज़ाक़िया सलाम करके वो गए, मैं रुकी रही। कोई पैग़ाम आएगा?

नहीं, बल्कि नादिरा फिर से टपक पड़ी।

"मालूम है किस ने मट्टन आपा को बख़्शी और हज़रत की बात बताई? तुम्हारी लाडली छोटी बहन ने। हीरा ने सुना, अभी जाकर बताया हमें।"

"हीरा की हर बात सच नहीं होती।"

"यह सच है। हम शीरीन को जानते जो हैं।"

"लेकिन ऐसा क्यों करेगी?"

"जलती है, और क्या? बख़्शी की आधी भी हुनरमन्दी पा सकती है कभी?"

पर्दे फाड़ शीरीन धमक पड़ी। "आप की बात सुनाई दी, नद्दो बीबी, और आपको बता दूँ, एक न एक दिन आपा को पता लगना ही था। अंधी समझ रखा है उन को? अंधी भी होतीं तो बख़्शी जिस तरह डंका बजाकर ऐश कर रही थीं, मालूम हो ही जाना था। रही मेरे जलने की बात, दो दिन पहले देखा कैसे फ़र्श पर लुढ़क कर सिर पर धूल डाल

कर हँस-रो रही थीं वो? हम इतने भी गए-गुज़रे नहीं कि ऐसी बावली से जलने लगें।"

नादिरा चौंकी। सोचा नहीं था कि कोई सुन रहा होगा। "हम ने कह दिया था कि उन पर जिन्न सवार है।"

"हाँ, हाँ, वह तो शुरू से ही महताब बाजी ने कहने की सलाह दी थी तो आपा फ़ैज़ाबाद के चौराहे वाले बाबा से तावीज़ ले आईं। लेकिन हालत बिगड़ती ही गई। बोलीं कि अन्दर से जली जा रही हूँ, कुर्ती फाड़ दी, घर से बाहर दौड़ने को हुईं। किसी ने बाजी को सच बताना ही था।"

नादिरा हुँह कर के चुप रही, शीरीन को लगा यह बाज़ी तो जीत गई, चलती बनी।

लम्बी साँस खींची मैंने। "गर्मी तो वाक़ई बहुत हो रही है, शायद इसीलिए सब लोग अजीब-ओ-ग़रीब पेश आ रहे हैं। तुम ने सुना मीर रंगीन मारूफ़ की खिल्ली उड़ा रहे थे, भूल गए कि ख़ुद उन्होंने महताब बाजी का वैसे ही पीछा किया था।"

"वह तो बहुत पहले की बात है। आदमी भूल जाता है।"

"ख़ुद के जज़्बात कहीं भुलाए जाते हैं?"

नादिरा मुस्कुराई, आराम से दीवान पर बैठ गई। है मेरी ही उम्र की, लेकिन शुरू से समझती है पेट में दाढ़ी है। "वक़्त के साथ सब कुछ धुँधला जाता है, जज़्बात भी। और महताब बाजी भी उनको बहकाती रहीं। जब भी दिल्ली जातीं, खुलकर-छुपकर उन से मिलतीं।"

शीरीन का गाना सुनाई दे रहा था। अज़ीज़न खिसककर मेरे कमरे में घुसी। बोली, "फिर क्या हुआ, बाजी?" भला इस घर में किसी से दो बात हो सकती है बग़ैर किसी और के दख़ल के, ख़ासकर अज़ीज़न के दख़ल के? जब देखो नादिरा का पिछलगा करना। चेहरे से बचपने का गोलमटोलपन जाता रहा और बदन भी ज़रा-सा भरने लगा था हालाँकि अभी भी दुबली-पतली थी।

"एक दिन रंगीन साहब ने तय किया कि अलग रहना बर्दाश्त नहीं होता, शहंशाह की इजाज़त से यहाँ आए। इतना लम्बा सफ़र घोड़े पर सवार होकर तय किया। चौड़ी बाज़ार से कपड़े-लत्ते, इत्र, सजीली जूतियाँ ख़रीद लाए, उधार लेकर ख़र्चा किया होगा नहीं तो उनकी इतनी औक़ात कहाँ? बिन बताए पहुँचे मगर बाजी को ख़बर लग गई थी, ख़ुद बाहर चली गईं, गुल ख़ाला से कहा उनको लौटा दें।"

"पर पहले तो उन से मिलती रहीं फिर ऐसे क्यों किया?"

"अरे, उनके हिसाब से यों ही मस्ती कर रहे थे, यह उम्मीद थोड़े ही थी कि यहाँ चले आएँगे रिश्ता बाँधने। ठीक है बारह ज़ुबान लिख-पढ़ लेते हैं, पर ठहरे तो मुफ़लिस शायर ही न। सबक़ सीखो, अज्ज़ो जी, मियाँ मारूफ़ संग बात मत बढ़ाओ।"

"सारे शायर कंगाल तो नहीं होते। मीर इंशा के द्वार पर हाथी नहीं झूमते?"

"अब तो तुम अरबी घोड़े से गधे का मुक़ाबला करने चलीं।"

अज्ज़ो शर्मसार-सी होकर हँसी, उँगलियों को आपस में मरोड़ा, एक पर पन्ना दमक रहा था। मारूफ़ ने कहीं से लेकर दिया था, अपनी किसी बुज़ुर्ग ख़ाला-वाला के यहाँ से चोरी से उठा लिया होगा। "फिर क्या हुआ?"

"होना क्या था, दरवाज़ा बन्द मिला, नीचे गली से आवाज़ लगाई। ख़ाला जान ने खिड़की से झाँककर कहा, महताब नहीं हैं और पर्दे खींच लिये। वे हुनक कर रोने लगे, दीवार पर लकड़ी के कोयले से ग़ज़ल लिख दी। बच्चे सब इकट्ठे हो गए, हर शेर पर ख़ूब हँसे।"

"पूरी की पूरी ग़ज़ल?"

"हाँ, पर मुझे एक ही शेर याद है :

अब हुई हम को सख़्त हैरानी,
चाह चितवन से उसने पहचानी।

"जब घर ही नहीं थी तो चाह चितवन से कैसे पहचानी?" अज़ीज़न

बाल बुद्धि से पूरी तरह उभरी नहीं थी।

क्या मेरी चाह मेरे चेहरे पर लिखी हुई है? हाँ, मीर रंगीन के कम नफ़ीस शेरों की तरह नादिरा आराम से मुझे पढ़ लेती होगी।

"हम लोगों की छत पर बैठे थे मीर रंगीन जब बाजी को पहली बार देखा, नहीं?" अज़ीज़न ने पूछा।

"हाँ, थोड़े दिन ही ठहरे थे शहर में उस बार, मोतीलाल बजाज के साथ शाम को हमारी ऊपर वाली छत पर बैठे पी रहे थे।" नादिरा मेरी तरफ़ मुड़ी। "बाजी तुम्हारी निचली छत पर निकलीं, सूखे हुए कपड़े उतारने लगीं। रंगीन साहब को उन दोनों ने उनका नाम बताया तो बोले कि वाक़ई उस वक़्त उगते चाँद जैसी थीं। तुरन्त यह शेर बोले :

थी शोला वह या बर्क़ कि जी मेरा जल गया,
ऐसी ही की निगाह कि बस दम निकल गया।

मुझ से रहा न गया। "महताब बाजी बिजली? वो न जलनेवाली बत्ती जैसी सुस्त हैं।"

नादिरा ने मुझ पर चुभती-सी नज़र डाली। "बिजली कई क़िस्म की होती है और हर जने पर अलग तरीक़े से गिरती है। चलो, बहुत बक-बक हो गई, हमें चलना चाहिए, ख़ाला जान ग़ुस्सा करेंगी। तुम गईं नहीं अभी तक? शीरीन के साथ गाना नहीं है?"

"हाँ, हाँ, जा रही हूँ। पहले बख़्शी की ग़ज़ल गा लेने दो। हम नहीं गाएँगे वह। तुम लोगों के बखेड़े में पड़ना नहीं चाहती। चलते बनो, अज़ीज़न, मियाँ मारूफ़ तुम्हारा इन्तज़ार कर रहे होंगे।"

जाने की तैयारी में मैं दाँतों पर मिस्सी मल ही रही थी कि उसने दरवाज़े से झाँका।

ख़ुशी से आँख फाड़ कर देखा मैंने, उसने समझा मैं निकलनेवाली हूँ, ठिठक गई।

"तुम्हें महफ़िल जाना है, हम फिर आएँगे।" बिदकी हुई गिलहरी जैसी

आँखें, गुलाब-कली जैसे सिकुड़े होंठ।

अब तो उसने होंठ सिकोड़ना छोड़ दिया है—पूरी सयानी हो गई है।

"आओ न, आओ, हमें कोई काम नहीं करना।" वाक़ई नहीं करना था क्योंकि उसके दिखते ही बाक़ी सब कुछ दिमाग़ से सफाचट हो जाता था। कंघी रख दी।

"बैठो, क्या करती रही हो?"

"कुछ ख़ास नहीं। दिन घिसटता है, ख़ासकर दोपहर को—तुम्हें भी ऐसे लगता है? बीतते नहीं बीतता, शाम होते-होते चूर हो जाती हूँ।" वह अन्दर आ तो गई थी पर खड़ी थी यों कि पल-भर में भागने को तैयार, चौकन्नी जंगली हिरनी जैसी।

"हम लोग तो दोपहर तक सोती हैं रात-भर जगने के बाद। तुम नहीं सोतीं?"

"नींद नहीं आती।" और आँख लजाकर, "अकेले सोना या माँ के साथ सोना मुश्किल होता है।"

चूड़ियाँ चुनने को मुँह मोड़ कर मैं बोली, "चम्पा को यहाँ बुला लो," हालाँकि यह मैं क़तई न चाहती थी।

"नहीं आ सकती। उसकी माँ आने नहीं देंगी।"

"तुम इतनी दुबली-पतली हो।" अनजाने में यह उलटाव कैसा—अधेड़ औरतें हमेशा मुझे वज़न बढ़ाने की नसीहत दिया करती थीं। "भूख की वजह से नींद नहीं आती होगी। चलो, यह खा लो।" दद्दा मेरे कमरे में लौकी का हलवा रख गई थीं—उस का कौर आगे बढ़ाया।

"माँ जैसी पेश आ रही हो," हँसती हुई बोली, चिड़िया के बच्चे जैसे मुँह खोला। झलकती नहर, लाल दातुरे का फूल जिस में काश हरी मिठाई के साथ मेरी उँगलियाँ भी समा जातीं।

आँख पलटते वह हँसते-हँसते मेरी चाँदी की तश्तरी से झुमके, नथ, सरपेच उठा-उठाकर मेरे बालों में इधर-उधर खोंसने लगी।

हुलसते, कसमसाते पूछा मैंने, "क्या कर रही हो, पगली?"

"तुम्हारा सिंगार। देखो, यह हरा रंग इस गुलाबी पर फूलता है।" मुझे खींचकर कालीन पर बिठाया। "चलो, चौपड़ खेलते हैं।"

"अभी? मौसी महफ़िल में तुम्हारी राह नहीं देख रही होंगी? अम्मी मेरी ज़रूर देख रही हैं।"

"कोई बात नहीं, देर से जाएँगे, वही तो तरीक़ा है सब की निगाह खींचने का। ये सोगथी कहाँ से लाईं—बहुत उम्दा हैं।"

"हमारी नानी के हैं। शहंशाह ने उन्हें दिए। शाहजहानाबाद से भागकर आईं तो एकाध चीज़ ही साथ ला सकीं। यह देखो—सोगथी लड़कियाँ हैं, बाल चाँदी की तारकशी के हैं, सच्ची मोतियों से पिरोए। उल्टाओ तो लहँगे पलट जाते हैं, दूसरा सिर निकल आता है।" मैंने उसे पकड़ाया। ले लिया उसने पर हमारी उँगलियाँ छू नहीं गईं।

"और बताओ।" वह आगे झुककर बैठी थी, ठोढ़ी को लम्बे, सुडौल हाथ पर टिकाए।

मैं बताने लगी। उसकी संगत में बातूनी हो जाती हूँ, न जाने क्यों। कुछ कहानियाँ जो और किसी को नहीं सुनाई थीं, और कुछ जो उसको सुनाते हुए नए रंग में रँग गईं। वह पूरा बरस कहानियाँ सुनते-सुनाते बीत गया। उसकी कहानियों में वह कभी किसी कथा की नायिका थी तो कभी निरीह बच्ची।

सर्दियों की बारिश में एक दिन नादिरा हमें गर्म बादाम वाला दूध दे गई तो चपला बोली, "तुम्हारी क़िस्मत अच्छी है, पड़ोसी अच्छे मिले हैं। कुछ साल पहले हमारी एक बहुत ही दुष्ट पड़ोसिन थीं, शुक्र है वह अपने सरपरस्त के यहाँ चली गई है। हमें मारती थीं, किशन को च्यूँटी काटती थीं, कहती थी किसी को बताऊँगी तो किशन मर जाएगा। वह बिलकुल छोटा-सा था, अम्मा उसे हमारे पास छोड़कर दौरे पर निकल जाती थीं।"

जी करता था वक़्त को खर्रे की तरह उलटकर खोलूँ, दोबारा लिखूँ, उस बच्ची को पनाह दूँ जो उसकी आँखों में से झाँकती दिखती थी। उसके

डर पर ग़ौर करते अपना डर भुला देती थी मैं। मगर कभी वह बेबाक़ दुनियादारी की अदा में अपनी माँ के और अपने चाहनेवालों के ब्यौरे देती। एक-एक का कच्चा चिट्ठा खोल, पैनी दिमाग़-ज़ुबान से ख़ारिज करती।

पहली बार महफ़िल में उसका नाच देखा रंगीन साहब के घर पर। नक़ल किए गए कपड़ों वाले क़िस्से के ठीक बाद की बात है।

सारे मोहल्ले में पहनावे के मामले में अम्मी की पसन्द की दाद दी जाती थी, और सब कहते थे कि लिबास की बनावट और ढाँचा खींचने में मैंने अम्मी का हुनर पाया था।

"अगले महीने बनारस जाना है, शहज़ादे मुझे देखकर दंग रह जाएँ, ऐसा जोड़ा बनवा दो न, आपा," शीरीन ने मुझ से मिन्नत की।

मेरा दिमाग़ कहीं और था, मान गई। लेकिन काम इतना आसान नहीं था। करना मुझे था पर शीरीन दख़ल देने से बाज़ क्यों आती? बात का बतंगड़ बनाने में माहिर थी ही। मोती लाल बजाज जी के साथ कई घंटों बैठी रही पर कोई कपड़ा चुन नहीं पाई। आख़िर एक हरी किनारी वाला गुलाबी चुन लिया। लेकिन जैसे ही बजाज जी गए उसका ऊहापोह शुरू हुआ।

आईने के सामने खड़ी होकर कपड़े को बदन पर लपेटा। "मुझ पर जँचता भी है? फीकी-सी नहीं लगती हूँ इस में? चपला, क्या ख़याल है?"

"बहुत सुन्दर है," चपला ने गम्भीर भाव से कहा।

"मैं फीकी नहीं लग रही हूँ?"

"नहीं, हमेशा जैसी लग रही हो।"

इस होशियार जवाब पर मैं अन्दर ही अन्दर मुस्कुराई। शीरीन की रंगत फीकी-सी सफ़ेद है और चपला की चिकनी गर्म मलाई जैसी।

"पता नहीं, अब मुझे लग रहा है, वह फ़िरोज़ी-स्लेटी वाला ज़्यादा अच्छा था। पर उस में चमक कुछ कम थी। गहरा लाल वाला कैसा लगा?"

"अब यह कट गया है, मोती लाल जी वापिस नहीं लेंगे," अम्मी ने याद दिलाया।

"नफ़ीस बाजी पहन लेंगी। ईद के बाद इनका कुछ नया बना ही नहीं। उन पर ठीक भी लगेगा—मुझ से साँवली जो हैं।"

"अपने लिए पसन्द करती तुम यह गुलाबी रंग?" चपला ने बाद में मेरे कमरे में दरी पर लेटे हुए पूछा।

"पता नहीं," मैं कुछ झुँझलाते हुए बोली। "चुनने का मौक़ा कहाँ मिला?"

"तो फिर मना करना था।"

"शीरीन को जो चाहिए वह तो लेगी ही। और मुझे पहनावे का कोई ख़ास शौक़ नहीं है।" यह बात अब सरासर सच न रही क्योंकि अब तैयार होते वक़्त मुझे उस से मिलने की उम्मीद रहती थी। "यह कपड़ा तुम पर देख लूँ ज़रा। तुम्हारा और शीरीन का क़द लगभग बराबर है।" वह खड़ी हो गई। उसके कंधों पर मेरे सिहरते हाथ कपड़े के साथ-साथ उस पर हिलोरने को तरसे। झट से पीछे हट कर कहा मैंने, "बस, हो गया।"

मैंने लाल जोड़े के लिए काली-सुनहरी किनारी चुनी, कई दुकानों में सल्मे-सितारे और इज़ारबन्द ढूँढ़े, मुग़लानी को बनावट समझाई। दो दिन बाद एक और तूफ़ान। शीरीन दरबार की किसी महफ़िल से बवंडर की तरह लौटी, रोती-चीख़ती हुई। हम सब भागकर उसके कमरे पहुँचे, लड़कियों के पीछे-पीछे दो कुत्ते और एक हिरण का बच्चा। गैलरी पर मिट्ठू साहब पंख ज़ोर से फड़फड़ाए, साथ चलने की इच्छा जताते।

"दुल्हन आपा ने बिलकुल वही जोड़ा पहन रखा था। वही नमूना, किनारी, सितारे, सब कुछ।"

"वही, मतलब?"

"अरे, वही जो आप हमारे वास्ते बनवा रही हैं, और क्या?"

"यह कैसे हो सकता है? वह ज़री की किनारी हमने अम्मी के पुराने पेशवाज़ से काटी, दिल्ली वाला, जो उधड़ने लगा है। वह किनारी यहाँ मिलेगी नहीं। और मेरे कमरे से कपड़ा सीधा मुग़लानी के सिलाई वाले कमरे में गया था। ज्यों का त्यों हो ही नहीं सकता।"

"चलो, ज्यों का त्यों न सही, तक़रीबन एक-जैसा था। बात को समझा करिए, बाजी। वही लाल कपड़ा था, वही बनावट थी, किनारी मिलती-जुलती थी। वो लोग पहले भी ऐसी चोरी कर चुके हैं।"

वह महताब बाजी की ओर मुड़ी, जो एक कुल्हड़ से केसरी सौंदेश आराम से निकालने में लगी थीं; शीरीन के किसी बंगाली चाहनेवाले ने पहले बेटे के पैदा होने की ख़ुशी में भेजा था। किशन मिठाई को, फिर शीरीन की बासी शराब को टटोलने लगा। चपला कुछ भी कर रही हो, उस पर नज़र ज़रूर रखती थी। तुरन्त उसको उठाकर बाहर ले गई।

शीरीन महताब बाजी से बोली, "आप को याद है पिछले साल आप ने मलाई के रंग की फ्रांसीसी गाछ की कुर्ती बनवाई थी, छोटे गुलाबों की कढ़ाई वाली? आप ने पहना भी नहीं था कि दरबार की महफ़िल में बख़्शी आपा वही पहन कर पेश हुईं?"

बाजी ने बड़े सुकून से सिर हाँ में हिलाया। "हाँ, कुछ अजब-सा लगा लेकिन हमने सोचा इत्तेफ़ाक़ की बात है। ख़ैर, उसने चाँदी रंग के जोड़े के साथ पहना, हम ने गुलाबी रंग के। हम ने बुरा नहीं माना।"

"इत्तेफ़ाक़ क़तई न था। जान-बूझकर कर रहे हैं। हो न हो वो लोग हमारे कपड़ों को सिलते हुए देख लेते हैं।"

"नामुमकिन है," मैंने कहा।

"अच्छा? आप कैसे कह सकती हैं? नादिरा बाजी हर रोज़ आपके पास आती हैं। क्या पता उनको बता रही हों?"

"क्या बकवास है! नादिरा के पास और कुछ सोचने-कहने को नहीं है जो तुम्हारे लिबास की बातें करती फिरेगी?" शीरीन ने बच्चों पर शक की उड़ती हुई नज़र डाली। वो लोग गैलरी में मुग़लानी के कमरे से रंग-बिरंगे कपड़ों की कतरनों से खेल रहे थे। किशन चपला की बाँहों से छूटकर जँगले पर कतरनें बाँध रहा था। मैं शीरीन को घूरती रही; मज़ाल है कि चपला का नाम ले, वह भी दोनों घरों में आती-जाती रहती थी।

शीरीन कुछ पीछे हटी पर पूरी तरह नहीं, "जो भी हो, अब हम वह नहीं पहन सकते।"

"क्यों नहीं भला? बनारस में पहनना है, दुल्हन आपा को वहाँ तो नहीं जाना।"

"जाए न जाए, हमारी बला से। सब को लगेगा हम ने उनकी नकल करी है, सब हँसेंगे हम पर।"

"ठीक है, हम इस की किनारी बदलवाए देते हैं। तुम्हारे ईद के जोड़े से हरा साटिन बचा रखा है मुग़लानी ने, और वह मोतियों की किनारी भी है जो ..."

"नहीं पहनेंगे, नहीं पहनेंगे।" रोती-बिसूरती बिस्तर पर गिर गईं। "अम्मी, बनारस नहीं जाएँगे हम अगर यही पहनना है।"

"ठीक है, ठीक है, बस करो, बिटिया। नफ़ीस, तुम्हारा बन चुका है?"

"नहीं, मुग़लानी को वक़्त कहाँ मिला, वह शीरीन का बना रही हैं।"

"फिर शीरीन से दोबारा बदलोगी?"

"शीरीन का जोड़ा हम को मुश्किल से आएगा।"

हंगामा सुन कर मुग़लानी भी आ गई थीं, दद्दा, हीरा वग़ैरह से अपनी कारीगरी की चोरी का रोना रोने।

"आधा ही बना है, बिटिया, फ़िक्र मत करना, मैं लम्बाई कम कर दूँगी। गुंजाइश हमेशा रखती ही हूँ।" बात यों कर रही थी जैसे मैं ही बदलाव पर तुली हुई हूँ।

मैं मान गई पर सोच कुछ और रही थी। चपला मेरी नई ग़ज़ल में पढ़ेगी, गंगा और गोमती के मिलने, एक होने का बयान, तो क्या कहेगी? उसी ने कैथी का वर्णन किया था चिट्ठी में। "माघ मेले के लिए प्रयाग जाते हुए हम लोग कैथी पर रुके। श्वेत शान्ति—किनारे से खेतों तक फैली हुई सफ़ेद समतल रेत, जंगली सफ़ेद फूल, सफ़ेद पंछियों के झुंड हँसते हुए पानी में डुबकी लेते हुए। पर हमें तो सुसु सबसे प्यारे लगे—लम्बे मुस्कुराते

चोंच लिये पानी में कूदते-खेलते। अम्मा ने तेज़ सिरे वाली सीप उठा ली, तरकारी काटने वास्ते। हम मार्कण्डेय ऋषि के मन्दिर गए—जानती हो, उनकी उम्र हमेशा सोलह साल रहती है। उनके माँ-बाप ने उनके लिए छोटे और तेजमय जीवन का वर माँगा बजाए लम्बी, बेनाम ज़िन्दगी के। शिवजी ने उन्हें अमर कर दिया। लम्बी उम्र की इच्छा न करो तो तेज तुम्हें अमर कर देता है।" मेरी ग़ज़ल में थी दूसरे में समा जाने, जान खोकर, ख़ुदी खोकर नित जीते रहने की बात। उसके और मेरे लफ़्ज़ों की यह मिलावट उसे पसन्द आएगी? मेरे इशारे का बुरा तो नहीं मानेगी?

कुछ दिन बाद कपड़ों का राज़ खुल गया। नादिरा ने ऐलान किया, "यह सब सुन्दरी का काम है।" सुन्दरी सफ़ाई करनेवाली जुबती थी। लड़कियाँ सुनने को इकट्ठी हुईं।

"क्या काम?" मैंने समझा नहीं।

"कहाँ रहती हो, नफ़ीसन? कभी तो किताबों से निकलकर बाहर आया करो। कपड़ों की नक़ल का काम, और क्या?"

"सुन्दरी नक़ल कहाँ से करेगी?"

"ख़ुद नक़ल थोड़े ही करती है। तुम्हारे यहाँ सफ़ाई करती है तो मुग़लानी के कमरे से कपड़ों की कतरनें जुटा कर हमारी मुग़लानी को दे आती है।"

"हाय दैया।" धक्का खाकर मुग़लानी धम से बैठ गईं। बाक़ी जनी इस धोखेबाज़ी पर हैरत करके सिर हिलाने लगीं।

"कमीनी कहीं की, उसकी यह मज़ाल, आने दो, चप्पल से मरम्मत करूँगी, सीधी कर दूँगी।"

"शीरीन, ज़ुबान सँभालो, तुम बाज़ारू कसबी नहीं हो," अम्मी ने डाँटा।

तभी किशन आया, चपला को हाथ से घसीटते हुए। उसने बाँहें फैलाईं। "इ-इ-इ-तनी बड़ी गाड़ी देखी।" सब हँसने लगीं, झगड़े से मन उठ गया। भला हर उम्र के लड़कों को गाड़ियों से इतना लगाव क्यों होता है?

नादिरा ने बात सुलझाने के लिए कहा, "आपा और बख़्शी कहती हैं

ख़ाला जान और नफ़ीस की पसन्द इतनी अच्छी है वो सीखना चाह रही थीं बस। आप लोगों से मुक़ाबले का इरादा क़तई न था।"

"हुँह, किसी और बेवकूफ़ को जाकर समझाए। हम कल नहीं पैदा हुए।" शीरीन ने साफ़ तो नहीं कहा कि नादिरा को भी राज़ का पता रहा होगा मगर कहने का मतलब वही था।

"सुन्दरी को कुछ न कुछ खिलाया ज़रूर होगा," हीरा ने कहा।

अम्मी की राय, "ऐसे करना नहीं चाहिए था। हम उनके गीतों की नक़ल करें तो वो क्या कहेंगे?"

शीरीन चुप हो गई, हम दोनों आँख बचाने लगीं।

महताब बाजी हमेशा मामला सुलझाने को तैयार रहती हैं : "ख़ैर, अब नफ़ीस का नया जोड़ा तो बनेगा मीर रंगीन की महफ़िल पर पहनने वास्ते। तुम तो नहीं होगी, शीरीन—नफ़ीस तुम्हारी जगह गाएगी।"

बात बदल गई। अम्मी बोलीं, "चपला बेटी, तुम भी चलकर नाचोगी? छोटी-सी महफ़िल है, रंगीन साहब के कुछ दोस्त ही होंगे।" चपला यहाँ की नहीं थी, कौन-से कोठे से जुड़ी थी पक्का नहीं था। कमरे के परले छोर से मेरा चेहरा पढ़ कर बोली, "जी, खाला, जो आपकी मर्ज़ी।"

सब के सामने, उसके साथ करतब दिखाने का मौक़ा!

किशन के माथे पर हाथ रखकर बोली, बाहर गर्मी में खेल रहे थे न, फिर से बुख़ार चढ़ गया। उसे उठाकर ले गई। अब कल तक नहीं मिलेगी। लेकिन शाम ढलते दरवाज़े का पर्दा हिला। दिल उछल पड़ा पर मैं चुपचाप अपने काग़ज़ात पलटती रही, जैसे गाने चुन रही होऊँ। वह अन्दर आई, फ़र्श पर बैठी, एड़ियों पर आल्ता लगाने लगी। वह मेरे कमरे को अपना मान रही है, यह जानकर दिल ख़ुशी से धड़कने लगा। ऐसे नाख़ून कभी न दिखे थे, एक-एक की झलक शीशे जैसी। इनके निखार को बढ़ाया जाए तो कैसे?

"ख़ुद क्यों करती हो यह सब? हीरा या और किसी छुटकी से कहे देती हूँ, वह कर देगी।"

“मुझे ऐसे काम अच्छे लगते है जिन में सोचना न पड़े। सुनो, मुझे नाचना ही है तो तुम नज़ीर अकबराबादी का वह परी का सरापा गाओगी? जानती हो न? अजी, तुम्हारे क्या हाल हैं?” बच्चों का पालतू हिरण उसके कंधे को सूँघ रहा था। जानवर और बच्चे उस से यों खिंचते थे जैसे चुम्बक से लोहा।

वह सरापा कौन नहीं जानता था? पर मेरा मन कुछ और गाने को कर रहा था। रंगीन साहब का लिखा सरापा गाऊँ तो उनकी भी तारीफ़-सी हो जाएगी और चूँकि इस सरापे में एक औरत अपनी ज़नाखी को लाल परी कहती है, दूसरा मक़सद भी पूरा हो जाएगा। आख़िर हम दोनों भी लाल परी की बैठक पर मिली थीं। अन्दाज़ा लगाया कि चपला बग़ैर तैयारी किए इस सरापे पर नाच लेगी इसलिए उसको बताया नहीं और उसकी ग़ैरमौजूदगी में ही रियाज़ किया।

उस दिन अम्मी को सरदर्द लग गया तो उनकी जगह महताब बाजी साथ चलीं। महताब बाजी न तो ख़ास अच्छा नाचती थीं न गाती थीं, अलसाई अदा से बातें करने से ही उनका काम चल जाता था। मैं तैयार हो रही थी तो चपला अचानक पहुँची, बोली, “यह लाल रंग तुम पर ख़ूब सजता है।” मुझे निहारते उसके नैनों से शरमा कर मैंने मुँह फेर लिया। क्या उसको याद था कि जब हम पहली बार मिले थे मैंने लाल ही पहन रखा था?

“रुको, हम बालों को दूसरी तरह से बना दें।” पीछे से आकर मेरे बाल बनाने लगी। कितनी लड़कियों ने मेरे बाल बनाए होंगे, कितनियों के मैंने बनाए, किसी का छूना ऐसे जल कर कानों, होंठों, पलकों, उँगलियों के पोरों तक न पहुँचा था।

“तैयार नहीं हुईं तुम? क्या पहनोगी?”

“एक नारंगी रंग का जोड़ा जो सिर्फ़ काशी में पहना है।”

“ओह, लाल नहीं? तुम ने नाख़ूनों पर लाल रंग लगाया, हम ने सोचा वह लाल मुर्शीदाबादी रेशम का पहनोगी जो तुम ने मुग़लानी से ठीक

करवाया था।"

"दोनों लाल ही पहनें?" वह मुस्कुराई, "कुछ ज़्यादा न हो जाएगा? ख़ैर, नारंगी और लाल में ख़ास फ़र्क़ भी नहीं है।"

"चलो, फिर कम-से-कम ये पहन लो।" पास पड़ी अपनी सोने की मछलियों-पहुँचियों को उसकी हथेली में उड़ेल दिया।

"पर क्यों? इतनी प्यारी हैं। ख़ुद नहीं पहनोगी?"

"नहीं, तुम पहन लो, पहली बार जो यहाँ नाच रही हो। मछली मुबारक़ मानी जाती है, शहर की निशानी है न।" वाक़ई मुबारक़—पिछली बार मैंने इन्हें उसी दिन पहना था जब चपला से पहली बार मिली।

"ठीक है। सच पूछो तो थोड़ी-सी घबराहट हो रही है। चलती हूँ तैयार होने।"

हम लोग सीढ़ियों से उतर पालकी पर चढ़ने जा रही थीं तो वह दिखी, मुस्कुराई। हर दूसरा दाँत मिस्सी से काला किया था। सफ़ेद दाँत अमावस की रात के सितारे जैसे जगमगा रहे थे। पहली बार समझी मैं कि हम लोगों को परी क्यों कहा जाता है। मुँह छुपाने वास्ते पीछे सटककर बैठ गई। बाक़ी लड़कियों पर कोई असर न हुआ, बतियाती-किकियाती जा रही थीं।

मीर रंगीन अपने घर के द्वार पर थे, सर पर झलाझल दोपट्टा था। बड़े अदब से हमें अन्दर ले गए। बैठक में क़दम रखा तो वहाँ कई अजनबी थे। शीरीन होती तो खीसें काढ़ती, आँखें मारती। हम लोग नज़र नीची करके चुप्पी साधी रहीं। फिर मीर इंशा ने झपकी में ख़ामोशी बिखेर दी।

"अरे, गुलरुख बाई नहीं आईं? गुल बग़ैर बग़ीचे में ख़ुशबू कहाँ? मगर महताब दो हैं, हम उलझन में पड़ गए।" महताब बाजी और चाँद को सलाम किया। महताब बाजी का पेशे का नाम है फ़रख़ंदा तो कई लोग जुगत नहीं समझे न ही उनका अगला कलोल, जब वो चपला और मेरी ओर मुस्कुराते बोले : "शायरा और उनको उभारनेवाली शागिर्दा भी हैं। तो देर किस बात की?"

चाँद से सारंगी लेकर उस पर उँगलियाँ फेरीं। "हम कई साज़ बजा लेते हैं। जवानी में सितार बजाते थे, सुनने लायक़ था।"

सब ने दाद दी, "बहुत ख़ूब, बहुत ख़ूब! बजाइएगा, बड़ी मेहरबानी होगी।" मीर रंगीन खाने-पीने के इन्तज़ाम पर निगरानी रखने गए, तब तक चाँद और मैंने गाना शुरू कर दिया।

थोड़ी देर चपला बैठी रही फिर उठी और फ़र्श पर तिर गई। सब के मुँह से वाहवाही फूट पड़ी। अपनी हिम्मत से ख़ुद कुछ हैरान मैं रंगीन साहब की ग़ज़ल गाने लगी। कमरे में घुसे ही थे, चौंक गए। चाँद चुप हो गई। मीर इंशा के होंठ पर नटखट मुस्कान। झूमने और सर हिलाने लगे। चपला ज़रा-सा ठिठकी, मुखड़े पर गर्मी यों छा गई जैसे पानी में शराब डाली जाए, पर मेरे साथ-साथ चलती गई :

है ज़नाखी मेरी वो लाल परी।
हो जिसे देखकर निढाल परी।

वो चढ़ी गात वाह जी तख़्ती,
वो परीज़ाद छब जमाल परी।

दोनों अबरू धुआँ अजब गर्दन,
सारी नखसिख दुरुस्त चाल परी।

बोलना ख़ूब रूठना अच्छा,
हँसना बेदाद और मलाल परी।

दाँत ख़ासे धड़ी तिलिस्म जमी,
सुथरे लब तिस पे बोल चाल परी।

छल्ले तस्वीर मछलियाँ बर्राक़,
चूड़ियाँ सब्ज़ हाथ लाल परी।

नौरतन ज़ोर धुकधुकी आफ़त,
नथ ग़ज़ब पहुँचियाँ सुढाल परी।

नाचते-नाचते मुझ पर उड़ती हुई नज़र डाली उसने। समझ गई थी कि मैंने उसे अपने गहने क्यों पहनाए थे। पल-भर रुककर साँस भरी मैंने—नाराज़ तो नहीं है, नहीं, ज़रा-सा मुस्कुरा रही है—मन बहल गया? मैं गाती रही। इतना लम्बा गीत अकेले गाने की आदत न थी पर गा ही लिया। रंगीन साहब काफ़ी ख़ुश लग रहे थे।

नाज़ तूफ़ान कश्मह शहर आशोब,
ग़मज़दा ज़ुल्म और अदा कमाल परी।

कुर्ती नादिर कड़ाके की महरम,
क़हर पाजामा सर की शाल परी।

पाँव पाकीज़ा क.फ़्श माही पुश्त,
क़द ओ क़ामत अजीब चाल परी।

क़ुंदक़ पा हैं ओदियाँ 'रंगीन',
अल गरज़ है वो बेमिसाल परी।

शाबाशी का तूफ़ान-सा उमड़ पड़ा, चपला के लिए, मेरे और मीर रंगीन के लिए भी। मेरे पास बैठी, कान में फुसफुसाया, "दिखती मासूम हो पर हो बदमाश।"

वारदात, तारीख़, लफ़्ज़, जो दिमाग़ पर गुदे हुए मालूम होते थे, पिघल कर लुप्त हो चुके। क़लम उठाती हूँ तो छाया जैसे उभरने लगते हैं। लेकिन जितना पकड़ पाती हूँ, उबलती गहराइयों को छुपा ही देता है। हम दोनों के बीच जो कुछ था या जो उसके मन में ढका रह गया, उस सब की मैं सतह ही जानती हूँ, उस वक़्त भी शायद सतह ही जान पाई।

ज़्यादातर तो खो गया है। या दूसरों की याददाश्त के किनारे कहीं पड़ा तो नहीं है? मसलन दद्दा को हम दोनों के सैर-सपाटे याद हैं? हम पालकी में एक-दूसरी से सटी बैठतीं, पीछे-पीछे वह पैदल आतीं। डरते-डरते मेरी बाँह चपला के कंधों को लपेट लेती, धीरे-धीरे वहाँ सुस्ताने लगती। एक बार शरद के गाँव गए—बूँदाबाँदी, दोनों तरफ़ पेड़ों पर पलाश के फूल ज्वाला जैसे चमचमाते। कीचड़-कंकड़ों वाला रास्ता जन्नत की राह लग रहा था। शरद के बाग़ में घूमने निकले। वह मुझ से लम्बी ठहरी, अपनी बाँह आराम से मेरे कंधे पर टिका लेती थी। घास पर गिरे पलाश के फूलों को दुपट्टे में इकट्ठा कर रही थी मैं, मुंशीजी के लिए। उनकी माँ दवा बनाती थीं। मगर ज़्यादा झुक कर चपला की बाँह को हटाना भी नहीं चाहती थी।

"बिलकुल मिट्ठू की कलगी के रंग हैं," मैंने कहा।

"तभी अंग्रेज़ लोग इसे तोता पेड़ कहते हैं। थोड़े और फूल तोड़ लो, एक अँगिया रँगानी है। और सुनो, यह चख लो।" डाल से फूल तोड़कर, उसकी डंडी निकाल दी, फिर मेरे सर को पीछे की तरफ़ झुकाया। मेरे होंठ खुले तो उसने डंडी दबाई और शहद जैसी बूँदें जीभ पर टपकीं।

भरी महफ़िलों में, शराब और बातचीत के बहाव के बीच हम दोनों का आँखें मिलाना किसी को याद है? नादिरा को? शरू को? कई बार, अपने चाहनेवालों से थक जाती तो इशारे से मुझे बाहर बुला लेती, कहीं बैठकर थोड़ी देर रो-झींक लेती, फिर सँभलकर वापिस जाती। मगर और मौक़ों पर, शायद उन्हीं शामों के दौरान, वह उन्हीं चाहनेवालों पर आँखें चमकाने का ख़ूब मज़ा उठाती। हर नज़र, हर मुस्कान एक मीठी कटार।

उस वक़्त मुझे लगता था कि जब भी खिन्न हो जाती है, कहीं छुपकर सोच में डूबना चाहती है जो हमारे घरों में, शायद किसी भी घर में करना मुश्किल होता है, तो मेरे ही पास आती है। मगर कहीं मैं ख़ुद को बरगला तो नहीं रही थी? मेरे कमरे में थोड़ी देर दुबककर बैठती थी, हो सकता है उसके पास और भी ऐसी जगहें रही हों।

"लोगों से थक जाता है इनसान," उसने एक बार कहा, "इतने ज़्यादा हैं। इतने सारे छोटे-छोटे मर्द। मन करता है कहीं दूर चली जाऊँ, बस कभी तुम से कभी चम्पा से मिलूँ। और कभी-कभार घर वालों से। सुबह उठें, अकेले बैठ पढ़ें-लिखें, रियाज़ करें, एकांत में पैदल सैर करें, कभी किसी से शाम को मिलें, खा-पीकर सोए रहें। आश्रम का जीवन सुहाएगा या वहाँ भी लोग ज़्यादा होंगे? पहाड़ों में कोई गुफ़ा हो अपनी तो वहाँ भाग जाऊँ।"

इन आते-जाते जज़्बात को नज़्मों में ही ज़ाहिर किया जा सकता था, वह भी पर्दे की आड़ में। हम दोनों बराबर नज़्मों की अदला-बदली करती थीं, हाथ से हाथ में डालकर, किताबों में छुपाकर, तकियों के नीचे रखकर। उसका लिखा हर जुमला मेरी आँख, ज़ुबान, दिल में बसा हुआ था, फिर भी उनमें कही गई किसी बात से बचना चाहती तो उस पर से फिसलकर निकल जाती। अब कभी पढ़ती हूँ तो कुछ याद आती हैं, कुछ नहीं।

इस्लाह भी किया, बदलाव किए। एक में मेरा नाम लिया था, मैंने कहा, हटा दो, अब दिल करता है रहने देती। लेकिन रहने देती तो बाद में वह शायद ख़ुद ही हटा लेती।

टीले पर खड़े हो कर आदमी अँधेरी गुफ़ाओं में झाँकें, अनमोल जवाहरात की झलक पाएँ तो गिरने का डर सिहरन में बह जाता है। पानी में पूरी तरह डूबकर तहमस्प को गुफ़ा में मिलती है नागों की रानी शाहमारान—अजब खिंचाव, अजब गहराई। मगर उस गहराई के तले और गहराइयाँ, उस गुफ़ा के पार और गुफ़ाएँ, अनदेखे जीव, अनकही कहानियाँ।

उस क़िस्म के ख़त, उस तरह की नज़्में मैंने पहले भी लिखी थीं। सब

से पहले अपनी उस्तानी के लिए जिन्होंने हम सब को पढ़ाया-लिखाया था। वो विधवा थीं, अपनी सहेली शकुंतला के साथ रहती थीं। कहानी तो सब ने सुनी थी—शकुंतला के शौहर हमेशा दौरे पर रहते थे या अपने दोस्तों के साथ पीते रहते थे। एक दिन लौट कर आए तो घर को सफ़ाचट पाया। उस्तानी ने अच्छी सीख दी थी। दोनों मिलकर हर बोरी-बिस्तर, बर्तन-भांडे, पर्दा-कालीन, यहाँ तक कि उसकी चप्पलों तक को उठा ले गए थे। एक गर्मियों की बात थी जब मैं छोटी थी। वो दोनों बूढ़ी लगती थीं मगर असल में उनकी उम्र मेरी अब की उम्र से बहुत कम थी, शकुन्तला गाँव गई थीं माँ-बाप से मिलने। मैं अचानक उस्तानी को नई निगाह से देखने लगी। रोज़ उन से मिलने जाती, उनकी किताबों को पलटती हालाँकि तब एकाध ही ज़ुबान पढ़ पाती थी, तस्वीरों को ग़ौर से देखती, नज़्में लिख कर उनके तकिए के नीचे रखती, कभी-कभार रात को भी रुक जाती। उनका मन कुछ तो बहल गया होगा, कुछ हिल-मिल भी गईं मुझ से पर उनकी ज़्यादातर बातों का मतलब धुँधला ही रहता था, मसलन, "बरसात वक़्त पर होनी चाहिए। बेमौसम बरसात से फ़सल नहीं होती।" अब तो ख़ैर शकुंतला के माँ-बाप के गुज़र जाने के बाद दोनों उनके गाँव वाले घर में रहते हैं।

अगली गर्मियों में मैंने और नज़्में लिखीं, मट्टन आपा की भांजी गुलबदन के नाम, जो उनके पास ठहरी हुई थीं। छोटी, गोल-मटोल-सी, गुलरुख़, गुलबदन, मुँह उठाकर ऊपर देखती तो ठोढ़ी मलाई जैसी चिकनी; मेरी माँ के नाम से मिलते-जुलते नाम में भी एक अजब लुभाव। अँधेरे में उसके दरवाज़े के आस-पास मँडराती, एक बोसे की उम्मीद में। कई महीनों तक मैंने उसके और उसके चहेते अंग्रेज़ सिपाही के बीच पैग़ाम पहुँचाने का काम किया, साथ-साथ अपनी पीड़ा को लेकर नज़्में भी लिखती रही। अगले ही साल वह उस सिपाही के साथ भाग खड़ी हुई। पर ये सब क़िस्से अब बच्चों की बेमानी बातें क्यों लगती हैं? शायद इसलिए कि गाते रहो कइयों के सामने मगर जिसकी आवाज़ अपनी आवाज़ से जुड़ती है याद उसी की आती है।

बाक़ी सब कुछ यों ही चलता रहा होगा, मुझे बारीक़ियाँ याद नहीं—शाम की महफ़िलें, रंगीन साहब, मीर इंशा, मदन, शरू, दरबारियों, व्यापारियों, अफ़सरों का आना-जाना, मेरा लेखा-जोखा, भंडार वग़ैरह को सँभालना, लड़कियों की करतूतों, नौकरों के बखेड़ों पर निगरानी रखना। अँधेरे में दौड़ती बैलगाड़ी पर लालटेन की डुलती रोशनी की तरह मुझे बस कुछ लम्हे याद हैं—मिलने, अलग होने, नज़्में लिखने, देर रात तक उसकी नज़्में पढ़ते रहने के लम्हे।

उन दिनों अम्मी का ध्यान कहीं और था। शीरीन के सरपरस्त, नवाब के भतीजे ग़ाज़िउद्दीन बनारस में थे, समझो जलावतन थे। शीरीन उन से किसी न किसी तरह अपनी शादी करवाने पर तुली हुई थी। अम्मी इस तमन्ना के बहाव में आ गईं। बाद में जाकर वही जनाब गद्दी पर बैठेंगे—शीरीन को इस बात का उस वक़्त अन्दाज़ा तो नहीं हो सकता था—उस वक़्त तो वो बस नवाब के रंजिशज़दा भाई के नीरस-से बेटे थे। बहुत बाद में, जब नवाब का इन्तकाल हुआ तो अंग्रेज़ों ने उनके चंचल मिज़ाज वाले गोद लिये हुए बेटे वज़ीर अली को गद्दी से उतार दिया और ग़ाज़िउद्दीन के पिता को बिठा दिया। यह अलग बात कि वज़ीर अली ने ग़ुस्से से पागल होकर चेरी साहब को गोली मार दी, हज़ारों लोग वज़ीर अली का साथ देने को निकल आए मगर उन्हें गिरफ़्तार कर अंग्रेज़ों ने कलकत्ते में लोहे के पिंजरे में बन्द कर दिया और सत्रह साल तक वहीं रखा। इन सब दाँव-पेचों की वजह से ही ग़ाज़िउद्दीन गद्दी पर बैठ पाए।

उस बरस नादिरा भी मसरूफ़ थी, एक तरफ़ बख़्शी के मामलों को लेकर और दूसरी तरफ़ हैदराबाद के एक दरबारी अक़बर अली को लेकर जो उससे इश्क़ फ़र्मा रहे थे। रोज़ शाम को आते, महँगे तोहफ़े दे जाते, उन लोगों के भंडार को भी भर कर रखते। उनका दिया हुआ भारी मोतियों का जड़ाऊ कंगन अभी भी है उसके पास पर आजकल कम पहनती है। बाक़ी चीज़ें एक-न-एक संकट में बिक गईं। नादिरा दुविधा में

पड़ गई। उनके हकलाने और घूरने से खीझती थी। मगर मट्टन आपा ने याद दिलाया कि तुम्हारी उम्र बढ़ती जा रही है और अकबर अली साहब निज़ाम के दरबारी हैं, और उनकी एक ही बेगम है।

अम्मी-शीरीन दोनों चपला के मोह में कुछ-कुछ पड़ गए थे लेकिन बाक़ी लड़कियाँ उसको शक की नज़र से देखती थीं। एक दिन, हम लोग छत पर कबूतरों के साथ खेल रही थीं।

"रूखी-सी है, नहीं?" एक चितकबरे कबूतर को उड़ाते हुए चाँद बोली।

"नहीं, एकान्तपसन्द है," मैंने जवाब दिया।

नादिरा सीप के रंग के मोतिया को पुचकार रही थी, बोली, "सोचती ज़्यादा है। तुम्हारे ही जैसे।"

"सारे गुण तो हैं उस में—ख़ूबसूरती, दिमाग़, लुभाव," चाँद बोली, "लेकिन न जाने क्यों सब से खिंची-खिंची रहती है।"

"नफ़ीस को छोड़कर।" नादिरा का जुमला।

"संकोची है," मैंने दोहराया। सोचा, और डरी हुई भी। कहा नहीं, क्योंकि फिर जो सवाल पूछा जाता उसका जवाब मेरे पास नहीं था।

"संकोची तो तुम उस से ज़्यादा हो।" नादिरा सवालिया भाव से मेरी ओर देखकर बोली, "पर तुम ख़ुद को छुपाती तो नहीं हो।"

"संकोच सब का एक जैसा नहीं होता। वो मशहूर होनेवाली है, मशहूरी से भी आदमी संकोच करता है।" वो सब की नज़रें खींचना भी चाहती है, उन से भागना भी चाहती है, यह मैंने नहीं कहा, यह मेरा अपना भाव, अपना राज़ जो लगता था।

"प्यारी-सी लड़की है, अक़्ल भी है, शक्ल भी।" महताब बाजी की सहलाहट-भरी आवाज़, "अदब वाली भी है; माँ की तालीम बेटी के हाव-भाव में दिख ही जाती है।"

"एक न एक दिन उसे वापिस काशी जाना ही है। तब क्या करोगी तुम?" अम्मी धूप में बाल सुखा रही थीं, यह बात मुझ से ग़ैर-मामूली नर्मी

से कही। मैं चुप रही। सोचा, वापिस काशी जाना ज़रूरी तो नहीं है। लोग अपना शहर छोड़कर कहीं और नहीं बसते क्या? ख़ुद मेरी माँ ने, और सभी शायरों ने यही तो किया था।

उसी साल रतन ने सारे शहर पर अपना जादू डाला। चन्द ही महीनों में उसकी जान-पहचान सब से हो गई और सब उसकी चर्चा में लग गए।

"दूसरे ताबाँ हैं।" मीर इंशा यों मुस्कुराए जैसे असली चीज़ उन्हीं ने देखी हो। "लेकिन इन की शायरी जिस्म में है।"

"मीर अब्दुल ताबाँ देहलवी?" अम्मी ने पूछा, "वो आपकी पैदाइश से पहले चल न बसे थे?"

"जी, मगर हम दिल्ली में उनके जाननेवाले से मिले। मीर मज़्हार जान-ए जानाँ का नाम सुना होगा—पहुँचे हुए फ़क़ीर थे। ताबाँ उनके बहुत क़रीब थे। हम जवान थे, मज़्हार साहब पीर। हम ने सोचा यह नाचीज़ उन से मिलने का मौक़ा क्यों खोए? हम उन से मिलने गए, उन्होंने ताबाँ को लेकर बहुत कुछ बताया। उन दिनों वो अपने एक बनिया चेले के दिए हुए मकान में रहते थे, चाँदनी चौक की सँकरी गलियों में। हमारा हाथी मुश्किल से वहाँ पहुँच पाया। कल की तरह याद है, कैसे उठकर मुझ से मिले—पुराने ज़माने की तहज़ीब। सफ़ेद पोशाक, समोसे की तरह लिपटा दोपट्टा। हमारा दोपट्टा लाल था, कमर पर चमकता खंजर। वो हुस्नपरस्त थे। आईने जैसा मुँह साफ़-चिकना किए बग़ैर उनके चेले बनने का सवाल नहीं उठता था।"

"मीर इंशा भी परी-रुख़ थे," मियाँ जुरअत बोल पड़े। चपला को छोड़कर सब ने कहानी सुनी थी जो वो सुनाने जा रहे थे। "लड़कपन में एक बार शहंशाह की महफ़िल में शेर पढ़ा, 'गर नाज़नीन के कहने से माना बुरा हो कुछ, मेरी तरफ़ तो देखिए मैं नाज़नीन सही।' सौदा साहब बैठे थे, फ़र्माया, 'हो, हो, बेशक।'"

मीर इंशा फूले न समा रहे थे। चपला और मैं नज़रें मिलाकर मुस्कुराईं। वाक़ई उनमें परी रुख़ के सारे लच्छन थे—गोरे, तीखे नाक-नक़्श जो तनिक

ढीले पड़ने लगे थे बालों के घटने के साथ-साथ। पर दिमाग़ की जगमगाहट सलामत थी। और मुस्कान भी।

"ताबाँ रतन से कहीं ज़्यादा हसीन थे न?" केतकी मौसी ने पूछा।

"हुस्न की नाप-तोल कैसे की जाए, बाई—गुलाब ज़्यादा ख़ूबसूरत है या फिर नर्गिस? मगर हाँ, सुन्दर वो इतने थे कि बालिग़ होकर औरों की आशिक़ी में पड़े, तब भी लोग उन पर जी-जान से फ़िदा थे। दूधिया सफ़ेद, और पहनते थे हमेशा काली पोशाक़, सिर्फ़ काली। लगते थे आधी रात के चाँद। एक बार ख़ुद शहंशाह ने पैग़ाम भेजा कि उनको देखना चाहते हैं तो वो अपने घर के बाहर बैठे और शहंशाह उस रास्ते से घोड़े पर सवार होकर गुज़रे। ऐसा हुस्न बुढ़ा नहीं सकता। चिराग़ जैसे एकदम ही बुझ सकता है। रतन मोती है—सुनहरा मोती।"

"या साँझ के बादल," शरद ने जैसे अपने आप से बोलते हुए कहा। यानी मेरे दोस्त तो काम से गए।

"गर्मी कम करनेवाला," मीर इंशा छेड़खानी के लिहाज़ में बोले, और सब की हँसी छूट गई, शरद की भी।

अब सोचती हूँ तो अचरज होता है कि रतन से मैं सिर्फ़ दो बार मिली। पहली बार दौलतख़ाने के एक अँधेरे-से कमरे में, जब महफ़िल में अम्मी के गाने के बाद हम कुछ लोग बैठे बात कर रहे थे। एक ही चिराग़ था कमरे में, रतन ने मेरे सामने घुटनों के बल बैठकर थोड़ी देर बात की। वह भी शायद इसलिए कि मैं शरू की दोस्त थी। याद है बस सफ़ेद सनसनाती रोशनी का आभास और उनकी चारों तरफ़ फैलती हँसी। चपला की तरह जैसे ही रतन कमरे में क़दम रखते सब की निगाहों को खींच लेते थे।

मेरे चाहनेवाले, मदनमोहन, अम्मी की उम्मीदों को बनाए रखने के काम आते थे। शरद जैसे सिर्फ़ लड़कों पर जान देनेवालों को वो नापसन्द करती थीं। मदन से मैं खुल कर बात करती थी, वो मदद करने को हमेशा तैयार रहते थे। जवानी में अकेले बाज़ार जाना मना था। लड़कियों से आँख बचा

कर कुछ ख़रीदना होता तो उनको साथ ले जाती थी। उस बरस ज़्यादातर चपला के लिए छोटी-मोटी चीज़ें लेनी होती थीं। बालों का कुंडा, नज़्में लिखने की किताब, बादले की अँगिया—जिसे मैंने अपने दिमाग़ में उसके नाम से जोड़ा, बादल और बिजली। ख़रीदना आसान था, देना मुश्किल। मौक़े पर मैं शरमा जाती। उसकी पालकी चलने लगती या वह कमरे से निकलने लगती तो उसके हाथ में थमा देती।

मदन के लिए यह रिश्ता एक रिझानेवाली पहेली थी, जिसे बूझने में वो लगे रहते थे। नए इमामबाड़े और भूलभुलैया के सफ़र का इन्तज़ाम मदन ने ही किया। ख़ुद हम लोगों के साथ नहीं गए। उनको दूसरों की संगत में घबराहट होती थी। या तो अकेले मेरे साथ या फिर हम दोनों के साथ ही रहना पसन्द करते थे।

शरद को बात भा गई, सब को इकट्ठा किया। चपला को अपनी पालकी में बिठाने की मेरी कोशिशें नाकाम रहीं। उसका शरारती, हँसता हुआ चेहरा सामने से गुज़रा, साथ में थे मुस्कुराते हुए शरू। एक ही तस्वीर के नर और मादा रूप, मगर उम्र बड़ी-छोटी।

नादिरा मेरे साथ बैठ इत्मीनान से बोली, "ख़ूबाँ! चलो, हम उनकी हज़ार तकलीफ़ों से तो बचे हैं।"

"तकलीफ़ें कैसी?"

"अरे, सैकड़ों चाहनेवालों में से चुनना।"

मुँह पलटकर मैं सड़क को झाँकने लगी। "अकबर अली साहब के क्या हाल हैं?"

"सही सलामत। वो हमें अपने साथ हैदराबाद ले जाना चाहते हैं।"

"सच?"

"हाँ। मुतआह शादी करने को कह रहे हैं।"

"तुम्हारा क्या ख़याल है?"

"निकाह से तो अच्छा है। साथ रहना रास न आया तो मुतआह को

नहीं बढ़ाएँगे। मगर इतनी दूर जाने से जी घबराता है।"

"आपा की क्या राय है?"

"वो कहती हैं, अगर वो अपनी बेगम से अलग घर में हमें बसाए तो ठीक है।"

और किसी दौर में यह बात होती तो नादिरा से रोज़ न मिलने के ख़याल से ही मेरा दिल दहल जाता। हफ़्ते से ज़्यादा हम शायद ही कभी अलग रहे होंगे। एक दूसरी को सब कुछ या तक़रीबन सब कुछ बताती थीं। एक बार शरू ने कहा था, "तुम्हें लगता है तुम उसके बग़ैर रह लोगी लेकिन चली जाएगी तो लगेगा कमरे का सारा सामान चला गया, नंगी दीवारें रह गईं।" मगर यह दौर कुछ ऐसा नाज़ुक़ था कि मुझे लगा उसके चले जाने से चपला और मैं आठों पहर की निगरानी से आज़ाद हो जाएँगी। यह क़रीबी वाली दूरी बर्दाश्त के बाहर होती जा रही थी।

उस दिन मैंने पहली बार इमामबाड़ा देखा। नवाब साहब और उनके दरबारियों ने उस पर लाखों रुपए ख़र्च किए थे, सूखे से मारे गए ग़रीबों को काम देने के लिए। कई बरस लगे थे इस के बनने में। सूखे में हम लोग ख़ुशक़िस्मत वालों में से थे। पानी बचाकर इस्तेमाल करते थे पर भूख-प्यास से मरने का कोई सवाल न था। दूर-दराज़ के गाँवों से ग़रीब देहाती शहर में आए काम करने को। हम ने सुना अपनी जान-पहचान के कुछ शरीफ़ भी रात को भेस बदल कर इन इमारतों पर मेहनत करने को मजबूर हुए।

शानदार इमारतें पहले भी देखी थीं मैंने लेकिन इतनी बड़ी नहीं। अपनी सुकूनदार, भीड़-भरी, सँकरी गलियों से निकलकर हम इन खुले ख़ाकों, ऊँची छतों और पत्थर के गुफ़ा जैसे ठोस द्वारों के बीच पहुँचे तो लगा जैसे यह शहर का जवाब है आसपास की नदियों, मैदानों और छोटी पहाड़ियों को। झाड़-फ़ानूस वाले बड़े दीवान तक जाने वास्ते बीसियों उथली सीढ़ियाँ चढ़ना पहाड़ी चढ़ने जैसा था। मगर द्वारों के ऊपर बड़ी-बड़ी अर्ध-हँसती मछलियों का पहाड़ों से कम वास्ता था।

बावली के चारों तरफ़ आसमान तक उठते बारजों को वो देख रही थी। पूरब वाले बारजे में पहरेदार द्वार पर खड़े किसी की परछाईं को नीचे बावली के पानी में देख सकते थे—बाक़ी लोग इस चमत्कार की दाद दे रहे थे, मगर वो कुछ-कुछ उदास लग रही थी। "इमारत के बनने से पहले यह बावली यहाँ थी क्या?" वो बोली, "यहाँ चारों तरफ़ सीढ़ियाँ हैं। हमारे यहाँ तीन ही तरफ़ होती हैं।" हमेशा मन में कहीं और का नज़ारा देखना कैसा लगता होगा? मैं तो घर से दूर कहीं गई नहीं थी।

भूलभुलैया ने उसे किसी चीज़ की याद नहीं दिलाई क्योंकि हम में से किसी ने उस जैसा कुछ न देखा था, हालाँकि रतन ने शरू से दक्खिन की पुरातन भूलभुलैयों का ज़िक्र किया था। नाम बिलकुल सही है, भूलभुलैया, जहाँ हर क़दम पर पिछले क़दम को भुला देने का डर हो, हर मोड़ पर रोशनी से बचने का बुलावा हो, अँधियारे गलियारों की छायाओं में ज़रा-सा आगे बढ़ने का बुलावा, अगले कोने पर ख़यालों से परे किसी पथ, किसी सुरंग की उम्मीद में जो ले जाए दूसरी राह से दूसरे शहर तक, खिड़कियों से जिसकी अनजान नज़ारों की झलक-भर मिली हो, या बन्द कूचों की जहाँ आँख बचाकर आराम लिया जा सके।

मैंने चाहा था कहीं भूलभुलैया में खोकर वो किसी गली में भागती हुई मेरी बाँहों में आ जाए, लेकिन हम लोग सब साथ रहे और हुआ वही, नादिरा मेरी बाँह पकड़े रही जब तक हम बेपनाह बड़ी छत पर निकल न आए। जल्द ही अपने को छुड़ा कर मैं छत के चारों ओर के गलियारों की तरफ़ गई। हर तरफ़ वही मेहराब, गुम्बद, झरोखे। एक खुले मेहराब में बँधी, धूप में भिगोई, आकाश के साँचे में ढली खड़ी थी वह। चुम्बक से खिंची कील की मानिन्द मैं उसके पास गई। दोनों सामने बिछे शहर और उसके पार फैले शान्त खेत-कुंज निहारती रहीं।

बिना मेरी तरफ़ देखे बोली, "यहीं कहीं फ़ैज़ाबाद तक जानेवाली सुरंग है न?"

"हाँ, सुना यही है। कहते हैं कलकत्ते और दिल्ली जानेवाली भी हैं।"

"चलो, एक ढूँढ़ निकालें और यहाँ से भाग चलें।" मुड़कर, आँखों में आँखें डालीं, शरारती मुस्कान फेंकी। मेरे दिल की धड़कन बढ़ाने वास्ते ऐसी बातें करती थी या कोई और मतलब था?

शायद मेरे साथ भाग जाने की ख़्वाहिश कम थी, औरों से दूर भागने की ज़्यादा। कुछ दिन बाद हम दोनों गोमती के किनारे छोटे पेड़ों, बड़ी चट्टानों से भरे एक झुरमुट में टहल रही थीं तो ऐसा ही लगा। कुछ दूर दद्दा बटोरी गई लकड़ियों की आग पर पकौड़े तल रही थीं, किशन टहनियाँ तोड़-तोड़कर उनके पास ले जा रहा था।

"पन्ना लाल को जानती हो?"

देखा था उसको पर ग़ौर नहीं किया था—दुबला-पतला सा, काला, छालों से भरे मुँह वाला, बातूनी सौदागर।

"रामपुर के अपने एक घर में हमें बसाना चाहते हैं।" मेरी गर्दन पर एक फूल सरकाते हुए वह बादलों को ताक रही थी। "लगता है बूँदाबाँदी होगी।"

"नहीं, ये बरसनेवाले बादल नहीं लगते। मगर मीर यूसुफ़ ख़ाँ के क्या इरादे हैं?"

"हाँ, वो भी शादी का राग अलापते रहते हैं। अजब बात यह कि जवानी में बीवी गुज़र गई पर दोबारा ब्याह नहीं किया।"

"बढ़िया।"

"मगर मैं शादी करना नहीं चाहती, कम-से-कम अभी नहीं।"

"ख़ाँ साहब बूढ़े भी हैं।"

"वह तो फ़ायदेमन्द हो सकता है। जवान बन्दे बक-बक से ही थका देते हैं। ख़ैर, ये बातें छोड़ो, मायूसी होती है। अम्मा से यही तो बातें होती रहती हैं। क़िस्सा-कहानी सुनाओ कोई।"

"कैसी?"

"आपबीती। नादिरा से पहली बार मिलने की कहानी।"

"पहली बार मिलना याद नहीं। हमेशा से तो यहीं रहती है, दो मकानों की दूरी पर। हाँ, याद है छुटपन में बाक़ी लड़कियाँ उसे काली-कलूटी कहती थीं। चुप बैठती, बस गालों पर मोटे आँसू लुढ़कते रहते। उसके बाद हम दोनों हिलग गईं।"

"बच्चे भी कितने निठुर होते हैं।"

"किशन ऐसा नहीं है," मैंने कहा। सोचा प्रसन्न होगी मगर उल्टा उदासी छा गई उसके चेहरे पर। कहीं केतकी मौसी किशन को ज़्यादा भाव तो नहीं देतीं, चपला से इतने छोटे जो ठहरे?

भिनकती मक्खी सरीखा मन उसी सवाल पर जा ठहरा—क्या वह इन चाहनेवालों में से किसी को क़बूल करेगी? नहीं, मुश्किल ही है। मगर चम्पा की बात और है, एक न एक दिन उसके पास वापिस जाएगी। पेट सिमट-सा गया। शायद भूख ही से।

"भूख लगी है?" मैंने पूछा।

"अभी तक नहीं थी पर पकौड़ों की ख़ुशबू मज़ेदार है। चलो, भागें।" वह भाग खड़ी हुई और उन लम्बी टाँगों की बराबरी मैं भला कैसे करती!

~

आँख खुलते ही उसका इन्तज़ार करने लगती। छत की पैड़ियों पर उसके क़दम, या साथवाले घर के गलियारे से उसकी आवाज़ का। किशन के हाथ भेजी मोगरे की माला में चिट्ठी का। और कुछ नहीं तो खिड़की से उसे किसी और के साथ बाहर जाते देखने का इन्तज़ार। कई बार उसे देखने-सुनने की बजाय किसी और से पता लगता कि उसे कहीं देखा गया है।

"हम ने चपला को मच्छी भवन में किसी शख़्स के साथ देखा था,"

चाँद बोली, "मियाँ मारूफ़ थे शायद। हो सकता है चपला के ज़रिए अज़ीज़न तक पहुँचने की कोशिश में हों।"

शीरीन हँसने लगी। "या हो सकता है इरादे बदल गए हों। अज्ज़ो नहीं मिलती तो चपलो सही। मर्द लोग होते ही ऐसे हैं।"

कहने को मन किया कि सौ अज़ीज़न एक चपला की बराबरी नहीं कर सकतीं। लेकिन वह उस बेहूदे के साथ वक़्त क्यों ख़राब करती है? न अक़्ल न शकल न ही धन-दौलत।

लड़कियाँ मज़ाक़-चुटकुलों का ख़ूब मज़ा ले रही थीं—मच्छी भवन के कोनों में मच्छियों यानी बोसों की लेन-देन। मछलियाँ और मच्छियाँ—चिकनी, रपटीली, गीली। उन रस-भरे होंठों पर मँडराते मन को जबरन हटाया मैंने।

कितनी ही बार, पौ फटने से पहले, जब सब लोग सो चुके थे, मैं अपने गलियारे से उनके में चढ़ने की जुरअत करती। चुप्पी में बस एक-दूसरी को जगाती गिलहरियों की कड़कड़ाहट और पंछियों के पहले-पहल के आलाप। वह अन्दर हिल-डुल रही है क्या? या कहीं बाहर गई है? कोई उसके साथ है? केतकी मौसी? कभी-कभार दो लफ़्ज़ लिख छोड़ती। अकसर यों ही चली आती।

कभी वह तुरन्त पहुँच जाती, कभी किसी और कमरे से उसकी आवाज़ सुनकर मैं सोचती इन्तज़ार करूँ या ढूँढ़ने जाऊँ? एक बार उसने आने का वादा किया था तो मैंने दीवान पर लेट कर आँखें बन्द कर लीं, ताकि वह झुककर मुझे देखे।

जंग का मनसूबा रचाते सिपहसालार सरीखे मैं पता लगाती कि उसे शाम को कहाँ जाना है, फिर इत्तेफ़ाक़न वहीं होने का इन्तज़ाम करती। मगर मेरे मनसूबों में दिलेरी कम थी शायद।

"कभी हमें शराब पिलाने का ख़याल नहीं आया?" बहुत बाद में उसने हँस कर पूछा।

नहीं, कभी नहीं। हैरत की बात कि कोठे पर पलकर मुझे यह तरकीब नहीं सूझी। लेकिन इन मामलों में मेरा दिमाग़ कम चलता था। हाँ, देर रात की गुफ़्तगू के बाद मैं उसे कभी-कभार रोक लेती।

"अब वापिस जाओगी तो गली के सारे कुत्ते आसमान सिर पर उठा लेंगे।"

"ठीक है पर कहीं अम्मा को पता न लगे कि हम अपने कमरे में नहीं हैं।"

"तड़के चली जाना।"

"अगर जग पाई तो।"

फूँक मारकर उसने बत्ती बुझा दी, तंग दीवान पर मेरे पास लेट गई, दोनों के ऊपर लिहाफ़ लिपटा दिया। मेरी एक बाँह हम दोनों के बीच अटकी थी, दूसरे हाथ ने उसके माथे, गाल, ठोड़ी को सहलाया, फिर अचानक उसके ऊपर फिसल गई, जैसे किसी चौंधती धार को मैं सँभाल न पाई।

वह चौंक उठी; मैं गलियारे में भाग कर गई और छत की आधी पैड़ियाँ चढ़ गई। दो पल बाद वह भी निकलकर आई, कुछ डाँटने, कुछ दिलासा देने।

"दुनिया-भर में लोग-लुगाई यही कुछ कर रहे हैं," उसने जैसे गहरी सोच में मग्न होकर कहा।

"क्या?"

"यही—आगे बढ़ना, पीछे हटना, ग़लतियाँ करना। दो-चार दिन न ही मिलें तो अच्छा है। वैसे भी एक पक्का गाना सीख रही हूँ, ध्यान लगाना पड़ेगा।"

मगर दो दिन बाद उसने अपनी माँ से कहा कि हम दोनों एक लम्बी नज़्म लिख रही हैं, तो उसे रात मेरे पास गुज़ारना है। मज़ेदार खेल था, बारी-बारी से शेर लिखना।

"मीर इंशा कल आएँ तो उनको दिखाएँगे।" अब मैं उसके बालों से

खेलने लगी थी। ज़्यादातर लड़कियों की आदत थी हर वक़्त अपनी सहेलियों को छूते-लिपटते रहना पर चपला मेरे अलावा सब से कुछ खिंचकर रहती थी। इस रिआयत का फ़ायदा उठा रही थी मैं।

"नहीं, पहले इस को और तराशना चाहिए। रंगीन साहब ने ऐसा ही ख़त लिखा है, एक नाचनेवाली की तरफ़ से अपनी गुइयाँ को, दोनों की होड़ चल रही होती है। हमें ख़ास पसन्द नहीं आया, रूखा-सा है। वैसे तुम कर क्या रही हो?"

"नागिन बना रही हूँ।" गुथ के ऊपर मैंने लपेटदार गाँठ बाँधी। मोहिनी नागिन जो उम्र-भर की जोड़ी बनाती है।

पीछे झुककर मेरे बदन से टेक लगाकर बैठी। साँस को ज़बरदस्ती धीमा किया मैंने, बदन को काँपने से रोका। "काश मेरी भी बहन होती। पर तुम्हारी बहन तुम से बिलकुल जुदा है।"

"हाँ, वह है रूप वाली, हम हैं दिमाग़ वाली।"

"हमारे हिसाब से तुम्हारा रूप कुछ कम नहीं। चलो, ज़मीन पर सोते हैं, गर्मी कम होगी।" ज़मीन पर दरियाँ बिछा कर हम बाँह भर की दूरी पर लेट गईं।

करवट बदलते मैं उसकी क़रीबी से ध्यान हटाकर नींद की तलाश में थी कि अचानक उसने मीर इंशा के एक शेर का मिस्त्र-ए-सानी कहा :

जी लूटता है पर मैं मजबूर बेबसी से

मैंने मुँह खोला ही था कि बोली, "अब कुछ मत कहो। सो जाओ।"

अगले दिन बिना कुछ कहे चली गई। मैं सारा दिन डोलती-फिरती रही, कभी उल्लसित तो कभी खिन्न।

शाम को मीर इंशा आए तो सब लोग अचम्भे में पड़ गए। अपने चेहरे के सारे बाल, यहाँ तक कि भौंहे भी सफ़ाचट कर दी थीं। सनसनी पैदा करने पर ख़ुश हो रहे थे। आएगी? नहीं आएगी? दरवाज़े पर प्रकट हुई। रुकेगी या चली जाएगी? हाँ, मेरी तरफ़ आ रही है।

"हमने सोचा, आज़ाद हैं ही, तो क्यों न शक्ल-सूरत भी वैसी बनाई जाए," इंशा साहब बता रहे थे, "दस्तूरों से अबाध, सेमल की रुई की तरह जहाँ चाहे उड़ जाए। 'क़ैद से दोनों जहान के यह फ़क़ीर आज़ाद है।' "

"ख़ुदा करे आज़ादों वाले अजब पाजामा न पहनना शुरू कर दें—एक टाँग लम्बी, एक टाँग छोटी वाला," मैंने उसके कान में फुसफुसाया। आज़ाद एक क़िस्म के सूफ़ी हैं मगर उनको अपनी आज़ादी पर नाज़ है, हर दस्तूर-रिवाज़ को तोड़ना अपनी शान समझते हैं। नौजवान अकसर उनके गुट में कुछ अरसा शामिल होकर बाद में छोड़ देते हैं। कुछ शायर लोग थोड़ी देर और टिक जाते हैं।

"शायरी के दस्तूर को तो रखना पड़ता है?" अम्मी ने पूछा।

"दस्तूरों से शायर नहीं बनते, शायर दस्तूर बनाते हैं।" पालथी मार कर तकियों पर तशरीफ़ रखी उन्होंने। "किसी और शायर की राय ली जाए। क्यों, नफ़ीस बाई, क्या ख़याल है?"

शायर कहलाए जाने की आदत नहीं डाली थी मैंने। जब तक जवाब ढूँढ़ निकालती, रंगीन साहब बोल पड़े, "बिलकुल दुरुस्त। आप ही को देखिए—हमेशा नए दस्तूर निकालते रहते हैं।" मीर इंशा को सलाम किया, कुछ मज़ाक़ में, कुछ सोच-समझकर। "शायर, आज़ाद, बाँके लोग रिवाज़ों की परवाह नहीं करते। वो जो भी करते हैं नया अन्दाज़ बन जाता है। बाँके बेगम सरीखे।"

"बाँके बेगम?"

"उन की कहानी नहीं सुनी? वो मोहम्मद शाह के ज़माने में शाहजहानाबाद रहते थे। डकैतों के गुट शहर में घूमते थे, कमज़ोरों को शिकार बनाने वास्ते। एक बार वो औरत का भेस बनाकर पालकी में बैठे। बाहर सिर्फ़ बाँह दिखी, सोने के कंगनों से लदी।" वह मेरी चूड़ियों से खेल रही थी, ऊपर नीचे सरका कर। रोम-रोम की सिहरन, बालों की सनसनाहट को महसूस किया उस ने? मैंने मीर रंगीन पर आँखें टिकाए रखीं।

"डकैतों ने हमला किया तो पालकी से कूद निकले, अकेले लड़कर कइयों को मार डाला। शहंशाह ने उन्हें दरबार में बुलाया, इनाम दिया। वो अपने उसी लिबास में पेश हुए, बस उस दिन के बाद औरतों की ही पोशाक पहनते रहे और नाम पड़ गया बाँका बेगम।"

मीर इंशा एक जगह बैठे रहने से ऊब जाते थे। इस कहानी के दौरान वो अम्मी की किताबों को पलट रहे थे। अब बोल पड़े, "नादिर शाह के सिपाहियों से लड़ते-लड़ते ख़ुदा के प्यारे हो गए।" दो पल की चुप्पी।

"उन जैसे और होते तो आजकल इतने डकैती-ख़ून न होते," अम्मी बोलीं, "ख़ासकर एक शहर से दूसरे तक के रास्तों में।"

चपला ने चूड़ियाँ छोड़ दीं और जैसे सोच में पड़ गई।

मीर इंशा ने बात बदली। सर उठाकर सूँघने लगे। "यह अजब ख़ुशबू कैसी है? नहीं, बताइएगा मत, हम बताते हैं। चन्दन, हाँ, लेकिन उस में पुट है—बकुल का। क्यों, बनारसी बाई जी?"

चपला हँसी, अपनी उँगलियों को दखा। "जी, बहुत ख़ूब। हम ने अभी-अभी पंखी महकाने वास्ते उन दोनों को मिलाया।"

"गन्धों के मामले में हम चूक नहीं सकते," वो इत्मीनान से बोले।

सब के चले जाने के बाद चपला ने फिर बाँके बेगम की बात चलाई। मेरी गोद मे सर रखकर लेट गई, पैरों की चुस्त उँगलियों से मेरी चप्पलें उठाने लगी। "मर्द लोगों के मज़े हैं, जो चाहे करें। लड़ते भी हैं, राज भी करते हैं, मन करे तो औरत का रूप भी ले लेते हैं। मैं लड़का होती तो कैसा रहता? लम्बी हूँ, मुँह गोल नहीं, लम्बा है। लड़का होती तो तुम मुझे पसन्द करतीं?"

पेचीदा सवाल—किसी भी रूप में लुभावनी होती ही, मगर उस खिलते अंकुर जैसे जिस्म, उस चिकने चेहरे के बग़ैर कैसी लगती? सवाल को टालकर कहा मैंने, "औरतें भी राज करती हैं। मालवा में रानी अहल्या बाई नहीं हैं? बीस साल हो गए होंगे उनके राज को।"

"सही बात है। तुम्हारे नवाब से भी बढ़ कर इमारतें बनवाई हैं। काशी में बहुत सारे तोड़े गए मन्दिर दोबारा बनवाए, घाटें भी।"

"हाँ, अयोध्या में भी बनवाए। ऊधम बाई भी हैं, तवायफ़ थीं, शहंशाह मुहम्मद शाह की तीसरी बेगम बनीं, क़ुदसिया बेगम। उनका बेटा गद्दी पर आया तो वही राज करती थीं। उन से पहले थीं लाल कुँवर। मालूम है मलिका बनीं तो अपने तवायफ़ के ज़माने की गुइयाँ, ज़ोहरा, को लाल क़िले के ज़नानख़ाने में ले आईं? मंडी में सब्ज़ी बेचती थी ज़ोहरा।" हिम्मत करके मैं उसके कसकर खिंचे हुए बालों पर उँगलियाँ फेरने लगी। हर सहलाहट पर उसके सर की बनावट हाथ में जैसे बसी जा रही थी।

"आजकल तो उन कश्मीरी नाचनेवाली फ़रज़ाना की बातें ख़ूब सुनने को मिलती हैं। शहंशाह को बाग़ियों से बचाया, दिल्ली को जीतनेवाले सिक्खों के सरदार से समझौता किया—क्या नाम था उन का?"

"बघेल सिंह," नादिरा कमरे में घुसते बोली।

"हाँ, बघेल सिंह" मुझे बात याद आई। "क़द हमारे जितना है फ़रज़ाना का, जंग में ख़ुद सिपाहियों की रहनुमाई करती हैं। शहंशाह उनको बेटी मानते हैं।"

"फ़िरंगी से शादी करी थी न?"

"हाँ, नाम कुछ समरू-सामरू जैसा है।"

"सुना है गुइयाँ का नाम बेगम उम्दा है।"

"गुइयाँ का क्या करेगी। सुना है बड़ी ज़ुल्मी हैं, नौकरानियों पर बेहद सितम ढाती हैं।"

नादिरा ने बात बदली। "रतन कह रहे थे हैदराबाद में एक चन्दा बाई हैं।" नाम सुना था हम ने, और अधिक सुनने को उठकर बैठे।

"कहते हैं वो बढ़िया नाचती हैं, शायरा भी हैं हमारी बख़्शी जैसी। माह लक़ा बाई कहलाती हैं।" महताबें इतनी सारी! ऐन वक़्त चाँद दरवाज़े पर। "चपला, किशन तुम्हें बुला रहा है। गोला खाने की ज़िद्द कर रहा है, दद्दा

मना कर रही हैं। खाँस भी रहा है, रो भी रहा है।" चपला भाग खड़ी हुई।

बाद में मैंने शरद से पहले वाला सवाल पूछा। "नहीं," उन्होंने कहा। "लड़का होती तो तुम्हारा इस तरह मन न लगता।"

हमारी गली में शादियों का बरस था वह। इतनी शादियाँ हुईं कि शीरीन तक को इत्मीनान हुआ होगा। हमारे यहाँ आनेवाले मर्द तो शादीशुदा थे ही मगर अलग-अलग तरीक़े थे उनके शादी निभाने के। महताब बाजी के सरपरस्त, ख़ाँ साहब, जुड़वाँ बेटों के पैदा होने के बाद गाँव कम ही जाते थे। मगर बाजी उन से परेशान थीं क्योंकि वो कुछ ज़्यादा पीने लगे थे। मनमोहन की अब दो बीवियाँ और पाँच बच्चे हैं, उन दिनों एक बीवी, एक बेटी थी। रतन की बीवी छुटपन में गुज़र गई थी, उन्होंने दोबारा ब्याह नहीं किया। शरद ही थे जिन्होंने कभी शादी नहीं की। बारह साल की उम्र में दिल्ली के हज़रत साहब गए तो ब्याह न करने की क़सम खा आए। "शुक्र है कुँआरे रहने की क़सम नहीं खाई," मीर इंशा आँखें नचाते हुए बोले।

मर्द लोग शादी करते तो हैं, पर आम लड़कियों जैसे शादी का जोश नहीं चढ़ता उन पर। उनको और चीज़ों का शौक़ चढ़ता है। मौर्डंट साहब के इन्तक़ाल से पहले के दो-तीन साल तक आदमी लोग दौलतख़ाने को लेकर गप-शप करते तो ज़्यादातर उन्हीं पर बात रुकती। नवाब के चहेते थे, उनके मुहाफ़िज़ों के सरदार।

एक रोज़ शाम की लम्बी महफ़िल के बाद सब लोग खा-पी कर सो गए, सिर्फ़ शरू मेरे कमरे में बैठे थे तो मैंने पूछा, "उन में ऐसी क्या ख़ास बात है?" मैं गैलरी में निकल आई। "इधर कुछ कम गर्मी है।"

"थोड़े-से अलग हैं—पोशाक, बाल, आवाज़—और क्या? ख़ूबसूरत तो बहुत हैं—तुम्हें नहीं लगता? मौर्डंट चुप बैठ ही नहीं सकते—हर वक़्त

कुछ काटना, मारना, खेलना। हमें तो उन्हें देखते-देखते थकान-सी होने लगती है पर नवाब साहब को मज़ा आता है। लम्बे हैं, कसा हुआ बदन, टाँगें खराद पर जैसे ढली हों। पट्ठों में बहाव ज़ोरदार बहती नदी जैसा। कुछ साल पहले की उस मुर्गों की लड़ाई पर तुम थी न जिस की तस्वीर ज़ोफ़ानी साहब बना रहे हैं?"

"हाँ, पर हमें उनमें कुछ ख़ास दिखाई नहीं दिया। मिर्ज़ा हुस्सैन रज़ा उतने ही हसीन हैं। वो कई बरसों से नवाब साहब के साथी थे।"

"थे, मगर राजा टिकैत राय के साथ भी उनकी पक्की जोड़ी थी। उन दोनों में अनबन हुई तो झाऊ लाल को दोनों को निकलवा देने का मौक़ा मिला। आजकल झाऊ लाल की पाँचों उँगली घी में। और दूसरी बात, एक ही जिस्म से आदमी ऊब जाता है, मुँह का स्वाद बदलना ज़रूरी है।"

क्या मेरा उसके जिस्म से ऊबना मुमकिन था? क़तई नहीं।

"रज़ा मोटे हो गए, अलसा गए। मौर्डंट आकाश में उड़ते बीस पंछियों को बीस गोलियों से उड़ा देते हैं, एक के बाद एक, कभी दो साथ उड़ रहे हों तो एक गोली से दोनों को उड़ा लिया। सुना है उनकी छाती में कहीं गोली दबी है, परवाह नहीं करते।"

"वह कैसे हुआ?"

"टेनिस के खेल में किसी से झड़प हो गई।"

"सुना है अनपढ़ हैं?"

"तो क्या हुआ? रज़ा कौन-से पढ़े-लिखे थे?"

"नवाब साहब शायर हैं। कहाँ तक अनपढ़ों से काम चलाएँगे?"

"अकेले ये थोड़े ही रहते हैं उनके पास। शायरों-आलिमों से घिरे हुए हैं। पर चाह हुस्न को ढूँढ़ती है न कि इल्म को। नहीं तो ये सारे—नवाब साहब, मिर्ज़ा हसन रज़ा, राजा टिकैत राय, बीसियों सुन्दर और बेकार नौजवानों को ओहदे क्यों देते?"

"अब आप भी उनमें शामिल हो गए," मैंने छेड़खानी के लहज़े में कहा।

खीझकर बोले, "हम नई इमारतों की सजावट करा रहे हैं। नवाब साहब के पैसे वसूल होंगे—देख लेना।"

चपला अनपढ़ होती तो मेरा मन उस पर आता? मैंने उसके लिए कम-चर्चित सूफ़ियों की नज़्मों की नक़लें उतारी थीं और उसने मेरे लिए पुराणों, कामसूत्र के इन्तख़ाब बनाए थे। कामसूत्र मैं फारसी में देख चुकी थी मगर यह उसने संस्कृत में लिखा था, ख़ुद तर्जुमा भी किया था। लम्बी दोपहरों में वक़्त की, आलम की, रूह-आत्मा की, सीखने-सिखाने की लम्बी बातचीत के दौरान उसके मुखड़े पर ख़याल तैरते रहते थे, पानी में दिखते आकाश के बादलों की तरह। मगर चेहरा ही इतना हसीन न होता तो?

"नवाब साहब मौर्डंट पर बहुत ख़र्चा करते होंगे?"

"यक़ीनन। महीने की तनख़्वाह ही तीन हज़ार है।"

हमारे कोठे की आमदनी उस से कम-से-कम तीन गुना थी, तोहफ़े के सामान को न गिनकर, पर यह राज़ बताने लायक़ न था, शरद को भी नहीं।

"उन के माँ-बाप क्या सोचते होंगे?"

"वो तो दूर हैं, विलायत में, और कहते हैं उनकी माँ उनके पिता की बीवी नहीं हैं।"

"अच्छा।" कितनी माँएँ होती हैं पिता की बीवियाँ? बहुत सारियाँ तो नहीं हैं—हमारी गलियों में, दौलतख़ाने पर, फ़िरंगियों के घरों में।

"वैसे भी दिन दोगुना रात चौगुना पैसे कमा रहे हैं—कौन माँ-बाप ख़ुश न होंगे? दो मकान बनवाए हैं, अन्दर-बाहर की सजावट पर ख़ूब ख़र्चा किया है। एक में सजीला-सा बग़ीचा है, तराशा हुआ कुआँ और फ़व्वारा भी। प्लाउडनों के यहाँ से बहुत सारे पौधे लगवाए हैं।"

"ख़ैर," उबासी लेते हुए अँगड़ाई ली मैंने। "दौलतख़ाने पर इतने सारे ख़ूबसूरत लौंडे हैं तो ख़ूब मज़ा आता होगा आपको?"

"एक हद तक, हाँ। पर मन जल्द ही भर जाता है। ज़्यादातर ख़ाली दिमाग़ वाले हैं, आपस में भौंडे मज़ाक करने में मस्त रहते हैं। अगले महीने

इंशा साहब के साथ फ़ैज़ाबाद जाएँगे हम।"

"हाँ, रतन इन दिनों वहीं हैं।"

अँधेरे के बावजूद उनके झेंपने का अहसास हुआ।

"आप को लगाव हो गया है उन से?"

"बहुतों को लगाव है उस से—किसी का माँ जैसा, किसी का बहन जैसा, किसी का दोस्त जैसा, किसी का..."

"काश हम साथ चल सकते।"

"चल पड़ो फिर।" मुस्कुराए। "तुम नहीं चलोगी, चपला जो है यहाँ।"

सही बात थी, हालाँकि मैं रतन का नाच देखना चाहती थी और अल्मास अली ख़ाँ की एक झलक भी। अवध की सबसे बड़ी जागीर उन्हीं की थी, और मीर इंशा ने कहा था वो असली अल्मास हैं, असली हीरा।

"कमाल की ज़िन्दगी रही है उन की," मीर इंशा ने हमें बताया था। "ग्यारह-बारह साल के थे तो जंग में उठा लिए गए, गुलाम बनाए गए, ज़बर्दस्ती मज़हब तब्दीली और खस्सी हुई, यों बने ख़्वाजासरा। लाज़िम था स्वभाव कड़वा हो जाता मगर नहीं। अपनी जागीर के सभी किसानों को अपने बच्चे मानते हैं। हर महीने एक हज़ार रुपए दान देते हैं। अपने गाँव में मस्जिद भी बनवाया है, मन्दिर भी, अपने हिंदू रिश्तेदारों से मिलते भी हैं। बेगम साहिबा उन्हें बेटा समझती हैं। ज़मीन, खज़ाना, लेखा-जोखा, चाभियाँ, हर चीज़ की ज़िम्मेवारी उनको सौंप दी है। हीरा हैं—अपने नाम की लाज रखी है।"

"लेकिन क्या फ़ायदा, बच्चे तो नहीं हो सकते।" शीरीन की यही आदत थी—जब भी मेरा मन और सुनने-जानने को करता, वह तोते की तरह बीच में बोल उठती थी।

"ख़ाला जान कहती हैं, बच्चे हर किसान पैदा कर सकता है," नादिरा बोली। सही कहा। मीर इंशा की तारीफ़ के क़ाबिल कोई-कोई हो सकता था।

एक बार मैं अल्मास अली ख़ाँ से मिली थी—बुढ़ा चुके थे। याद है

मुस्काता हुआ चौड़ा चेहरा, हँसी-भरी आँखें, कंधों पर बहती लम्बी सफ़ेद ज़ुल्फ़ें, सिर का ऊपरी हिस्सा ढका हुआ। कभी परी-रुख़ न रहे होंगे, ये अमीर-फ़क़ीर।

~

पहले दद्दा की बेटी हीरा ने साथवाले घर के सारंगी बजानेवाले से शादी की। सब को मालूम था दोनों का दो-तीन बरसों से चक्कर चल रहा था। लेकिन उसके बाद मट्टन आपा के भाई ग़ायब हुए, लौटे तो एक फूल बेचनेवाली के साथ। नाम था गोरी, रंग स्याह। उनकी पहली बीवी थी दुलारी, ख़ामोश, थोड़ी-सी मिमियानेवाली। उसने वह तमाशा किया कि सब भौचक्के रह गए। घंटों तक सिर पटकती, चीखती-चिल्लाती रही। आपा ने उसे अलग कमरा दिलवाया तब जाकर शान्त हुई।

सबसे धूम-धाम वाली शादी दुल्हन जान की हुई। मट्टन आपा के कोठे का डूबता आफ़ताब थी वह। पेट रह गया तो अपने पुराने चाहनेवाले की चौथी बीवी बनी। तेल के व्यापारी थे, लड़कियाँ आपस में उन्हें तिलचट्टा कहती थीं मगर सब बहुत ख़ुश थीं, ख़ासकर अज़ीज़न क्योंकि बख़्शी मुरझा ही रही थी, अब नए सितारे के उगने का मौक़ा था। शादी की तैयारियों के दौरान दोनों घरों में समझौता-सा हो गया।

हम लोगों के यहाँ कपड़ों का सिलना, उबटन बनना, फूल-मालाओं का पिरोना बराबर चलता ही रहता है, मगर अब बहुत कुछ करने को था। जलेसर की नगीनेवाली चूड़ियाँ, नरनौल की मेहँदी, पंजाब का काजल, लाहौर के कंगन, फ्रांस का गाछ, बनारस और मैसूर का रेशम, चन्देरी की चादरें। लड़कियाँ बड़े चाव से हर चीज़ की जाँच-पड़ताल में लगी रहीं।

मीर इंशा ने दुल्हन जान की तारीफ़ में एक क़सीदा लिखा। दुल्हन नाम की दुल्हन हो तो कौन से शायर को मज़ा न आए। हर चीज़ का ब्योरा दिया

उन्होंने—दुल्हन की मलिकानुमा अदाएँ और मुँहफट मज़ाक़, दूर-दराज़ से आए गायक, सजावट के बीच सजीले लोग :

हज़ारों रंग के फ़व्वारे और चादर-ए आब
हरेक सिम्त परी पैकरों के गुट के गुट
छतों में मोतियों की झालरें लटकी हुईं
सब एक डाल ज़मरद हरेक किवाड़ के पट
किसी में पारह अल्मास के लगे कुंडे
जड़ी हुई कहीं याक़ूत-ए-सुर्ख़ की चौखट
लगे हुए गौहर-ए-शब चिराग़ अकसर जाए
डलक से जिन की बहुत दूर तक हो फैलावट
कहीं तो शीशे के फ़ानूसों की चमन बन्दी
और उनके बीच से छुटना पटाखों का चट-चट

नाटकों की तैयारी चपला और मेरे हवाले थी। मट्टन आपा का कोठा हमारे से कहीं बड़ा और शानदार था। बीच के आँगन में तीन सतहें थीं, सजीले गमलों में पौधे और बौने पेड़ चारों तरफ़। गलियारों के मेहताबों पर हमारों से ज़्यादा नक़्क़ाशी थी, कमरों के पीछे छुपे कई सारे कमरे थे।

एक नाटक हम ने फ़िरंगियों की करतूतों पर बनाया—कैसे वो लोग अपनी गर्दनों पर पाउडर बरसाते हैं, नशे में लाल-लाल हो जाते हैं और अपनी ज़ुबानों में चिल्लाने लगते हैं। अज़ीज़न थी गोरी 'लेडी' जो नशे में धुत्त अपने शौहर की मरम्मत करती। किशन उसका बन्दरनुमा बेटा था। शीरीन मेम की बाँदी थी। इस से नाख़ुश होकर वह अपने लिबास पर नुक्ताचीनी करती रही। "यह देखो, अँगिया बग़लों में कितनी तंग है और कटोरियाँ इतनी बड़ी लटक रही हैं। हमारी मुगलानी तो दिन-ब-दिन बिगड़ती जा रही हैं।" उतारकर सीधा बेचारी मुग़लानी के मुँह पर फेंका मगर जाकर लगी वह अम्मी के मुँह पर, जो उसी वक़्त अन्दर आ रही थीं। हाय-तौबा से बचने वास्ते हम दोनों गैलरी में निकल आए।

"तंग आ गए हम तो," मैंने नाराज़ होकर कहा, "कोई ठीक से नाटक करता ही नहीं है। नादिरा और काम करने बार-बार निकल जाती है। और किशन छुटका-सा है, उसको क्या करना-कहना है कहाँ याद रहेगा?"

मेरी कमर में हाथ डालकर वह मुझे कमरे में ले गई। "तुम थकी हुई हो, लेट जाओ।" अपने हाथ से मुझे पिसे हुए बादाम और गुलाब का शर्बत खिलाया-पिलाया, कनपटियों पर चन्दन का तेल मला। कुछ अजीब-सा लगा; आम तौर पर मैं उसको पुचकारती-बहलाती थी। आँखें बन्द कर लीं, लम्बी साँस लेकर उसके बालों की सुगन्ध को पी लिया। उसकी ओर मुँह पलटा मगर ठीक उसी वक़्त मुग़लानी पायल बजाती आईं, उसकी अँगिया लेकर। मैंने उसकी बनावट बताई थी—सफ़ेद रेशम पर अँगूर की लताओं की चाँदी जालियाँ।

चपला पहनकर देखने लगी तब तक मुग़लानी शीरीन की शिकायत करती रही। उन्हें ठंडा करने वास्ते मैं बीड़ा लगाने लगी। गलियारे में किशन के साथ खेलती हुई अज़ीज़न ने पर्दों में से झाँककर चपला को गेंद फेंकी। धूप की किरण पर उड़ती हुई आई गेंद; चपला अँगिया की डोर बाँध रही थी, हँस कर एक हाथ से उसको पकड़ लिया।

"ठीक आ गई?" मैंने पूछा।

"चुभती है," आँखें नचाकर बोली। "बहुत भारी है निगोड़ी। कोई सादी-सी मेरे वास्ते नहीं बन सकती?"

मैंने अपनी एक शबनम की अँगिया उसकी तरफ़ फेंकी, उस पर थोड़ी-सी कढ़ाई थी, सितारों की। "इसे पहन के देख लो।"

"उसकी तो कटोरियों में तारे डूबेंगे," मुग़लानी बोलीं।

"हाँ, दोनों तरह के तारे," मैंने गुस्ताख़ी से कहा। चपला के मुँह पर लालिमा उभर आई, अज़ीज़न की हँसी छूट गई।

रंगीन साहब ने देखा कि हम दोनों ने शादी के दिन ज़रीदार सफ़ेद कपड़े पहन रखे थे तो हमें छेड़ने लग गए। "लो, यह तो कुछ ज़्यादा ही

हो गया। पहले ही तुम लोग सब कुछ साथ-साथ करती हो, अब कपड़े भी एक जैसे पहनने लगीं।" उनके हम दोनों को इस तरह जोड़ने से मुझ में ख़ुशी की सिहरन-सी दौड़ गई।

उन्होंने अपनी मस्नवी में कश्मीर की हिंदू शहज़ादी और बुल्गार के मुसलमान शहज़ादे की शादी के ब्यौरे में हम लोगों का बयान दिया। फिरंगी साहबों, उनकी शराब की बोतलों और उनके हिंदुस्तानी नौकरों पर हमारा नाटक। चपला का ख़ास तरीक़े से पगड़ी बाँधना, मेरा ताले-चाभी के नए नमूने में बाल बनाना, चम्पा की बंडी, बख़्शी के सीधे-सादे बाल, शीरीन और अज़ीज़न के ढीले पेंच सब को दरबार की औरतों के बयान में डाल दिया। हम दोनों को छेड़ने वास्ते लिखा कि सफ़ेद पहननेवालों के दिल से चाव निकल चुका या बख़्शी से मतलब था उन का?

वह जो बाँकी उन्हों में है महबूब
फ़तह पेच आई है गुँधा के वह ख़ूब
और दोगाना को जिस ने दिल दिया
तुफ़्ल कुंजी का सर है उसने किया
जो समझती है उनमें सब को हेच
है वह आई गुँधा के ढीला पेच
जिस को दुनिया की कुछ नहीं है हवस
नीची कंघी कर के आई है बस...
उन में जो दोस्तबाज़ है रंडी
उस ने पहनी गले में है बंडी...
जिस के दिल के निकल चुके हैं चाव
कर के आई है वह सफ़ेद बनाव

नहानेवाले दृश्य में महताब बाजी पर चाँद के झपटने का उन्होंने ज़िक्र किया ही नहीं। शायद अपनी महबूबा का एतराज़ न करना उनको न भाया हो। हम ने एक छोटे गड्ढे पर बड़ा शीशा रखकर उसके बीच गोला कटवाया

था तो ऐसा लगा जैसे लड़कियाँ पानी में थीं। चाँद को इधर-उधर हाथ मारने की आदत थी ही, मौक़े का फ़ायदा उठाया। मसले जाने पर महताब बाजी बस उनींदी-सी मुस्कुराईं। नाटक ठीक-ठाक हो गया, किशन ने भी अपना भाग निभाया, पर चपला से ज़्यादा देर नज़र न हटा पाने की वजह से मैंने उस पर ध्यान कम दिया। कुछ फुसलाई हुई, कुछ बेचैन-सी, बोल पड़ी, "आज तक किसी मर्द ने हमें यों घूरा नहीं है।"

आपा के घर की तो कायापलट हुई पड़ी थी। सारी गली महक रही थी। सिल्हट से आपा के किसी पुराने चाहनेवाले ने बीसियों नए नौकर भेजे थे। हरेक के माथे पर बुरी नज़र टालने को काली बिंदी।

नाटकों के बाद मैंने सोचा कमरों की सजावट देख लूँ। हर कमरे में छोटे-छोटे राज़—छुपा हुआ चिराग़, नन्हा-सा फ़व्वारा, स्फटिक की मूर्ति। मेरी बाँह पर उसके हाथ की पकड़ कुछ ऐसी जैसे अपनाना भी चाहें, पल-भर में छोड़ना भी चाहें। मुझे एक तिकोने कमरे में ले गई। खिड़की के आले में बैठ हम सायेदार बग़ीचे को देखने लगीं।

"दुल्हन आपा शादी करके पर्दे में रहेगी। हमें तो ऐसा जीवन न सुहाए।"

"आराम की ज़िन्दगी होगी। एक ही जने को ख़ुश रखना होगा।" तोते की तरह जवाब दे रही थी मैं क्योंकि उसे निहारकर डूब रही थी।

"एक कहाँ, घर के लोग भी होंगे, सब अनजान लोग। फिर कभी नाच-गा पाएगी कि नहीं?"

"सिर्फ़ उन्हीं के लिए।"

उसकी नज़र खिड़की के उस पार। मेरी आँखें उस चेहरे को सँजोते हुए कह रही थीं, न जाओ, न जाओ। काशी कभी लौट कर न जाओ। यहीं रहो, मेरे लिए नाचो। लफ़्ज़ होंठ तक न पहुँचे, कहीं वह हँस कर न टाल दे।

एक तरफ़ भीड़ में संग होने का लुत्फ़ तो दूसरी तरफ़ अपने कमरे में अकेले उसके साथ होने का। उसके कमरे में हमेशा लगता था उसकी

माँ दीवार के उस पार से हम पर निगरानी रख रही हैं। मिलने से पहले की अनगिनत कहानियाँ एक-दूसरी को सुनातीं। आज तक वो कहानियाँ मन में ख़ास रौशन हैं, हम दोनों के सुनने-सुनाने में रँगी हुईं।

नज़्में कितनी लिखीं मैंने उन दिनों, कुछ अच्छी, कई बेकार। इतने कम वक़्त में इतनी कभी नहीं लिखीं, न उस से पहले न उसके बाद। चिनगारी से चिनगारी जलातीं नज़्में हम दोनों के बीच उड़ती रहीं।

उनको तराशने का भरपूर वक़्त था मेरे पास क्योंकि उसको दरबारों-महफ़िलों में नाचने के बुलावे आते रहते थे। वह अकसर सफ़र पर रहती, कितने ही मर्दों-औरतों से मिलने जाती। और मैं तिलमिलाती, तपती, अपने रोज़मर्रे के कामों में लगी रहती। उम्मीदों-ख़्वाबों को पालने की हिम्मत न थी। घर से कम निकलती थी, कहीं मेरे जाते ही वह न आ जाए। उसके दरवाज़े पर खड़े हो हर लम्हा घंटा महसूस होता। आख़िर खटखटाती या बग़ैर खटखटाए लौट आती।

वह भी कुछ चाहती तो थी, मगर क्या? फ़िलहाल मुझे अपने हाथ का खाना खिलाना चाहती थी।

"असली बनारसी खाना खिलाऊँगी। वह नवाब-महाराजाओं वाला भारी खाना नहीं। सादा, कम मसाले वाला, सात्विक खाना। कल दोपहर को मेरे कमरे में आना।"

पर उस बार हर चीज़ में थोड़ी-सी कसर रह गई। समोसों में मटर कच्चे, केले के कोफ़्ते नरम और टूटते हुए, शीर बिरंज में मखाने बासी। थोड़ा-सा खाया, अच्छा भी बताया मगर उसको पता लग गया, खीझ गई। ऊपर से किशन एक-एक चीज़ का निवाला लेकर मुँह बिचकाकर थूक रहा था।

किशन को भगा दिया, नादिरा उसे नए चूज़े दिखाने ले गई। चपला मेरे पास धम से बैठ गई। "अब कभी तुम्हारे लिए खाना नहीं बनाऊँगी।"

"शुश, कोई बात नहीं।" मैं बासन वाला तेल उसके सर में मलने लगी। शादी में और कई तोहफ़ों के साथ हम सब को एक-एक बोतल मिली थी।

बिल्ली जैसे पीछे की तरफ़ अँगड़ाई लेते बोली, "तुम ने कभी अपनी अँगिया को इत्र में डुबोया है?"

"नहीं।"

"कभी करके देखना। बहुत मज़ा आता है। अरे, रुको, कहाँ जा रही हो, एक प्याली पी कर जाओ। सुबह से पकाते-पकाते भेजा ही पक गया। यक़ीन नहीं आता कि एक भी चीज़ ठीक नहीं निकली।"

"चुकन्दर और मटर की पूड़ियाँ मज़ेदार थीं। हमें रंगीन पूड़ियाँ पसन्द हैं।"

"हाँ, वो अम्मा ने बनाईं।"

~

इतना कुछ हुआ मगर कहने को कुछ भी नहीं हुआ। चम्पा आई—सुहावना, गोल चेहरा, चपला से घनिष्ठता ऐसी जो लगता था मेरी पहुँच से बाहर है। चपला उसे घुमाने ले गई, मैं घर पर रही, सोचती रही। क्या मैं हमेशा बन्द दरवाज़ों के बाहर, अलग कमरों में, या ज़्यादा से ज़्यादा उसके पलंग से दो क़दम की दूरी पर पड़ी रहूँगी? हमेशा मुझ से बढ़ कर किसी और का उस पर हक़ होगा? तो क्या मेरे साथ फ़िज़ूल वक़्त ही गुज़ार रही है? या किसी करिश्मे से सचमुच मुझ पर मोह है तो कब तक रहेगा? रहना यहीं है? या चले जाना है?

एक शाम, मदन ने कहा, "यहाँ से कुछ दिन निकल जाओ, दुनिया देखो। बाक़ी सब के पैरों में चक्कर लगे हैं, एक तुम हो, यहीं पड़ी रहती हो।"

पहली बार, मेरे दिमाग़ में भी यही ख़याल आने लगा था। "चाँद फ़ैज़ाबाद जा रही है। वहाँ उसकी कोई सहेली बहू बेगम की ख़िदमत में है। हम ने वह दरबार नहीं देखा। कह रही थी साथ चलना है तो चलो।"

"ज़रूर जाना। हम तुम्हारा ख़र्चा उठाते हैं। और सुनो, मज़ा कर के आना। यह हर वक़्त का सोचना, इन्तज़ार करना छोड़ दो। आख़िर इन्तज़ार

किस बात का है?"

वाक़ई, किस बात का? चपला लम्बे दौरे पर निकल चुकी थी, कलकत्ते में चम्पा और काशी के और लोगों से मिलनेवाली थी।

छोटा-सा सफ़र, आलीशान महल। कम्पनी ने बेगमों की बहुत सारी धन-दौलत चुरा ली थी फिर भी उनके पास काफ़ी कुछ बचा था। सब से अच्छी बात यह कि न महफ़िल में गाना था न और कोई काम था। पूरी छुट्टी।

दूसरे दिन चाँद देर तक सोती रही, मैं बाग़ में टहलने निकली। लम्बी-लम्बी ओस-भरी घासों के बीच गुज़रती पगडंडी। झुरमुट के उस तरफ़ सीधा किसी से टकरा गई, गिरते-गिरते बची।

"बड़ी तेज़ चलती हैं।" हँसमुख गुस्ताख़ी, साँवली शक्ल, ख़ूब सारे घुँघराले बाल। मुझ से भी नाटी। आराम से बतियाने लगी। बड़े शहर में बड़े शायरों से मिलने-जुलनेवाली का रोब जल्द छा गया उस पर। नाम मरयम। उसकी माँ नवाब बेगम की ख़िदमतगार थी।

"इमली पसन्द है? रुको, लाती हूँ।" छन-भर में पेड़ पर चढ़ गई, छलाँग मारकर उतरी। एक को चख कर मुँह बिचकाया। "नमक चाहिए। हमारे घर चलिए। माँ गिरजा गई हैं।"

इतवार था, मेरे लिए आम दिन। "तुम क्यों नहीं गईं?"

"आँख नहीं खुली। देर तक सोती हूँ।"

घर की छत नीची थी, अन्दर अँधेरा था। मैं ताक़ में धरी दो-चार किताबें देखती खड़ी रही। दीवार पर नीली साड़ी पहने हज़रत मरयम की तस्वीर थी, सर के पीछे सुनहरे सितारे बने थे। वह रसोई से नमक-मिर्च की कटोरी लेकर आई, मैं मुड़ी, दोबारा टकराते बची। दबी हँसी के साथ बोली वह, "लगता है यह होना ही है," और दोनों एक क़दम आगे बढ़ीं। आसान, मज़ेदार, न कोई डरावनी ऊँचाइयाँ न गहराइयाँ। हम पर निगरानी रखनेवाला कोई न था। उसकी माँ सारा दिन महल पर रहती थीं, चाँद कहीं और लगी हुई थी।

पाँच दिन साथ रही, फिर मैं घर लौट आई, मस्त-सी। न मिल पानेवाली के लिए तड़पती क्यों रहूँ जब कोई और आराम से मिल रही है? वजह मैं जानती थी मगर फ़िलहाल अनजान बने रहना ठीक समझा।

नज़्में तो नहीं लिखीं पर ख़त लिखे, मिलने के मनसूबे बाँधे। पूरी कोशिश की मैंने सिर्फ़ मरयम पर मन टिकाऊँ मगर नाकामयाब रही।

चपला वापिस आई। पहली बार मेरे पास आपबीता क़िस्सा था सुनाने को। आकाश में बादल घिर आने पर पानी का रंग बदलता है, यों उसके चेहरे का रंग बदलते देख कुछ डरी मैं, कुछ ख़ुश हुई।

4

कभी कोई, कभी कोई नज़ारा लौट कर आता है, और वह लौट कर आती है अकसर ख़्वाबों में। शरद भी आते हैं, मगर कम, गाँव में, अपने पुराने घर के किसी बदले हुए नक़्शे में।

पतझड़ों की एक शाम, मग़रिब के बाद, महफ़िल से पहले, हम दोनों छत की कगार पर बैठी थीं। दरबे में से कबूतरों की मरमराहट। मरयम के बारे में बता रही थी मैं। सुनहरा चाँद चढ़ रहा था, पीछे शहर टिमटिमा रहा था। हमेशा की तरह वह पूरी हमदर्दी से सुनती रही। बाद में, जब उसको कुछ ज़्यादा समझने लगी, मुझे दिख जाता था वह पल जब उसका दिमाग़ बँटने लगता, एक निकट, एक दूर से देखता हुआ। बाद में उसने यह भी बताया कि उसी वक़्त वह समझ गई थी कि हमारा-उसका मेल अब तय था। उसको दिख गया कि वह मुझे खो सकती थी, और यह भी कि मैं सिर्फ़ नज़्मों में जुरअत करनेवाली क्वाँरी नहीं थी।

कमर में बाँहें डाल छत के बीच पहुँचीं हम, मुड़ीं, होंठ मिलने ही वाले थे कि चाँद पौढ़ियों से अचानक बोल उठी, "तुम्हारे मेहमान आ गए।" हाथ में हाथ डाले हम नीचे दौड़ कर गए, हमें देखकर उन लोगों की हँसी छलक-सी रही थी।

दीवाली के बाद उसको ज़ुकाम हो गया। अपनी माँ की दवा-दारू और

किशन की उछल-कूद से बचने वह मेरे कमरे में लेट गई। मेरे लिहाफ़ में लिपटा उसका निढाल, सुभग शरीर। सँकरे माथे पर बुख़ार की बूँदें, आँखें नाज़ुक मुखड़े में सिकुड़ी हुईं।

जैसे ठीक होने लगी, सर्दियों के पहले आसार प्रकट हुए। हवा साफ़, सितारे उजले होने लगे। हम अकसर बात करते हुए तक़रीबन भोर तक जागती रहतीं। उस रात वह मुझे अपनी माँ की इकट्ठी की गई तस्वीरें दिखा रही थी। एक ही चिराग़ की रोशनी में। रेशम की परतें खोल रही थी वह। दोनों पास-पास बैठी थीं दीवान पर, सर झुकाए महीन काम को देख रही थीं।

"राग बिहाग," उसने कहा। फूलदार बिस्तर पर सुनहरे और लाल लिबास पहनी औरत अपने कंधे पीछे की ओर झुकाकर अँगड़ाई ले रही है, दूसरी हाथ में आईना लिये उसकी तरफ़ बढ़ रही है, तीसरी मुँह मोड़ मंडप के बाहर पेड़ पर से गुलाबी कलियाँ चुन रही है। तस्वीर पर आँखें टिकी थीं। उँगलियाँ छू गईं, गुँथ गईं, मेरी बाँह में बिजली दौड़ी। हाथ खुले, एक-दूसरे को ढका, बन्द हुए, तेज़ पकड़ से हड्डी पर हड्डी रगड़ गई। गैलरी से हवा का झोंका आया, हुक्के की नन्ही घंटियाँ बज उठीं, चिराग़ बुझ गया। ख़ुशनुमा अँधेरे में दीवान पर ढलक गईं हम, दीवार से सटक गईं, उसके होंठ मेरी बाँह पर विचरते कंधे तक पहुँचे। एक पल का अटकाव, फिर मैंने उसके मुख को दोनों हाथों से पकड़ लिया; होंठों के मिलते, जकड़ते वक़्त वह और मुझे झटका दे गई। धुँधली चाँदनी में हम ने दो छन मरयम की, चम्पा की, अपने किए हुए की बेमतलब-सी बातें कीं, फिर दोबारा चिमट गईं। नक़्क़ाशी जैसे साफ़ दिखता है तिरछी पड़ती उजलाई परछाइयों में उसका मुँह मेरे ऊपर झुका हुआ, और उस जानी-पहचानी जगह में, जो हमेशा के लिए बदल गई थी, हम दोनों चिपटी खड़ी हुईं।

क्या वह सचमुच हमारा पहला चुम्बन था? बाद में उसने मुझे ख़त में लिखकर बताया, "पहली बार हम जब तुम्हारे शहर आए थे तो तुम से

मिलने के बाद अगले दिन तुम्हारे घर गई। तुम ने पीले कपड़े पहन रखे थे। उसी रात, नहीं, सुबह-सुबह हम ने सपना देखा कि हम दोनों ऐसे ही चिपटी हुई थीं और तुम ने पीली साड़ी ओढ़ रखी थी। सपने से जगी तो न जाने क्यों, आधी नींद में उठकर दरवाज़ा खोला, तुम वहाँ खड़ी थीं, सूरज की पहली किरणों में धुली—याद है? लगता है वही अपना पहला आलिंगन था।"

अगले दिन उसके आने तक मुझ पर क्या बीता? ख़ाली चिट्टा। कुछ था ही नहीं—सिर्फ़ उसकी साँसों की गर्मी, कपड़े और बदन के बीच का फ़ासला, उसकी आवाज़, उसके क़दमों की आहट, उसके हाथ की छुअन के इन्तज़ार में खड़ा रहा दिन।

आख़िर पर्दों को हटाकर पूछा उसने, "नादिरा सचमुच जा रही है इसी माह?" जैसे शादियों का कोई सिलसिला चला हो। बेखटक अन्दर आई, मेरे गाल पर अपना गाल रखा।

"हाँ। इतनी दूर। वहाँ किसी को जानती भी नहीं।" लफ़्ज़ मुँह से निकले, फिर रुके। उसके होंठ गाल से फिसलकर गले पर पहुँचे, तेज़ साँसों के साथ लफ़्ज टूटे-फूटे निकले।

"याद बहुत करोगी तुम। कभी अलग नहीं रही हो न?"

"कभी-कभार। तुम काशी वालों को याद करती हो?" चम्पा के नाम से बच कर उसकी अँगिया की डोरें खोलीं।

"हाँ।" मगर आवाज़ में ग़म न था, हाथ उठाकर पर्दा खींच उसने कमरे को अँधेरा किया।

कुछ देर बाद अपनी जेब से इत्र की छोटी शीशी निकाल, मेरी अँगिया को भिगो डाला। "लो, बाद में निचोड़ लूँगी, सारा कमरा महक उठेगा।" दद्दा क्या कहेगी, उनको छोड़ो, शीरीन, अम्मी, हीरा, नादिरा, बाक़ी जो हर कोई आती-जाती रहती हैं, क्या कहेंगी? मगर इस की फ़िक्र करने की फ़ुर्सत न थी क्योंकि वह आगे बढ़ती जा रही थी। चुलबुलापन जाता रहा, आख़िर दो बूँद आँसू बहाकर मेरे कंधे पर सो गई।

अगली दोपहर को मेरे रोने की बेर आई। "सो जाओ अब," उसने कहा। और मैं सो गई।

~

बख़्शी और हज़रत का यही मतलब रहा होगा शायद। महीनों तक नई बोली सीखते रहो, मेहनत करते रहो, अचानक एक दिन वह जम कर नई दुनिया की ओर जानेवाली राह बन जाती है।

"नफ़ीस, कोई नया उबटन लगा रही हो क्या? मुखड़े पर चमक है।" महताब बाजी कभी तेज़ नज़र नहीं कहलाती थीं, आज मुझे देखकर मुस्कुरा रही थीं।

चेहरा गरमा गया, मुस्कुरा कर बोली, "नहीं तो।"

यह लिखते हुए मेरे अन्दर जकड़ती, सिकुड़ती, तपती याद चाँदनी को उजला सी देती है।

"हम जानवर जैसे एक दूसरी पर टूट पड़ती हैं," उसने कहा, जब हम दूसरी बार चिपट गईं। मगर नहीं, हम में जानवरों की ज़बर्दस्त सादगी कहाँ? डर, चिन्ता, अपशकुन से ग्रस्त होते देर नहीं लगी।

मरयम का जोश-भरा ख़त आया। वह जल्द ही आ रही थी मुझ से मिलने। चम्पा भी आनेवाली थी। इस झमेले में क्या लिखती? झूठों, अर्ध-सचाइयों से भरी चिट्ठी।

"लिख दूँ कि कि हम बीमार हैं, मत आओ?" मैंने पूछा।

"नहीं, ऐसे कैसे कर सकती हो?" उसने धीमे-से कहा।

लेकिन दो दिन बाद कपड़े बदल रही थी तो मेरे पास आई। "कह दो उसको कि न आए।"

"अब कैसे कह दूँ?" मैंने कहा। सोचा, तुम चम्पा को आने से मना करोगी?

मन में था, वह मुझे अकेली तो नहीं छोड़ देगी, फिर इन्तज़ार, बेइन्तहा इन्तज़ार करने को? पारे की तरह रूप-रंग बदलती लड़की जो वादा करने से कतराती है—उस के लिए सब कुछ दाँव पर लगा दूँ? क्या वह चम्पा को, अपने सब बंधुओं को छोड़ देगी, अपनी माँ के सपनों पर पानी फेर देगी, सिर्फ़ इसलिए कि उसे मेरी नज़्मों से, मेरी बाँहों की लचक से लगाव है? या इसलिए कि उसे मेरे गर्दन के तले उस जगह की लत लगने लगी है जहाँ उसने अपनी मोतियों वाली धुकधुकी लटकाई है जो हर साँस पर थरथराती है?

शरद या मीर इंशा से मश्विरा करती तो उनकी क्या राय होती? मैंने किसी से बात नहीं की, पर उनको पता तो लग गया।

एक ख़त में चपला ने मुझे याद दिलाया : प्रेम न हाट बिकाए। मगर कबीर बात कर रहे थे अनंत काल की। हम हैं दुनिया की मंडी में जहाँ गवाहों के बग़ैर बिक्री शायद बिक्री है ही नहीं। चाहे उसकी क़ीमत हर साँस से चुकानी पड़े।

मरयम आ पहुँची। अब दिखता था सिर्फ़ उसका भौंडापन। नाटक करती रही मैं मगर जिस्म मना करता रहा। उसके चेहरे से बचने वास्ते आँखें बन्द करती तो किसी और का चेहरा सामने आता था। आँसुओं से नम चेहरा जब हम मिलती थीं सीढ़ियों पर, शहर के किसी बाग़ में या नहानघर में, तो कभी तना हुआ जब हम मरयम के सामने ही एक-दूसरी को किताबों में छुपे ख़त देतीं।

कभी मैं बेचारी मरयम पर बरस पड़ती, उसके अनाड़ी अन्दाज़, इलायची चबाते रहने की आदत पर बिगड़ती, फिर अपनी बेरहमी पर पछता कर उसको आगोश में लेती। मेरी मेहमान थी वह, मेरे कमरे में ठहरी थी। चपला ने देखा मैं उसे घुमाने ले जाने के लिए ढंग के कपड़े पहन रही हूँ, समझा मेरा मन बदल गया। उसी तरह जैसे मुझे उसकी दूसरों से छेड़-छाड़ कभी-कभार बेवफ़ाई लगती रही थी।

फिर आई चम्पा। मेरे अन्देशे धुंध जैसे उमड़ पड़े, तितर-बितर हुए, दोबारा उतर आए। साथ-साथ पली-बढ़ी थीं दोनों। नादिरा और मेरी तरह। "हम बहनों जैसी हैं," चपला ने कहा था। उस रिश्ते से बराबरी कैसे की जाए? मगर दोनों को साथ बैठे छोड़ जब नहाने गई तो नहानघर की धुँधली छायाओं में चपला प्रकट हुई, हाथ में काग़ज़ थमाया, होंठों पर अपने होंठ दबा गई।

रात को मैंने दद्दा से दूध माँगा मानो आख़िर उसके फ़ायदे समझने लग गई हूँ। नई क़लम लेकर चुन-चुनकर लफ़्ज़ लिखे। ऊपर मीर तक़ी साहब की ग़ज़ल स्याही से लिखी। उसे देते हुए धीमे से कहा, "चिराग़ की गरमाहट लगाकर पढ़ना।"

दूध, स्याही, ख़ून। जैसे चमड़ी की एक परत उखड़ गई हो, सतह पर ख़ून धड़क रहा हो। हर पोर जगा हुआ, होंठों की तरह आसानी से छिदनेवाला, हवा को पीनेवाला। पारे की तरह चाहत एक छोर से दूसरे तक दौड़ रही थी, टूटकर जुड़ रही थी, पकड़ से बचकर। पिंजरे में बन्द जानवर के हाल का अहसास होने लगा। फुसलाना, फुसलाए जाना, और हर वक़्त देखनेवालों को बहलाने वास्ते नाटक किए जाना।

मरयम चली गई, ख़ामोश, बुझी हुई। चम्पा परेशान नहीं लगी। बाद में उसने बताया कि उसने आते ही हालात ताड़ लिये थे। कुछ ही दिन बाद नादिरा मुतआह शादी कर के चली गई हैदराबाद। सब लोग ख़ूब रोए। बस जिन को सब से ज़्यादा रोना चाहिए था, वही नहीं रोईं। मैं दूसरों के सामने कम ही रोती हूँ। और अब हम दोनों का छोटा-सा कोंपल खिल गया था तो रोने नहीं, गाने का मन कर रहा था। रही बख़्शी, इतने दिन रोते रहने के बाद उनके आँसू सूख गए होंगे।

महीने बाद रतन हैदराबाद गया तो वहाँ से शरद को ख़त लिखा और उसके साथ हम लोगों के नाम नादिरा के ख़त भी भेज दिए। पर ये चपला के ख़त जैसे नहीं थे। उस्तानी ने हमें ख़त लिखने के जो तौर-तरीक़े सिखाए

थे, नादिरा के ख़त उन्हीं के मुताबिक लिखे गए थे, जिस से असली हालात का पता नहीं लगता था।

इन्तज़ार का वक़्त गुज़र चुका था, या यों कहूँ कि अब भी मैं इन्तज़ार करती थी लेकिन पूरे यक़ीन से, जैसे कबूतर के घर आने का इन्तज़ार किया जाता है। एक-एक करके, उसके कपड़े, शीशियाँ-डिब्बियाँ, किताबें-क़लमें, मोर की शक्ल की कंघियाँ, जूतियाँ, मेरे कमरे में पहुँचती गईं। एक-आध चीज़ें और मुरली मनोहर की मूरत उसके कमरे में रहीं, केतकी मौसी का मन रखने वास्ते, और कभी-कभी वहाँ रात भी बिता लिया करती थी।

नाक-नक़्श कितने ही कर्कश क्यों न हों, नींद से जागते वक़्त चेहरा ओस जैसा कोमल लगता है। वैसे ही सारी कगारें हुईं लचीली, लकीरें घुल-मिल गईं, तीखी आवाज़ें गाने लगीं। प्याली लबलबाई, हर उमड़ता, झलकता छन ज़मीन-आसमान के सारे रंगों से भर गया।

सिर्फ़ किशन हमारा गवाह था। देर-सवेर टपक पड़ता था। मेरे साथ गम्भीर ख़यालात पर बातें करता था। एक दिन गुड्डा-गुड्डी की शादी वाले खेल के बारे में बताते हुए उसने कहा, "बड़ा हो जाऊँगा तो लड़की से शादी करूँगा।" रुक कर जोड़ा, "या लड़के से।" फिर रुक कर, "या शादी करूँगा ही नहीं।"

"देख लेना करनी है कि नहीं।"

"हाँ, बहुत वक़्त है।"

"शरू मामा ने शादी नहीं करी।"

"अभी तक नहीं।"

मेरी हँसी छूट गई। "तुम्हें लगता है शादी करेंगे?"

"हो सकता है इसी वक़्त शादी कर रहे हों।"

चपला जग गई। उसे उठाकर गले से लगाया। मुझे काफ़ी भारी लगता था वह पर उसको आदत थी। "चलो नीचे। नाश्ता करना है। हम तुम्हें खा जाएँगे।" छटपटाते-किकियाते किशन को उठा ले गई।

~

साथवाले घर में, शरद गद्दे पर लेटा हुआ है। एक ज़माने में यह कमरा चपला का होता था। शरद कहता है मेरी नज़्में दूसरों की नक़ल कर के लिखी गई हैं, चालू हो सकती हैं। दिल सिकुड़-सा जाता है। नादिरा उन से बहस करने लगती है। अब वो नाराज़ होकर महफ़िल में चले गए, शीरीन गा रही है। कई लोग गुटों में बैठ हल्दी वाला दूध पी रहे हैं। मैं उनके पास बैठकर कहती हूँ, "चलो वापिस।" कहते हैं, "चलो," तो हम दोनों मेरे कमरे में जाते हैं लेकिन वहाँ बहस फिर से शुरू हो जाती है।

5

चारों तरफ़ ईरानी बिल्ली के बच्चे। लम्बे, पतले बदन, रेशमी रोएँदार बाल शाही जामे की तरह फ़र्श को छूते। नीलम, पन्ने, अकीक के रंगों की बेझपक आँखें, जाँचतीं, फ़रियाद करतीं। कमरे के उस पार, हरे बिल्लौर के चौखटे में बन्द पुराने आईने की दूधिया गहराइयों में हँसती हुई चपला दिख रही थी। गहरे लाल रंग की क़ालीन पर बैठी, अपनी बाँह के ऊपर चलते और अपनी गुत को पंजा मारते बिल्ली के बच्चे को देख मुस्कुरा रही थी। मेरे देखने या फिर प्लाउडन मेम के देखने से शर्माने पर गोरे गाल सुर्ख हुए। प्याली में उठती मय।

हमें मार्टिन साहब के यहाँ बीबियों की महफ़िल में बुलाया गया था। पोलियेर साहब के घर पर चपला प्लाउडन मेम (जिनको चपला लिज़्बेथ कहती थी) से मिली थी, और प्लाउडन मेम ने उसे अपने घर भी बुलाया था, गाना सिखाने वास्ते। वहाँ चपला मुझे लेकर नहीं गई।

बिल्ली के बच्चे ने पूँछ फड़काई। चार सुनहरी आँखें मिलीं, पेड़ों के बीच ज़मीन पर लुका-छुपी खेलती धूप। बिल्ली को अपनी जैसी नायाबी का अहसास हुआ क्या? मैं लिज़्बेथ के बच्चे को पुचकार रही थी। गुड्डा जैसा, सेवइयों जैसे महीन बाल, मुखड़ा मलाईदार। किशन भी ऐसा ही था मगर शहद के रंग का।

अपने विलायती साज़, हार्पसिकोर्ड, पर उँगलियाँ फेरती लिज़्बेथ ने पूछा, "गाइएगा नहीं?" वो हम लोगों के गीत बटोर रही थी, नवाब साहब का एक गीत उतार चुकी थी। सुना है बाद में उसने गीतों की एक किताब बनाई, गाने-नाचनेवालियों, साज़िंदों की तस्वीरों समेत। हम दोनों की तस्वीर भी उस में है क्या, एक नारंगी, एक हरे लिबास में, जो उस दिन पहन रखे थे हमने?

क़ालीन पर बैठ हम दोनों ने आबरू साहब की वह ग़ज़ल गाई जिस पर निशान लगा कर मैंने उस पहली सुबह चपला को दिया था :

मिल गईं आपस में दो नज़रें इक आलम हो गया।
जो कि होना था सो कुछ आँखों में बाहम हो गया।

जिस तवज्जह पर नज़र कर जान देता था जहान,
सो तवज्जह हाय इन आँखों से क्यों कम हो गया।

साथ मेरे तेरे जो दुख था सो प्यारे ऐश था,
जब से तू बिछड़ा है तब से ऐश ग़म हो गया।

राग की ख़ूबसूरती के कूच का डंका बजा,
जब गला मुतरिब का यारों सीर से बम हो गया।

लिज़्बेथ को ख़ूब मज़ा आया, तालियाँ बजाईं और लफ़्ज़ लिखने के लिए अपने मुनीम को बुला भेजा। मैं सोच रही थी शरद कहाँ होंगे? और रतन? जो कि होना था सो बाहम हो गया था?

लिज़्बेथ और चपला बरामदे में निकलकर अंग्रेज़ों के राजा की पचासवीं सालगिरह के जश्न की बातें करने लगीं। चपला को उस मौक़े पर नाचना जो था। मैं पोलियर साहब की दो बीवियों के पास बैठी रही, जिन्हें छोड़कर वो वापिस स्विट्ज़रलैंड चले गए थे। मार्टिन साहब ने मेहरबानी कर के

उन्हें अपनी कोठी में रहने की जगह दे दी थी। दोनों हँस-हँस कर बतिया रही थीं, पोलियेर साहब के चले जाने का कोई ख़ास ग़म नहीं था उनको।

चपला और लिज़्बेथ अन्दर आईं तो हम ने दो-चार और गीत गाए, फिर हम दोनों बाग़ देखने निकल गईं। एक लुत्फ़ दुकेली होने का तो दूसरा सबके साथ होते हुए यह जानना कि थोड़ी ही देर में जिसको सब चाहते हैं वह अपने साथ अकेले में होगी।

नवाब के ख़रीद लेने के बाद वह कोठी फ़रहात बख़्श कहलाती है मगर मेरे मन में वह लख-पेड़ा ही रहेगा। लाख से कम न लगे वो पेड़ हमें समेटते हुए, चारों तरफ़ फुसफुसाते हुए। आपस में गुँथी हुईं हम पगडंडी की राह से सरकती नदी के किनारे पहुँचीं। नदी के दूसरे छोर पर कुछ जोगिन दंड पेल रही थीं। तेल की परत से चमकते बदन, खिंचे हुए जूड़े, केसरी धोतियाँ। एक ख़ास हट्टी-कट्टी वाली चक्र फेंक रही थी।

अचानक वह मेरी तरफ़ मुड़ी। पैरों की उँगलियाँ तैरती धरती में धँस गईं। आँखें पल-भर को खुलीं, उसकी आँखें काली धुरियाँ दिखीं। खुली हवा में हमारा एक ही वह चुंबन।

हफ़्तों तक, महीनों तक याद न करूँ, फिर एक संग मंज़र यों उभरते हैं ज्यों समेट कर रखी गई तस्वीरों को बाहर निकालो और रंग आँखों को चौंधिया दें।

हम बग़ल के दरवाज़े से कोठी में घुसीं, मार्टिन साहब के मजमुआ वाले कमरों में घूमने लगीं। मानो दस-बीस चौकों के सारे सामान लौंग, तेज पत्ते, देवदार से गमकती दुकान में जमा किए गए हों। झिलमिलाते गाछ, मखमल, मलमल, रेशम, लाही—अपने घर के सभी लोगों के कपड़े बरसों तक बन जाते—और सिक्के, तमगे, गहने, तस्वीरें, आईने, कठपुतलियाँ, पिचकारियाँ, अनेक ज़बानों में अनगिनत किताबें, दुनिया-भर की साज़ें और न जाने क्या-क्या। कोनों में से झाँकते डरावने-से भूसे-भरे मोर, तोते, बन्दर। मगर मेरी नज़रें शीशे के डब्बों पर झुके हुए उसके मुखड़े पर ही टिकी थीं। बर्मा के याकूत, राजपूताना के पन्नों की झलक से रौशन। पूरे मजमुए में

सब से अनूठा जवाहर तो वही थी।

"इन सब के घर ऐसे होते हैं, अजब चीज़ों से भरे हुए," वह बोली, "मार्टिन, प्लाउडन, पोलियेर, पामर, डी बौएन।" उसने अपने सर पर पुआल की एक बड़ी-सी टोपी टेढ़ी करके लगा रखी थी और अलग-अलग अजीब-ओ-ग़रीब अन्दाज़ से एक-एक का नाम ले रही थी।

"नवाब साहब के अजायबघर की तरह," ओढ़नी में हँसी दबाते हुए मैंने कहा।

"हाँ, तक़रीबन, मगर उस से छोटे।"

गोरी बीबी, मार्टिन साहब की बड़ी बीबी, ने हम को बरामदे पर बुलाया। चाँदी की तश्तरी में दो अनारों के दाने चुन कर उन्होंने छोटी कटोरियों में हमारे लिए डाले। दाने मुँह में पिघल गए तो मुझे हैरान देख वो हँसने लगीं।

"अनार नहीं है, मिठाई है। नवाब साहब के बावर्ची ने हमारे बावर्ची को सिखाया है।"

"सुना है वो अर्बी के दस-बारह अलग-अलग पकवान बना सकते हैं?" चपला ने पूछा।

"उस से भी ज़्यादा। महीना-भर रोज़ अर्बी बनाए और किसी को पता भी न लगे कि अर्बी है।" वो छोटी-छोटी प्यालियों में मय डाल रही थीं, जो मार्टिन साहब के नजफ़गढ़ वाले बाग़ों के गुलाबों से महक रही थी। उनका बर्ताव ऐसा था जैसे हम बच्चियाँ हों, और मुझे भी वो बुजुर्ग लगीं। उस वक़्त पच्चीस बरस से ज़्यादा उम्र वाले लोग मुझे किसी और ही दर्जे के इनसान लगते थे। कौनस्टैंशिया में रहती हैं अब, मार्टिन साहब की दूसरी बीबियों के साथ। मार्टिन साहब का मक़बरा भी वहीं है।

हमें छत पर ले गईं गोरी बीबी, गरम हवा वाला गुब्बारा दिखाने। आदमी को उठाकर ऊपर ले गया था यह। पेड़ों-पहाड़ों के ऊपर उड़ता हुआ, जैसे ख़्वाबों में हर कोई उड़ता है। यह कोठी नहीं, पूरा क़िला था—खाई, कलदार पुल, लोहे के भारी दरवाज़े, और यहाँ छत पर पहरेदारों के तीर

चलाने वास्ते सँकरी दरारों वाले बुर्ज। बचने के बाक़ी सब रास्ते बन्द हों तो गुब्बारे के बल उड़ जाओ। आसमानी सुरंग। एक बार नाई ने ग़लती से नवाब साहब की हजामत बनाते-बनाते उनको खरोंच डाला तो सज़ा के तौर पर उसको गुब्बारे में ऊपर भेज दिया गया। वह सही सलामत पाँच कोस की दूरी पर उतर गया।

उसके बाद गोरी बीबी हमें तहख़ाने में ले गईं। कमरे अभी तो पानी में आधा डूबे हुए थे। गर्मियों में नदी के पानी के घट जाने पर कमरे सूख जाते और मार्टिन साहब यहाँ ठंडक में रहते। आख़िरकार जब हम नौके में बैठीं, कोठी झिलमिला रही थी, जैसे नदी में बह रही हो, छत आसमान को छूती हुई, छुपी गहराइयाँ नदी में लुप्त। सूरज डूबा नहीं था पर छिटपुट बादलों के बीच चौदहवीं का चाँद उग रहा था। गहरी साँस खींच वह मेरी गोद में सर रखकर लेट गई। दोनों के मुख को सूरज की आख़िरी चौंध से बचाने वास्ते मेरी ओढ़नी को नीचे की तरफ़ खींचा। केवट का मुँह दूसरी ओर था।

मैं उस पर झुक ही रही थी कि किसी ने पुकारा। उचककर देखा तो रंगीन साहब हँसकर सलाम कर रहे हैं। उनकी गोद में सर रख मीर इंशा आकाश को निहार रहे हैं। उनकी कश्ती धीरे-धीरे आगे निकलने लगी तो बिना सिर उठाए हमारी ओर देखकर मुस्कुराए।

"मालूम है, उन दोनों ने पगड़ियों की अदला-बदली की है," मैंने बताया। "अब भाई हो गए हैं। हम को भी ओढ़नियाँ बदलनी चाहिए, नहीं?"

"या अँगियाँ। पर तुम्हारी यह झिल्लड़ वाली नहीं लूँगी। यह तुम पर ही सोहती है," हँसती हुई बोली। मूँग की फली जैसी नरम उँगलियाँ मेरी रेशम की अँगिया पर विचरती मोती के बटन दबा रही थीं।

बोली, "आजकल उन दोनों की पाँचों उँगलियाँ घी में हैं। शहज़ादे सुलैमान शुकोह के दरबारी जो तय हुए।"

"हाँ, उनके भाई के दोस्त थे दोनों तो जैसे ही वो दिल्ली से यहाँ आए मुलाक़ात हो गई।"

"वही भाई जिन का हाल में इन्तक़ाल हुआ है?"

"हाँ, वही। मगर रंगीन साहब की नई ख़बर कुछ और ही है। अब फल-फूल रहे हैं तो महताब बाजी ने उनको क़बूल कर लिया है। ख़ान साहब को दरवाज़ा दिखा दिया।"

"सच? चलो, आख़िर रंगीन साहब की मन की मुराद पूरी हुई।"

रात गए हम लोग सब अम्मी के कमरे में बैठे थे तो मीर इंशा ने कहा, "आज साँझ का उजाला कुछ निराला था। नई ग़ज़ल कही हम ने।"

"सुनाइएगा तो मेहरबानी होगी," अम्मी बोलीं। मेरी आँख में आँख डाल, मुस्कुराते हुए कहने लगे :

चौदहवीं तारीख़ इक अब्र तनिक सा था जो रात,
सहन गुलशन में अजायब सैर में देखा था।

झिलमिली सी चादर महताब ऊपर बर्क़ का,
वह दुपट्टा बादले का था जो लहराया किया।

यों लगा मालूम होती हैं ये दो परियाँ बाहम,
एक ने गोया कि साया दूसरी पर आ किया।

बू-ए गुल बोली कि आज आपस में बदली ओढ़नी,
चाँदी खानम ने बी चपला से बहनापा किया।

ख़ुद बदौलत तो न आए और 'इंशा' रात-भर,
आप बिन रोया किया, लोटा किया, तड़पा किया।

हम लोग परी कहलाती हैं, आज पहली बार ख़ुद को परी जैसी महसूस किया, उनकी ग़ज़ल की तिलस्मी रोशनी के घेरे में। वाह-वाही करते हुए कई सुननेवाले मुस्कुरा कर हम दोनों को देख रहे थे।

अगली सुबह उसने अज़ीज़न के साथ रियाज़ किया, उसके बाद हम दोनों उसके कमरे में लीची खाने लगीं। गौतकिए के बल बैठी थी। मैं लीची छील कर उसके मुँह में डालती गई और वह शरारती लहज़े से बीज थूकती गई, खिड़की में से। गली से किसी ने चिल्लाकर पूछा कि यह बदतमीज़ी कौन कर रहा है। हँसी और बनावटी डाँट के बीच मैंने यों ही पूछ लिया कि बिजली के अलावा तुम्हारे नाम के और भी मायने हैं क्या?

"हाँ, कई हैं। लक्ष्मी देवी का नाम है—वो चंचल हैं, ज़्यादा देर एक जगह नहीं टिकतीं। और मायने हैं शरारती, शराब, जीभ।" अपनी ख़ास लचीली जीभ दिखाई, फिर अपने मुँह से मेरे मुँह में लीची डाली, और संकेत यों लुप्त हुआ जैसे मेरे गले में रस।

बस वही एक बरस था जब मेरा ईसाइयों के बड़े दिन से कुछ वास्ता रहा। कम-से-कम उस दिन मरयम का ख़याल आना चाहिए था मगर नहीं, वह तो दिमाग़ से यों ओझल हो गई थी जैसे गर्मियों के नीलाकाश में नन्ही-सी बदरिया। चपला उस दिन कुछ न कुछ करना चाहती थी मगर प्लाउडन साहिबा हाल ही में कलकत्ता चली गई थीं। तो हम पामरों के घर गए जहाँ चपला एक बार नाची थीं। हमारी जान-पहचान की एक ख़िदमतगारनी थी। उसने हमें अपने कमरे में ले जाकर वह मेवेदार काला केक खिलाया जिस पर मेरे सिवाय सब जान देते हैं।

वहाँ क्या-क्या हुआ ख़ास याद नहीं मगर हाँ, सर्दियों की धुँधली धूप में हरी-हरी पगडंडियों की राह पैदल लौटना याद है। हवा में लहराती-डुलती दो पतंग, छूतीं, अलग होतीं, फिर छूतीं। वह कभी मेरे आगे तो कभी पीछे। घर पहुँचीं तो बाक़ी लोग जगे नहीं थे क्योंकि शाम की छुट्टी थी। उसका मन कर रहा था फ़िरंगियों के यहाँ बननेवाली एक मिठाई बनाएँ। कटोरे में चिकनाई लगाकर भाप में पकाना था। दूध में मक्खन-चीनी मिलाकर, उस में डबलरोटी के टुकड़े, मेवे-किशमिश डाले। तरल मिलावट में हमारी उँगलियाँ मिलीं, चिपटीं। रिसती हुई उँगली उसने मेरे होंठों के बीच घुसाई।

"मज़ेदार," मैंने चूसते हुए कहा, और उसे कोयले के दाग़ वाले फ़र्श पर लिटा दिया।

"चूल्हे पर पानी खौलने को रखा है," कमज़ोर-सी आवाज़ में बोली, "उमड़ जाएगा।"

"उमड़ने दो।"

बाद में, जब पानी उबलकर सूख गया और बर्तन झुलस गया, वह हँसती हुई बोली, "हमें खाना पकाने की आदत डालनी चाहिए—जुनून चढ़ता है तुम पर, क्यों?"

दिन-रात साथ रहने के वो चन्द महीने रोशनी का एक रुका हुआ घेरा बन गए हैं। एकाध ख़ास ही दिन याद हैं। शायद ख़ुशहाली यही है—घटनाओं का रुक जाना। सर्दियाँ थीं मगर मैं लिपटी थी सुखद गर्मी में। हर दोपहर को उठती गुलाब की पंखुड़ियों में सँजोई, देर रात को लेटती मखमल की परतों पर।

लेकिन चर्चा की तो सिर्फ़ मदन से। मेरे हमराज़ बनने पर ख़ुश हुए वो; हम दोनों को एक सराय पर खाना खाने लेकर गए। मेरे लिए यह नया लुत्फ़ था; वह तो अपने लगातार सफ़रों के दौरान बहुत बार सरायों-धर्मशालाओं पर ठहर चुकी थी। नदी के पास खुले खेमे में, जहाँ मर्द लोग बैठे थे, किसी कम तबक़े के कोठे की दो गानेवालियाँ गा रही थीं और एक लौंडा नाच रहा था। तीनों रुक-रककर हुक्के का कश लगाते थे। हमारे कमरे से भी नदी दिखती थी। खुली छाती वाले ख़िदमतगार दौड़-दौड़कर कई तरह की गरम रोटियाँ लाए जा रहे थे। खाना मज़ेदार था, घर के खाने से ज़्यादा चिकना भी और तीखा भी।

मदन मेहरबान भाव से हम दोनों पर मुस्कुरा रहे थे। वह ग़ुसलख़ाना जाने को उठी तो मैं साथ गई। दरवाज़ा जैसे बन्द किया मैंने फूँककर मोम बत्ती बुझा दी और घुप्प अँधेरे में उसको खींचकर अपनी ओर घुमाया।

होली की सुबह वह कहीं नहीं दिखी। सब से पहले हीरा मुझे मिली।

उसने मुझे पलास के फूलों वाले पानी में भिगो डाला। मैं गुड़हर के लाल पानी की मटकी लेकर साथ वाले घर में गई। केतकी मौसी अम्मी को गले लगाती मिलीं; बोलीं, "दिखी नहीं है, बिटिया, उसके कमरे में देख आओ।"

सारे कमरे ख़ाली पड़े थे। सब लोग बाहर थे, आँगनों-गलियों में, चीख़ते-चिल्लाते, भीगते-भिगाते। तभी मौजियों की टोली गली में से आ पहुँची। एक बग़ैर चोली, केसरी साड़ी में लिपटी, नंगे पाँव, कोरी बाँहें। मुँह देखने से पहले ही झरने की तरह बहते उन बालों से पहचान में आई। "देखो, देखो, हीरा," जोश में आकर मैं बोल उठी, "मेरी गुइयाँ!" कह डाला मगर शोर-शराबे में शायद ही किसी ने सुना होगा। और भी बहुत से लोग उसे निहार रहे थे—सारे आज़ाद-ख़याल, आज़ाद-निगाह वाले मर्द। खुले बाल इतने लुभावने क्यों होते हैं?

हँसी-मज़ाक़ काफ़ी देर तक चलता रहा। दोपहर के बाद सब लोग नहाने चले गए, सुस्ती-सी छा गई। मगर उसको एक और शरारत सूझी। मेरे कपड़े पहनने के कमरे में मेरी तरफ़ पीठ किए खड़ी थी, भारी दोपट्टे में लिपटी।

"ज़रा आईना दिखाना, देखूँ यह कैसा लग रहा है।" हम लोगों के यहाँ आईनों की कोई कमी नहीं रहती। मैंने एक उठाया, वह मुड़ी तो मेरी साँस रुक-सी गई। उसने बस मोतियों, पन्नों, मानिकों की मालाएँ पहन रखी थीं।

दौलतख़ाने के शाम के जश्न पर जाते हुए मीर इंशा हमारे यहाँ मुबारक़बाद देने आए। गेंदे के रंग के उनके लिबास की तड़क-भड़क देखने लायक़ थी। "आप और हम एक जैसे लगते हैं, चपला बाई," वो छेड़-छाड़ करते बोले। आँखें शरारत से झलक रही थीं। "यक़ीन करिए, हम भी जवानी में परीज़ाद कहलाते थे।"

"पूरा यक़ीन है, साहब। माशा-अल्लाह, आप अब भी बहुत हसीन हैं।"

होली के तुरन्त बाद, सारा शहर अंग्रेज़ बादशाह की पचासवीं सालगिरह के जश्न की तैयारियों में लग गया। अफ़वाह तो यों थी कि वो पगला रहे

थे मगर उस से कोई फ़र्क़ न पड़ा। फूलवालों, जौहरियों, बजाजों, मोचियों, तेलियों और बाक़ी सभी कारीगरों-व्यापारियों के पास इतना काम था कि उन से सँभलते नहीं सँभलता था। सब की पोशाकें बनवाना मेरे ज़िम्मे था, ख़ासकर क्योंकि रेज़िडेंसी पर चपला को पहली बार नाचना था। मैंने हरे साटिन के पाजामे बनवाए और चाँदी के गोटे वाली हल्के नीले रंग के रेशमी गाछ की पेश्वाज़। राम अवध जौहरी के साथ बैठा कपड़ों के संग कश्मीरी नीलम मिला रही थी, उसी वक़्त मीर इंशा और शरद आ टपके।

"उसे ज़मीन-आसमान बना रही हैं—क्यों, चाँदनी बेगम?" खेल-खेल में इंशा साहब ने सल्मे-सितारों से सजा, बादल जैसा हल्का दोपट्टा अपने सिर पर डाला। "अहा, कोरे कपड़े की ख़ुशबू कैसी अनूठी होती है। इस फ्रांस की गाछ में उस पहाड़ी नाली की ताज़गी है जिस में इसे धोया गया होगा। फ्रांसीसी ही है न?"

"जी, मोतीलाल जी ने यही बताया। आप इस मौक़े पर क़सीदा लिखिएगा, मीर साहब?"

"बेशक, आपकी सहेली को आसमान का सितारा बना देंगे हम, देखते रहिएगा। नाचनेवाली तो एक बेर नाचती हैं मगर नज़्म हमेशा ज़िंदा रहती है।"

"या तब तक जब तक याद की जाती है," शरद बोले। जाने को उठ खड़े हुए थे मगर टिके रहे।

"नीलम बदशगुन होते हैं," मीर इंशा ने मेरी हथेली में पड़े जवाहरों को छुआ।

"अजी नहीं, बिलकुल नहीं।" राम अवध बिक्री में बाधा पड़ते देख नाख़ुश हुए। "अंग्रेज़ लोग कहते हैं कि ये औरत की वफ़ादारी की कसौटी होते हैं।"

मैंने नीलम छोड़ दिए।

"फिरोज़े या बिल्लौर?" मैंने दो मालाएँ उठाते हुए पूछा।

"फ़िरोज़े।" शरद बेशक बड़े मामले तय करने में देर लगाएँ मगर छोटी

बातें तुरन्त तय करते हैं। "हमें देर हो रही है। कल मिलेंगे।"

"मोती तो उनके पास हैं ही। इन रंगों के साथ फिरोज़े जँचेंगे। आकाशगंगा की या नदी की तरह," बोले मीर इंशा। "बनारस की हैं सही मगर गंगा नहीं, जमुना है लालसा की नदी।"

"क्योंकि जमुना के किनारे राधा-किशन ने रासलीला रचाई थी," मैं बोली।

"नहीं, नहीं, प्यारी, आजकल तुम्हें बस संयोग सूझता है। मगर वियोग—असलियत वियोग है। चकवा-चकवी की कहानी सुनी होगी, जो रात-भर मिलने को तरसते हैं मगर जमुना के आर-पार रहते हैं। तुम निरी भोली हो—तुमने चाहत कहाँ देखी है?"

मैं अन्दर ही अन्दर मुस्कुराई पर उन्होंने भाँप लिया। "नहीं देखी है। तुम्हें लगता ज़रूर है कि चाहत को जानती हो मगर नहीं जानती। किसी चीज़ की ताक़त को भाँपने के लिए उसे खोना पड़ता है, समझीं?"

वो पहले मुद्दे पर लौट कर आए। "फ़िरंगियों का त्योहार ठहरा, कोई नई चीज़, फ़िरंगी चीज़ ले दो उन्हें।"

राम अवध ने कई सारे गहने बिखेर दिए। पुर्तगाल का एक दिलनुमा लटकन उठाया मैंने, सोने की तारकशी का। तभी नज़र अँगूठी पर पड़ी। कुछ दिनों से मेरे मन में अँगूठी का नक़्शा घूम रहा था। इस में छोटी-सी घड़ी जड़ दी गई थी, मोतियों, हीरों और लालों के बीच।

"स्विट्ज़रलैंड की है, बिटिया, पोलियेर साहब के देश की," राम अवध ने बताया, "सब से बढ़िया घड़ियाँ वहीं बनती हैं। उम्र-भर चलेगी यह। इस नमूने की एक ही है। शहर के किसी जौहरी के पास इसके मेल की अँगूठी नहीं है।"

उम्र-भर। एक ही, अनोखी। यह तो लेनी ही थी।

"अलग रखिए। इस के अलग से दाम देंगे।" अब तो उसे महँगा तोहफ़ा देने की हिचकिचाहट जाती रही।

मीर इंशा ख़ुश हो गए। "बहुत बढ़िया। नए ज़माने की लड़की के लिए नए ज़माने की अँगूठी। क़सीदे में इस पर एक जुमला ज़रूर जोड़ेंगे।" अपनी बात पर अमल किया भी—उस की पोशाक का पूरा ब्योरा दिया और दूसरों के जज़्बात को अपना बताया जैसे कि नज़्म लिखते हुए करना ही पड़ता है।

मगर बाद में शरद को घड़ी दिखाई तो उन्हें रास न आई। बोले, "हमें दिल्ली में एक चीनी व्यापारी मिले थे, कह रहे थे किसी को घड़ी देने का मतलब है वक़्त कम रह गया है।" मैंने इस बात को नज़रन्दाज़ करना ही ठीक समझा—वक़्त वैसे भी कहाँ रुकता है?

"अच्छा, एक और ख़बर," वो दीवान पर आराम से बैठते बोले, "नवाब साहब ने ज़ोफ़ानी साहब की बनाई हुई तस्वीर ख़रीद ली है—मौर्डंट साहब की मुर्ग लड़ाई की तस्वीर। याद है—तुम भी वहाँ थीं न?"

"हाँ।" मुझे याद था मैं दूसरों के पीछे बैठ गई थी। मुर्गों को एक-दूसरे का ख़ून करते देखने का मन नहीं था।

"सुनने में आया है उन्होंने दो-तीन तस्वीरें बनाई हैं उस दिन की—एक जैसी हैं सब, छोटे-मोटे फ़र्क़ हैं। ख़ैर, तस्वीर में तुम्हारी माँ हैं, गुलाबी लिबास में, महताब बाई भी हैं, तुम भी हो शायद।"

"सच?" चपला ने अन्दर आते हुए आख़िरी बात सुन ली। मैंने झट घड़ी-वाली अँगूठी अपनी अँगिया में धर दी, वहाँ मेरे दिल की धड़कन के साथ मानो चलती रही।

"हाँ, महताब बाई ने पीला रंग पहन रखा है और पानी लेने को हाथ बढ़ा रही हैं—नादिरा-नफ़ीस उनके पीछे बैठी हैं।"

"यह तो हमें देखना ही पड़ेगा," चपला बोली।

"ज़्यादा उम्मीदें मत बाँधिएगा।" शरू झूठी तारीफ़ करनेवालों में से नहीं हैं। "नादिरा का गोल मुँह, गोल आँखें बनाई हैं, नफ़ीस हमेशा की तरह चुहिया जैसी माँ के पीछे दुबक कर बैठी है। दिखवा देंगे मगर। बता दीजिए कब आना चाहेंगी, इन्तज़ाम करवा दूँगा। और, चपला बाई, जश्न की

तैयारी हो चुकी है? कई सारे हज़रात आपका नाच देखने को तरस रहे हैं। रंगीन साहब के घर पर हुई उस महफ़िल की चर्चा अभी तक चल रही है।"

धुँधली-सी मुस्कान के साथ चपला बोली, "ये जूतियाँ कैसी लग रही हैं? नफ़ीस ने नक़्शा रचकर बनवाई हैं।"

"बहुत ख़ूब। सुनहरी-सफ़ेद रंगत पर मोतियों के संग लाल एड़ियाँ ख़ूब जँच रही हैं। जैसे गोरे पाँव पर आल्ता।" शरू को पहनावे की अच्छी समझ है। चलो, मेरे रूप की न सही, कम-से-कम मेरे हुनर की सराहना तो की।

जश्न से एक दिन पहले, देर रात गए मैंने पोशाक उसे पहनाई। मेरे चुने हुए ताने-बाने उसको चूम रहे थे। फिरंगी बीबियों जैसी फीकी सफ़ेद नहीं थी वह, बल्कि कनक कामिनी, सोने जैसी, सूरज से गरमाए हुए गेहूँ जैसी।

मोती के लटकनों वाला चाँदी के रंग का इज़ारबन्द बाँधा। हल्के नीले पेश्वाज़ की लपेट के बीच और उसकी किनारी के नीचे चमक रहा था। "गर्मियों के आकाश में दमकती बिजली जैसे," बोली मैं।

मैं कपड़े पहना रही थी उसे और वह मेरे उतार रही थी। जो जामुनी रंग मैंने अपने लिए चुना था, उसने उतार फेंका।

"यह बैगनी रंग तुम पर फबता नहीं है। तोता-सब्ज़ तुम पर ख़ूब खिलता है। यह हरा वाला पहनो इस के साथ—" मुझ पर अपनी लाल ओढ़नी डाली। "लो, हम ने कहा न था—ज्वाला जैसे धधक उठी हो।"

तब तक जामुनी मेरा मनपसन्द रंग था, तब से उसे ख़ुश होकर कभी नहीं पहना है।

रात जगमगा रही थी और उसके संग हम सब भी, जवानी की लौ से रौशन। उसकी नज़र मुझ पर पड़ी तो मुझे लगा मैं भी हसीन हूँ। सारा शहर जैसे उमड़ पड़ा था—बड़े व्यापारी भेंट लेकर आए थे, फिरंगियों ने अपने बालों में पाउडर डाल रखा था, हर नाचने-गानेवाली मौजूद थी। बैंड फिरंगी साज़ बजा रहे थे, आर्गन चिंघाड़ रहे थे, ऊपर पटाखे फुफकार रहे थे। हिजड़ों की टोली का नाच हुआ, फिर रतन का। अँधेरे कोने में

झुककर चपला की जूतियों को ठीक बिठा रही थी, सिर उठाया तो शरद खुले द्वार में मढ़े जैसे दिखे, जालीदार सफ़ेद चिकनकारी में से छाती झाँक रही थी—पत्तियों-कलियों से ढका पेड़। उन दिनों उनके बाल ख़ूब घने थे, लम्बे काकुल सँभालते नहीं सँभलते थे। उनकी नज़र रतन पर टिकी थी।

मीर इंशा ख़ूब मज़े में थे—हँसते-बोलते एक से दूसरे गुट तक पहुँचकर सब से मिल-जुल रहे थे। "कलियाँ भी जाम पेश कर रही हैं," वो मेरे कान में फुसफुसाए। एक मोटी फ़िरंगन और उनकी जवान लड़की की ख़ातिर शैम्पेन डाला जा रहा था। "देखो तो, गुल और गुलदस्ते सब पी रहे हैं।" मुझे हँसी आ गई; कलफ़दार गाउन में फ़िरंगन कुछ-कुछ उन बड़े-बड़े नुमाइशी फूलों के गुच्छे जैसी दिख रही थी, जो गोरों को पसन्द होते हैं।

फिर वो चपला के कान में फुसफुसाए :

चार नाचार हुआ जाना ही लंदन अपना
ले गई छीन के दिल एक फ़िरंगन अपना।

हम दोनों की हँसी छूट गई, अम्मी ने हमारी तरफ़ झिड़की वाली नज़र फेंकी।

अपने क़सीदे में मीर इंशा ने सारा नज़ारा सजीव किया—प्यालियाँ, बोतलें, बहती हुई शराब, पेड़ों में लालटेन, मेज़ों पर चुने हुए पकवान। अज़ीज़न अनारी लाल रंग में खिल रही थी पर इंशा साहब का ध्यान चपला पर और मेरे सर्जन पर ही रहा :

टाँक ले बादले का आब-ए रवाँ सी नेफ़ा
डाल कर सब्ज़ी-सी टाँगों में इज़ार-ए साटन
ओदी एक लाही की बादल-सी पहनकर पेश्वाज़
गुल-ए महताब-से गोटे का लगाकर दामन
चाँद तारे के दोपट्टे को शब-ए माह से ओढ़
मेंह की बूँदों के बजाते हुए घुंघरू छन छन

नाचने को हो खड़ी आन के चपला बाई
चौकड़ी भूलें जिसे देख ग़ज़ालान-ए-खुतन
कूट-कूट उसमें भरा है यद-ए-कुदरत ने जमाल
रोशनी माँग ले उस मुखड़े से परवीन-ओ-परन
यानी वह रश्क-ए-परी कहते हैं बिजली जिस को
तीरह हो जिसकी जुदाई से जहान-ए-रौशन...
क्या करूँ उस बुत-ए-काफ़िर की कुचों की तारीफ़
हाय रे उनका उभार और वह उठता जौबन
नीम बशगुफ़्ता कंवल चश्मह ख़ूबी के दो
गोल गोल उभरे हुए भँवरों से जिनके है फबन
वार पार आन के या बैठे हैं चकवा चकवी
है वो मोती की लड़ी बीच में दरिया-ए-जमन...
या अँगूठी की घड़ी है वो नज़ाकत से भरी
जिस पर क़ुर्बान किए सैकड़ों बजते अरगन
याद दिलाती है चोटी वो क़दम की छाया...

मुझे सब से अच्छा लगा वह हिस्सा जहाँ वो कहते हैं कि सफ़ेद रेशमी जूती के मोतियों ने उसकी लाल एड़ियों से लालिमा पाई और लाल चम्पा फूल या रत्ती जैसी दिखने लगीं। वही ज़हरीले रत्ती बीज जिनसे सोना तोला जाता है :

शाख-ए तौबा-ए बहिश्त उसके वो दो बाज़ुएँ
उन से हासिल हो वही जी में जो कुछ जावे ठन
और सकनकूर-ए नर औ मादा हैं दोनों साइद
मस्त हों देख जिन्हें मरद से लेकर ता ज़न...
सुर्ख़ी उन एड़ियों की मोतियों को जूती के
घुंगचियाँ कर के दिखा दे तुझे याँ चम्पा बन...
आज है जून महीने की यह चौथी तारीख़
क्यों न इस रोज़-ए-मुबारक की अनूठी हो फबन

देर रात गए घर पहुँचे तो बहिश्त के पेड़ की उन शाखाओं ने मुझे पकड़कर मेज़ पर लिटाया, और जमुना सर के ऊपर बह निकली। एक छन पहिरावा-रहित जुबती तो अगले छन खिलते क़दम के पेड़ तले उस से लिपटता किशोर, मैं लौ के बुझते ही सुख के हिंडोले में झूलने लगी। भूल गई दबे पाँव पास आती भोर।

गर्मी रफ़्तार पकड़ चुकी थी। ठंडे फ़र्श पर मेरे पीछे बैठी उसने मुझे बाँहों में जकड़ रखा था, उसके बाल मेरे ऊपर बह निकले, और हम दोनों रंगीन साहब की ग़ज़ल गा रही थीं, जिस को हमने अपना ख़ास गाना बना लिया था :

ज़नाखी की रंगत-ए जवान औ पीर सोने की।
सरापा वो नज़र आती है इक तस्वीर सोने की।

किनारी गिर्द यों चेहरे की उसकी ज़ेब देती है,
मुसव्विर जो कहती है तस्वीर की तहरीर सोने की।

गले के हार तेरे हो रही हूँ ऐ लग्गा मैं,
नहीं दरकार तुझ को जान-ए मन ज़ंजीर सोने की।

गर्मियों के साथ आई कुछ मुसीबतें भी, जैसे कीड़े-मकोड़े। एक शाम बड़ा-सा तिलचट्टा उड़ते हुए आकर मेरे कमरे में चक्कर काटने लगा। मैं चीख़कर कपड़े बदलनेवाले कमरे में घुस गई। चपला ने शान्त भाव से झाड़न के सहारे उसे खिड़की से भगा लिया। "छोटा-सा कीट ही तो है।"

"हमें तो घिन आती है। मुसीबत बन गए हैं ये। और भी कितने हैं—ततैये, खटमल, मक्खियाँ। मीर इंशा ने बढ़िया व्यंग्य लिखे हैं इन पर—पढ़े हैं तुमने?"

"नहीं। दिखाना कभी।" कुछ थकी-हारी लग रही थी वह।

अब वह अपने दिल ओ दिमाग़ के सारे उतार-चढ़ाव मुझ पर ही फर्माती थी। कभी बेमतलब झगड़कर, मुझे हताश छोड़ अपने कमरे में चले जाना

और अगले दिन पछतावे की चिट्ठी लिखकर उसके तुरन्त बाद चले आना। तो कभी मट्टन आपा की शिकायतें, महताब बाजी की अलसाई हुई चाल या अज़ीज़न पर डोरे डालते मारूफ़ मियाँ की नकल उतार कर मुझे हँसी से बेहाल कर देना।

मारूफ़ मियाँ अज़ीज़न पर नज़र टिकाए रंजीदा सुरों में अपनी कोई नीरस ग़ज़ल सुनाते तो हम दोनों एक-दूसरे से आँख मिलातीं और हमारी हँसी फूट पड़ती। अम्मी डाँटती हुई नज़र हम पर डालतीं, फिर दोबारा शायर की तरफ़ देखतीं। बाक़ी सब लोग संजीदगी से सुनते रहते, न जाने क्यों हम दोनों आँखें न भी मिलातीं तो भी अपनी हँसी रोक न पातीं।

कभी हम सपनों की बात करते-करते उस ख़याल पर पहुँचते कि ज़िन्दगी एक ख़्वाब है जिस से हम जग जाएँगे। उसने बताया कि वह अपनी मर्ज़ी से अपने ख़्वाबों को मोड़ दे सकती है, और चाहने पर पिछली रात के ख़्वाब को आगे बढ़ा भी सकती है।

"सब लोग ऐसे कर पाते तो जगने और ख़्वाब देखने में कोई फ़र्क़ न रहता, क्यों?"

वह मुस्कुराई, "सब लोग एक ही ख़्वाब देखेंगे क्या?"

कभी वह चिलम का कश खींचते हुए अपनी शायरी में खोई रहती। हमारी नज़्में एक-दूसरी से खेलतीं, सवाल-जवाब करतीं, दोनों के नामों को लेकर पहेली बूझतीं। हमें लगता था हमें छोड़ कोई इन राज़ों को समझ न पाएगा। दो छिलकों में एक गरी, एक तने पर दो कली। दूध और केसर, हर बूँद में रंग।

पैरों की आहट सुन कर मैं बिस्तर से कूद उठी, उसकी जामुनी ओढ़नी में लिपटी कपड़े बदलने के कमरे में दौड़ पड़ी। वह मेरे पीछे-पीछे आई : "कोयले की कोठरी लगे है तुम पर। उतार डालो। इतनी बड़ी ओढ़नी का करना भी क्या है, बित्ती भर की जो हो। सर ही तो ढकना है न?"

"हमें तो बस सूँघना था इसे," मैंने ओढ़नी से चेहरा ढकते हुए कहा।

फिर ओढ़नी को फ़र्श पर गिराया और उसके ऊपर उस को।

कभी हम आमों को लेकर बहस करते, वही बहस जो हर घर में गर्मियों में छिड़ती है।

दशहरी भकोसते हुए, वह आँख नचाते बोली, "काशी के आम इस से कहीं ज़्यादा मीठे होते हैं। शहद जैसे, सुनहरे, चिकने।"

"हमें इतनी मिठास भाती नहीं। हमारे आमों में मिठास को उभारनेवाला ज़रा-सा खट्टापन होता है।"

"लँगड़ा हाथ में ज़्यादा ठीक बैठता है—गोल जो ठहरा।"

"तुम्हारे हाथ में हमारा आम भी बिलकुल ठीक बैठा है।"

"वह इसलिए कि हम इस काम में माहिर हैं। देखती जाओ।" दूसरा आम उठाकर उसने नीचे से ऊपर तक अँगूठे और दो उँगलियों से दबाना शुरू कर दिया। जब चुटकी से छिलका काटकर चूसना शुरू किया, रस-भरा चौड़ा-सा मुँह हल्के-से मुस्कुराते हुए, मैंने शुक्र मनाया कि मेरे साँवले चेहरे पर लाली दिखती नहीं है। हालाँकि दिखती भी तो कोई न देखता क्योंकि बाल्टी को घेरकर पालथी मारकर बैठे सब लोग आम खाने में मस्त थे। टोकरी दशहरी की आई तो बच्चे उस पर झपट पड़े। दद्दा ने बड़ी मुश्किल से उनको रोके रखा जब तक कि आमों को भिगो कर नहीं निकाला।

हम सबों का ज़्यादातर वक़्त रियाज़ में गुज़रता था। किसी भी काम में और इस में भी कभी जी लगता है तो कभी ऊबता है, पर अब तो उस में नया लुत्फ़ उठाने लगी थी मैं। जब कभी चपला के यहाँ जाने का मौक़ा मिलता या वह हमारे यहाँ आ जाती तो गाते वक़्त मैं खुलकर उस लचीले रूप-रंग को निहार पाती जिसका हर कण मेरा जाना-पहचाना होते हुए भी नित नया लगता था। या फिर दूसरों को देखने की बारी आती तो उसके पास बैठने का मौक़ा मिलता। हम दोनों के बीच अंगुल भर का वह गरम ठहराव खुले होंठों के बीच हवा की तरह होता। कई बार वह अपने घर में रियाज़ कर रही होती तो मुझे यहाँ काम पड़ जाता मगर मेरा ध्यान उसी

पर रहता—कब मुझे छुटकारा मिलेगा, कब उसको फ़ुर्सत मिलेगी, कब हम मिल पाएँगे!

जुरअत साहब ने चपटीनामे में ठीक कहा है, "चोरी-चोरी पीजे मय तो कटे नशे में ख़ुश औक़ात।" ऐसा नशा मुझ पर कभी न चढ़ा था। वीरान में भटकते भूखे-प्यासे की तरह पौ फटने से पहले उसके दरवाज़े की कुंडी खोलना। घर-बार की और ऐश-ओ-इशरत की मिली-जुली आवाज़ों के बीच पल-भर की गहरी ख़ामोशी में पौढ़ियों पर गले मिलना। उसके सामने घुटनों के बल बैठे हुए बाहर दद्दा के क़दमों की आहट सुनते ही हड़बड़ी में अपने-अपने कपड़ों को ठीक करके उठ पड़ना। बाद में मुझे पता चला कि हम किसी की आँख पर पर्दा न डाल पाए। वो हमारे नाटक के साथ-साथ चलते रहे, पर क्यों? शायद किसी ने इसको कोई ख़ास बात नहीं माना इसलिए रोकना भी ज़रूरी नहीं समझा।

ख़ास? ज़रूरी? कौन सा लफ़्ज़, कैसा दर्ज़ा ढूँढ़ रही थी मैं? चाहती क्या थी? एक दिन दोपहर के वक़्त वह आराम कर रही थी और मैं सुपारी काट रही थी, अम्मी के पुराने पीतल के सरौते से जो दो जलपरियों के नक़्शे में बना था। ज्यों-ज्यों घुँघराले बालों वाले दो सर आपस में चिपटते और मछलियों वाली पूँछें अलग-थलग घुमाव लेतीं त्यों-त्यों बीच के हिस्से बार-बार मिलते और नीचे चीरों का ढेर बढ़ता जाता। एक सुपारी उठाई मैंने तो देखा कि वह दोगाना है। बदन के ही रंग की, तक़रीबन दिलनुमा, मेरी हथेली में पड़ी। तोड़ो तो अन्दर दिखेंगे दो जुड़े हुए फूल जैसे आकार। चपला को देने की हिम्मत थी क्या मुझ में? एक जनी दूसरी को दोगाना फल देती है, और वह अगर दाएँ हाथ में ले लेती है तो दोनों एक-दूसरी का दोगाना बन जाती हैं। अपनी जान-पहचान की औरतों को यह जतलाने के लिए वो सबों में वही फल बाँटती हैं। पर अगर लेनेवाली बाएँ हाथ में लेकर कहें, "याद है," तो किसी को कुछ नहीं कहा जाता। वह दाएँ हाथ में लेगी?—जान बूझकर? ग़लती से? लेगी तो पल-भर में हमारा मिलन सब

को मालूम हो जाएगा। दक्खिन की सैकड़ों बढ़िया सुपारियाँ गली में सब को बाँटी जाएँगी। किसी को पता न लगे तो दोगाना क्या सचमुच दोगाना होती है?

हाथ के कम्पन को ज़बर्दस्ती रोकते हुए और उसकी आँखों में न देखते हुए मैंने दोगाना सुपारी उसकी तरफ़ बढ़ाई। हल्की-सी हँसी के साथ उसने बाएँ हाथ में लेकर कहा, "याद है।" बात ख़त्म। इनकार के बावजूद उसकी दुलार-भरी आवाज़ इक़रार का दिलासा दे रही थी।

उसी छन गैलरी में से शरू की आवाज़ सुनाई दी, "डी बौइन साहब नूर बेगम से ब्याह करने जा रहे हैं।"

हम दोनों के बीच उस छन की थोड़ी-सी उलझन इस बड़ी ख़बर के बहाने टल गई। नूर बेगम मुग़लों की फ़ौज के जनरल की विधवा बेटी थी। वह अपनी बहन फ़ैज़ के साथ रहती थी, जिसकी शादी पामर साहब से हुई थी। सब लोग शरू को घेरकर अपनी-अपनी राय देने लगे।

"उसकी बहन ने पामर साहब से शादी करके उसका बेड़ा गर्क किया है—अब फ़िरंग के सिवाय कौन उससे शादी करेगा?"

"ख़ुदा करे उसको छोड़कर अपने देश न चला जाए जैसे पोलियेर साहब अपनी बीबियों को छोड़ गए।"

जल्द ही पता लगा कि शादी दिल्ली में होनी है, बड़े धूम-धाम से। अज़ीज़न, चपला, शीरीन, चाँद और बाक़ी न जाने कौन-कौन नाचने-गाने के लिए बुलाई जाएँगी।

वह अब भी दौरे पर बहुत निकलती थी। दिन गिनने लगूँ तो कुछ ही महीने हम दोनों साथ रह पाए, क़गार पर दो बरस मँडराने के बाद। पर अब लगता था उसने ढूँढ़ना बन्द कर दिया था। मैं ठहराव के रौशन मंडल में बसी हुई थी।

बरसातें शुरू हुईं, उमस इतनी थी कि झड़ियों के अंतराल में हम लोग छत पर सो जाते थे। एक हफ़्ते में दो बार भीगने के बाद सब लोग बड़बड़ाते हुए अपने-अपने कमरों में लौट आए।

हम दोनों दूसरों से नज़र बचाने में माहिर थे ही। एक दिन दद्दा के पैरों की आहट सुन कर वह मुझसे अलग हुई, फिर बोली, "चलो, छत पर चलें।"

"और फिर से बारिश हो गई तो?"

"अरे, नहीं होगी। बूँदाबाँदी हो भी गई तो पिघल तो नहीं जाएँगे। देख लो, बादल छँट गए, चाँद खिल रहा है।" खिड़की खोलकर उसने इंशा साहब का शेर कहा :

चढ़ के कोठे धूप में तुम तो उड़ाती हो पतंग।
ऐ दोगाना चाँदनी में याँ उड़ा जाता है रंग।
पिघली चाँदी की तरह से है थिलकती चाँदनी,
आज कोठे पर लगा दो मेरे सोने का पलंग।

मैं हँसने लगी। "यह तो कोई बात नहीं हुई। कोठे पर हम पहले से ही हैं। और यह हम दोनों पर वैसे भी ठीक नहीं बैठता। पतंग तुम उड़ाती हो और चाँदनी वाला रंग भी तुम्हारा ही है।"

"तुम तो हर बात जस की तस समझती हो।" उबासी भरते हुए अँगड़ाई ली उस ने। "बिलकुल ठीक बैठता है। यह देखो, सुनहरा रेशम जैसा"—पीछे से मेरी गर्दन पर उँगलियाँ फेरीं, मेरी साँस खिंच गई—"और हमारा पलंग सोने का नहीं है? हम दोनों का है गंगा यमुना का मिलन।" मेरे मुँह के आड़े अपनी उँगलियाँ रखीं, उनकी ठंडक से होंठ झुलस-से गए। "अब यह मत कहना कि गंगा-गोमती होना चाहिए।"

छत पर हम लेट गईं तो देखा वह शराब की छोटी-सी सुराही साथ ले आई थी। अपने मुँह से लगाया, फिर झुक कर मेरे मुँह में टपकाया।

क्या वही थी हमारी आख़िरी चाँदनी रात? याद तो वही आती है। हम आपस में ख़्वाब भी, मनसूबे भी, बुन रही थीं। चाँद तांबई बादलों के बीच तैर रहा था, कभी मुँह छुपाते, कभी दिखाते।

"कुछ नया इन्तज़ाम नहीं कर सकते हैं हम लोग?" उसने पूछा, "अब दुल्हन जान, नादिरा दोनों चली गईं और शीरीन भी जल्द चली जाएगी,

तुम लोग मट्टन आपा के साथ क्यों नहीं जुड़ जाते? फिर मैं भी यहीं बस सकती हूँ।"

मैं उठ बैठी। "बहुत बढ़िया! और यह जो बीच वाला छोटा कोठा है जिस में तुम लोग टिके हुए हो, इसे हम ख़रीद लें। तुम नादिरा का कमरा ले लो। हम दोनों गीत लिखेंगी, अज़ीज़न और तुम साथ नाचोगी।"

"तुम हमें फ़ारसी सिखाओगी।"

"और तुम हमें संस्कृत।"

"गोरी पिछवाड़े वाले छप्पर में रहेगी।"

"पर मौसी यहाँ बसने को राज़ी होंगी?"

"पता नहीं। हो सकता है सारे लोग मना कर दें।"

"या तुम अकेली यहाँ आकर रह सकोगी?"

"शायद।" मैं फिर से लेट गई। उसकी बाँहों का कसाव क़ैद नहीं बल्कि मुश्किल से पाए हुए बसेरे का अहसास दे रहा था।

"हमें तुम्हारे संग घर बसाना है," उसने कहा, "ताकि कहीं भी जाएँ वापिस आने पर तुम इन्तज़ार करती मिलो।"

दिल्ली में तबाहियों का नया सिलसिला चल चुका था। उन्हीं बरसातों में शहंशाह अली गौहर के मुँहलगे ग़ुलाम क़ादिर ने उनकी आँखें निकाल दीं। छत पर बैठी मैं दूसरियों को पतंग उड़ाती देख रही थी कि दद्दा रोती-बिलखती ऊपर आईं। उन्होंने अम्मी को दिल्ली में पाला था और शहंशाह को कई बार देखा भी था। आँखें फोड़ने की बात बताने लगीं तो पहले-पहल मैंने सोचा पगला गई हैं, अपनी जवानी को जिला रही हैं जब इमाद उल मुल्क ने शहंशाह अहमद शाह की आँखें फोड़ दी थीं। यक़ीन नहीं आता था कि वही सब कुछ दोहराया जा रहा था। न जाने क्यों किसी की पीड़ा की बात सुनते ही मेरे जिस्म में टीस उठती है। मेरी आँखें जलने-सिकुड़ने लगीं।

अम्मी ने कहा कुछ नहीं पर रंजीदा दिखाई दीं, अपने बाप को याद करते हुए शायद? दद्दा को रोते देख अज़ीज़न रोने लगी। चपला ने उसकी

कमर में हाथ डाल उसे बिठाया। वह छोटों का हमेशा ख़याल रखती थी, बच्चों को दुलारने-पुचकारने में माहिर थी।

"शुक्र है ख़ुदा का तुम लोग पहले ही निकल गईं," महताब बाजी बोलीं। वह तो यहीं की लड़की ठहरी। "शाहजहानाबाद ग़ज़ब की ख़तरनाक जगह है।"

यह बात अम्मी कहाँ माननेवाली थीं। "अरे रहने दो—यहाँ ख़तरे नहीं हैं क्या? यह सब उस मुए ख़्वाजासरा ग़ुलाम क़ादिर के करतब हैं—शुरू से ही मुसीबत की जड़ था नासपिटा कहीं का। और तो और, सुना है दूसरे ख़्वाजासरा ने उसे ज़नानख़ाने में दाख़िल करवा दिया, बीबियों पर ज़ुल्म ढाने को।"

"ओहो अम्मी, आप भी बस! गद्दारी से ख़्वाजासरा होने का क्या ताल्लुक़ है? मीर अल्मास अली को देखिए। अंग्रेज़ों ने, हेस्टिंग्ज़ ने, उन पर कितने ज़ुल्म ढाए मगर मज़ाल है कि वो बताते बेगमों के खज़ाने कहाँ हैं।"

"हेस्टिंग्ज़ को अब अपने किए की सज़ा मिलेगी शायद," चपला ने कहा, "लंदन की अदालत में उन पर मुक़दमा चल रहा है। दरबार में सुनी हमने इस की चर्चा।"

अम्मी को जवाब नहीं सूझा तो वही बुजुर्गों वाली घिसी-पिटी बात कही, "अच्छा, अच्छा, बहुत हो गया, चलो लड़कियो, कोई काम-धाम नहीं है! रियाज़ नहीं करना! आजकल के बच्चे भी—बड़ों के मामलों में टाँग अड़ाने से बाज़ नहीं आते।"

किशन कान लगाकर सुन रहा था, बाद में मुझ से बोला, "दिल्ली में बहुत लोग मरे थे न? मेरी अम्मा मरेंगी तो मैं तेज़ चलनेवाली घोड़ागाड़ी के आगे खड़ा हो जाऊँगा।"

"अरे, ऐसे क्यों कहते हो?"

"क्योंकि मैं टक्कर लगवाना चाहूँगा।"

रथ में देह और देह में न मरनेवाली रूह, मैंने सोचा, कहा नहीं।

"छथ, ऐसे नहीं कहते। चलो, कबूतरों को दाना डाल आते हैं।" सर्दियों की अलसाती धूप में वो हमें घेर आए, दाना माँगते हुए।

चपला आँखें नीची कर के पैर के अँगूठे से धूल में एक दाना सरका रही थी। बोली, "होली के बाद हम लोग बनारस लौट कर जा रहे हैं। मगर अगली सर्दियों में यहाँ आऊँगी, और उस से पहले दिल्ली में नूर बेगम की शादी पर मिलना होगा ही।"

तो आख़िर आ पहुँचा था, बहुत दिनों तक नकारा गया यह दिन।

"इतनी लम्बी जुदाई?" मेरी आवाज़ काँपी नहीं। "किशन, छत के छोर तक मत जाना। याद है, अगली गली में वह लड़का छत पर पतंग उड़ाते पीछे की ओर चल रहा था तो नीचे गिरा और मर गया?"

"तुम मुझ से मिलने कभी भी आ सकती हो। लेकिन क्या पता, तुम मुझ को भूल ही जाओ?"

"क्या उल्टा-सीधा बकती हो।"

"हाँ, हाँ, किसी और से चक्कर चलाओगी—किसी मोती, चमेली, ज़ीनत से। ज़ीनत ठीक रहेगी—उस को अपने कमरे में बुलाओगी, खीर कुल्फ़ी खिलाओगी, अपनी नज़्में पढ़ाओगी।"

उस का सर मेरे कंधे पर झुक आया, शाम को बन्द होते कमल की तरह। उसकी छेड़-छाड़ का मैंने बुरा नहीं माना। मेल के मोह में जकड़ी हुई थी मैं, दो देहों दो मनों के हवा-पानी की तरह घुल जाने की मरीचिका का जादू चढ़ गया था।

पिघलना शायद उस दिन शुरू हुआ जब हम आठों के मेले में गए, शीतला देवी मन्दिर पर। किसी को पास के तालाब में देवी की मूर्ति मिली थी तो राजा टिकैत राय ने मन्दिर दोबारा बनवाया। शानदार पोखरा भी बनवाया।

वह हम दोनों की दूसरी होली थी। दो दौरों के बीच घर लौटी थी वह। आईने के सामने काजल लगा रही थी, मैं काशी से उसकी लाई हुई साड़ी डाल रही थी। कलफ़ लगी परतें मेरी अनाड़ी उँगलियों से फिसलकर फ़र्श

पर उमड़ रही थीं। अचानक, लफ़्ज़ों को जैसे ज़बर्दस्ती निकालते हुए उसने पूछा, "तुम काशी आकर बस सकोगी?"

सोचे बग़ैर मैं हँस पड़ी। "काशी में? हम? यह कैसे हो सकता है?"

कहते ही मुझे महसूस हुआ दलदल में पैर पड़ गया। उसके चेहरे पर सख़्ती का भाव आ गया, मुँह मोड़ लिया। शायद काफ़ी सोच-विचार के बाद सवाल पूछा होगा।

तेज़ी से सीढ़ियाँ उतर गई वह, मैं कलफ़दार साड़ी को ऊपर उठाए हुए लड़खड़ाती हुई पीछे-पीछे गई, अपनी बात को वापिस लेती हुई, गिड़गिड़ाती हुई। पेट में डर बैठ गया, वह डर जो उल्लास के बहाव में भी कहीं न कहीं रिसता रहता था। पालकी में बैठे तो वह कुछ नरम पड़ गई, मुझे अपना हाथ थामने दिया मगर ज़रा-सी देर को खुली खिड़की आधा बन्द हो चुकी थी।

मेले में मेरा रंज गुनगुनाता रहा। मन्दिर पर नौब्याहता जोड़ियों की भीड़ देखकर रंजिश बढ़ती गई। अज़ीज़न और हीरा के सामने हम खुलकर बात कर भी नहीं सकती थीं।

वह उन दोनों के साथ चूड़ियाँ चुन रही थी, मैं अलग हटकर सोचने लगी। कोई ऐसा शहर था क्या जो हम दोनों का साझा शहर बन सके? दिल्ली?

बकुल के पेड़ों के नीचे गाढ़ी सुगन्ध में, धरती पर बिखरे हज़ारों छोटे फूल। चलते-चलते मैं उन्हें बटोरने लगी। पंखुड़ियों की झालर में बसे नन्हे-नन्हे मुकुट। पीछे को झुकती हुए छतरी का आकार, उसके बीच छुपी मंडली और उस में फिर छुपा शिखर, आँसू जैसा। एक दुकान से सूई ख़रीदी, पोखर के घाट पर बैठकर फूलों की माला पिरोई।

उस की चोटी में बाँधा तो वह बोली, "मधुगन्धा," और सुकून पाकर हम घर लौटीं। लेकिन मुझे लगा कि उसके बाद जब भी हम दोनों ने साथ रहने की बात छेड़ी तो मेरा वह पहला, अनबूझा जवाब हमारे दरमियान मँडराता रहा।

एक दिन चपला फ़ैज़ाबाद गई थी तो ढलती दोपहर में महताब बाजी दौड़ती हुई अन्दर आईं। महताब बाजी दौड़ती नज़र आएँ तो समझ लो

आफ़त आ गई। "जल्दी आओ, बख़्शी जान से जा रही है।"

नौकर-चाकर और मर्द लोग पीछे की गली से दौड़ कर गए, हम लोग ऊपर छत की राह से। पौढ़ियों से उतर कर उनके घर पहुँचे तो पाया कि मट्टन आपा हाँफती हुई अल्लाह को पुकार रही हैं।

"महीनों से खाना-पीना तक़रीबन छोड़ ही दिया है, और जब से नादिरा चली गई, किसी से बात भी नहीं करती।"

अम्मी से अब रहा नहीं गया। "अरी, अक़्ल की दुश्मन, जाकर हज़रत को लेकर आओ, नहीं तो यह हाथ से जाती रहेगी। नहीं, किसी को भेजो मत। तुम्हीं ने निकाला तुम्हीं को ख़ुद जाना पड़ेगा।" मट्टन आपा अजब फुर्ती से पौढ़ियाँ उतर गईं।

हम लोग बख़्शी के कमरे में घुसे। कुम्हलाकर आधी हो गई थी। अचेत पड़ी थी, मुँह तकियों के ढेर में छुपा। तपते हुए माथे पर ख़ुशबूदार पानी में भिगोए रूमाल लगाए जा रहे थे। मैंने बर्फ़ मँगवाया और खिड़कियाँ खुलवाईं।

अज़ीज़न टसुए बहा रही थी। "बाजी भी नहीं हैं," उसने धीमी आवाज़ में कहा। हाँ, नादिरा को यहाँ होना चाहिए था।

लो, हज़रत पहुँच गए। ख़ुद भी कुछ खस्ता लग रहे थे। दोनों को कमरे में अकेले छोड़कर हम सब गैलरी में खड़ी हो गईं, कोई ख़ामोश तो कोई अटपटी बातें करती हुई। थोड़ी देर बाद हज़रत ने बाहर झाँक कर छाछ माँगी। नीचे खड़ी दुलारी से मँगवाते आपा मारे ख़ुशी के बेहोश होने को लग रही थी। उस रात हज़रत वहीं रहे। अगली सुबह बख़्शी बैठी हुई मिली, कुछ दुबली, कमज़ोर सी, मगर होश में।

जुरअत साहब ने दरवाज़े के बाहर ऊँघते हुए रात बिताई थी। अब फूले नहीं समा रहे थे। जागते जोत दरगाह तक जाने के लिए किसी का साथ माँग रहे थे। वहीं दोनों मिला करते थे और वहीं वो अब चादर चढ़ाना चाहते थे। मैंने तुरन्त नादिरा को सन्देशा भेजा। उसने भी दरगाह पर बख़्शी

के नाम मन्नत मानी थी, अब पूरी करनी थी।

चपला लौट आई तो बख़्शी से मिलने गई। "खूब बढ़िया", हँसकर बोली मुझ से, "वही आना-जाना है। मिलने और अलग होने से जोत जलती रहती है। हम-तुम भी ऐसा ही करें—क्या ख़याल है? हर दो-तीन महीने बाद कभी किसी शहर में, कभी किसी महफ़िल में मिलते रहें तो कैसा रहेगा? सब को लगेगा इत्तेफ़ाकन मिली हैं मगर तदबीर हमारी होगी। हमारा अपना राज़। ख़ूब मजा आएगा, नहीं?"

मेरे उदास चेहरे को देख मेरी नाक को चूमा। "फ़िक्र मत करो, मुनिया मेरी। साथ रहने का बन्दोबस्त करेंगे। दिल्ली में टिक सकते हैं। या हो सकता है हमें यहाँ दरबार में जगह मिले। तुम बस फ़िक्र मत करो। हम पर भरोसा करती हो न, फ़िक्र की कोई वजह नहीं।" बोलने का लिहाज़ हिफ़ाज़ती था जैसे किशन से बात कर रही हो।

उस को दरबार पर नाचने की नौकरी मिल सकती थी क्या? अच्छी तनख़्वाह वाली नौकरी थी, उम्मीदवार बहुत थे। मुझे दरबार की पेचीदगियों की कम जानकारी थी फिर भी मैंने ठान लिया कि कोशिश ज़रूर करूँगी।

साढ़े-तीन महीने ही बाक़ी थे दिल्ली जाने को, मगर दिल ऐसे दबा जा रहा था जैसे तीस साल हों।

जाने से एक दिन पहले वह घबराई हुई पहुँची। "बन्द हो गई—देखो।" लम्बी, ज़री-सी टेढ़ी उँगलियाँ मेरी ओर बढ़ाईं। अँगूठी वाली घड़ी सचमुच बन्द हो गई थी। "इस का क्या मतलब है? अब क्या करें?"

"हम अभी ठीक करवा लाते हैं।" मैंने उसकी कलाई में धड़कती नब्ज़ को अपने होंठों से छुआ और दिमाग़ में भभकती शरू की चेतावनी को दबा दिया। "अभी राम अवध जी के पास ले जाते हैं।"

"वो तो कल देने के लिए कहेंगे। हमेशा ऐसे ही तो कहते हैं।"

"तो अगला जो भी कोई काशी जाएगा उसके हाथ भेज देंगे। कोई न कोई तो जाता ही रहता है।"

"नहीं, नहीं, हमें हर हालत में तुम्हारी अँगूठी चाहिए। आज देने से इनकार करेंगे तो वापस ले आना। हम काशी में ठीक करा लेंगे।" मैंने कभी उसे इतना परेशान नहीं देखा था।

भरी दोपहरी में गई और साँझ ढले घर लौटी। दुकान पर उनके सर पर बैठी रही तब जाकर उन्होंने मरम्मत की। वादा तो करते रहे कि आप जाइए, अभी भिजवा देंगे, मगर मुझे मालूम था एक-दो दिन रखने का बहाना बना ही लेंगे। अम्मी कहती हैं, "जिन ब्योपारियों के नाम ई पर ख़त्म होते हैं उन पर कभी भरोसा नहीं करना चाहिए, जैसे जौहरी, दर्ज़ी वग़ैरह।" कैसी बेतुकी बात है—मैं तो सोचती हूँ, किसी भी आदमी पर भरोसा मत करो कि वह काम कभी वक़्त पर करेगा।

वक़्त—वह चीनी आदमी घड़ी के बन्द होने की बात सुनता तो क्या कहता? मतलब क्या निकालूँ—कि यह छन हमेशा बना रहेगा? या वक़्त गुज़र चुका है? स्विस घड़ियाँ इतनी बढ़िया नहीं हैं जितनी समझी जाती हैं? या मैंने नकली चीज़ मोल ली है?

"अरे कहाँ थीं आप दिन-भर?" अज़ीजन दरवाज़े पर मिली। "वो लोग कल जा रहे हैं और आप दिन-भर ग़ायब?"

कुछ बड़बड़ाकर मैं ऊपर गई, फिर छत की राह से नीचे उसके कमरे तक। वह फ़र्श पर बैठी, मोमबत्ती की रोशनी में आख़िरी एकाध कपड़े को तह लगा रही थी। मैंने उसका हाथ लिया, अपनी अँगिया की जेब से गर्म अँगूठी उसकी उँगली पर सरकाई। फिर उसे कालीन पर लिटा दिया। "कुंडी बन्द नहीं है," उसके होंठ मेरे गर्दन से लगे-लगे बोले।

अगले दिन वो लोग पौ फटते ही चल पड़े। आकाश तपते हुऐ कोयलों की तरह सफ़ेद। झमेले के बीच हम गले मिलीं। बैलगाड़ियों पर पर्दे गिरने से पहले उसने एक ही बार मुड़कर देखा।

मैं ऊपर आई, सीधे मुंशीजी के पास गई मासिक हिसाब-किताब में कुछ उलझन सुलझाने वास्ते। फिर अपने कमरे के फ़र्श पर लेट गई। रोया

नहीं जाता था, हिलने का मन नहीं था। कमरा खोखला, दीवारें, छत, उस पर खिसकती छिपकली, हर चीज़ खोखली।

पपीहा सारी रात बोलता रहा। बार-बार वही कूक। पूनम का चाँद। लेकिन दोनों में किसी को देखने का मन नहीं था। पर्दों को बन्द रखा।

अगले दो महीने फ़र्श पर ही लेटी रही, ख़ालीपन को घूरते हुए। या वही याद है मुझे। किया तो कुछ और भी होगा। उसको महल में नौकरी दिलवाने के लिए कई लोगों से मिली। मगर यह काम काफ़ी मुश्किल था।

पहला ख़त आया, चाहत से तड़पता। "यहाँ क्यों नहीं आती हो? हमें अकेली छोड़ना चाहती हो क्या, झपटनेवाले इन सब औरतों-मर्दों के बीच?" और आए, आते रहे। मेरे मन में उसकी तस्वीर खिंच गई—मेरे लिए हर वक़्त तरसती हुई। उस तस्वीर के मोह में ख़याल नहीं आया कि ख़त मन के आते-जाते रंग पकड़ता है मगर जब तक वह पढ़नेवाले के हाथ आता है तब तक रंग घुलकर बदल जाते हैं। बरसात को पीती हुई सूखी ज़मीन की तरह मैं लफ़्ज़ पीती रही। मेरे जो कपड़े उसने पहने थे और मैंने धोए नहीं थे, उनमें अपना मुँह डालकर उसकी ख़ुशबू निगलती रही।

कमरे से कभी-कभी निकलना ही पड़ता था। ऐसे ही एक मौक़े पर एक और ख़त सुनने को मिला। महताब बाजी के कमरे के पास गुज़र रही थी, लड़कियों की हँसी सुनाई दी, और चाँद ने मुझे बुलाया, "सुनो, बनारस से मीर रंगीन ने बाजी को क्या लिखा है।"

बनारस का नाम सुनकर अन्दर गई। आँख-हाथ नचा-नचा कर चाँद पढ़कर सुना रही थी। फ़रख़ंदा के नाम लिखा था। बनारस का लम्बा-चौड़ा बयान था :

गंगा जमना बाहम हैं दोनों
एक जिस्म और एक दम हैं दोनों
बहते हैं बाहम जो दरिया
तीर्थ है यह बड़ा हिंदुओं का

गुजराती, खत्री, बनिया, बंगाली अकेले या मिल-जुलकर गंगा के घाटों पर क्या-क्या करते हैं—कोई सूरज की पूजा कर रहा है तो कोई नहा रहा है, कोई श्री राम कह रहा है तो कोई बम महादेव, कोई गुप्त दान दे रहा है तो कोई फूलों को बहा रहा है। एक सूर्य नमस्कार करता है तो कोई आसन में बैठा है। एक औरत अपने बाल सुखाती है तो दूसरी सहेली की गुत बनाती है :

कोई अपनी सहेलियों को ले साथ
देकर चलती है हाथ में हाथ

जानदार बयान था मगर ज़रूरत से कुछ ज़्यादा लम्बा, और तुक्काबाज़ी मामूली-सी। मैं उठने ही वाली थी मगर आख़िरी शेरों ने मुझे रोके रखा :

पर चैन मुझे कहीं नहीं है
मैं आप कहीं हूँ दिल कहीं है
तेरी ही क़सम है मुझ को हर आन
दिन रात रहे है यहाँ तेरा ध्यान...
क्या जानिए दिल तेरा अब किधर है
है और तरफ़ को या इधर है
पर मुझ को यक़ीन है ऐ परीज़ाद
करती होगी तू रात दिन याद

सब हँसने लगीं। महताब बाजी उनको या सच पूछो तो किसी को रात दिन याद करे, मुमकिन न लगता था—वो ख़ुद थोड़ी-सी मुस्कुराईं और मैं भी।

यह तुझ को समझ के दिल दिया है
तू यार है और बावफ़ा है

शायरी मामूली-सी थी फिर भी आँखों पर नमी छा रही थी तो मैंने बड़बड़ाया कि नींद आ रही है और चली आई।

एक बार सब लोग नवाब के यहाँ बेगमों की महफ़िल में गई थीं तो

मैंने ज़ोर से कई बार उसका नाम पुकारा मगर ख़ुद को आवाज़ अनसुनी-सी लगी। सालोंसाल बीत गए, अडिग गर्मी तपाती रही, ख़ामोशी के आलम में मैं काग़ज़ पर छोटी-छोटी लकीरों को एकटक घूरती रही। बेचैनी में ऊँघना, फिर जगने का एक बेदर्द छन, और फिर सारे बदन में पीड़ा ऐसी जैसे उसका आधा हिस्सा काट लिया गया हो। इन्तज़ार तो करना था मुझे मगर लगता था जैसे इन्तज़ार करने को कुछ है नहीं। मुझ से बिछड़ कर गई वह दूसरों की संगत में, चली गई मुझ से परे, अनजान लोकों में।

और कोई उसको ख़ास याद करते नहीं दिखा। किसी को याद करते थे तो नादिरा को। शरद रतन के साथ हैदराबाद चला गया था तो मुझ पर निगाह रखनेवाला भी कोई नहीं था।

"अब बस आ जाओ हमारे पास। और बर्दाश्त नहीं होता।" इस ख़त ने आख़िर मुझे जगा दिया। दूसरों के साथ बैठने गई, पता लगाया कि बख़्शी की मौसेरी बहन जल्द ही काशी जानेवाली है। नंगे पाँव ऊपर धधकती छत पर दौड़कर गई और दीवानी जैसी जले पैर लेकर पहुँची। बख़्शी रियाज़ कर रही थी, मुझे देखकर रुक गई।

"तुम ठीक तो हो? चलो, अन्दर चलें।" मुझे अपने कमरे में लेकर गई और सारी बात सुनी। "फ़िक्र मत करना। ख़ाला तुम्हें जाने देगी तो तुम मेरी बहन के साथ चली जाना। मैं बात कर लूँगी।" अम्मी बिना बहस किए मान गईं, दद्दा मेरे कपड़े समेटने लगी। अचानक मैंने यों हल्का महसूस किया जैसे पर लग गए हों। उसने कहा तो था, घबराने की कोई वजह नहीं। उसका शहर देखूँगी फिर उसके साथ दिल्ली जाऊँगी।

निकलने से दो दिन पहले हीरा ख़त लेकर आई। मैं मुंशीजी के साथ बैठी थी। ख़ुद को रोक कर, ख़त एक तरफ़ रखा, काम पूरा किया। फिर दौड़कर अपने कमरे में गई।

"इस वक़्त न ही आओ तो अच्छा है। यहाँ बहुत सारे मेहमान आए हुए हैं, सब लोग दिल्ली की तैयारियों में दिन-रात लगे हैं, हम दोनों को अकेले

मिलने का मौक़ा नहीं मिलेगा। और चम्पा को इस वक़्त परेशान भी नहीं करना चाहती, बाद में बताऊँगी उस को। दो-चार हफ़्तों की तो बात है अब।"

क्या करना चाहिए समझ में न आया। उसकी बात को न टालने की आदत डाल ही चुकी थी। बाँधे हुए कपड़ों को रखने लगी, ख़त दोबारा पढ़ा तो सोचा बँधे ही रहने दूँ, दो-चार हफ़्तों में दिल्ली जाना ही है। वह हमेशा काम की बात सोचती है। मेरी ही तरह। लेकिन आने से मना करने की कोई और अनकही वजह तो नहीं है? मैंने उसकी बात क्यों मान ली? उसके द्वार पर पहुँच जाती तो क्या करती वह? लगता था दद्दा और अम्मी सवालात करना चाहती थीं लेकिन वो चुप रहीं।

अपने दिमाग़ में मैं मनसूबे बाँधती रही। उन्हें ठोस बनाने के लिए किसी को बताना ज़रूरी था। उस्तानी से मिलने गई, उनको बताया कि मैं शायद दिल्ली या काशी बस जाऊँ। कुछ त्योरी चढ़ाकर बोलीं, "ऐसे क्यों करोगी तुम?"

"चपला के साथ रहने के लिए।" शायद यही एक बार मैंने यह कहा होगा।

"तुम फिर से सपने देखने लग गई हो।"

मैं बराबर दिन में दो-तीन ख़त लिखती रही मगर उस आख़िरी महीने में क़ासिद ख़ाली हाथ लौटता रहा। अन्दर की ख़ामोशी बाहर गूँजने लगी।

"क्या हुआ?" अम्मी ने पूछ ही लिया। "चपला ने लिखना बन्द कर दिया?"

"जल्द ही दिल्ली में मिलनेवाले हैं, सोचा होगा रोज़-रोज़ लिखना ज़रूरी नहीं।"

"ज़रूरी नहीं। ज़रूरी नहीं।" मीठू सोच में डूबा हुआ लग रहा था।

6

नावाक़िफ़-सी इमारतें, हमारे यहाँ से बड़ी मगर शहर ही की तरह मनहूस नज़र आनेवाली। चूने की परत वाली चमक न थी, न ही वह आतुर सफ़ेद रंगत। शहंशाह गद्दी पर फिर से बिठा दिए गए थे, गद्दार को तड़पा-तड़पा कर मार दिया गया था।

जिस दिन उन लोगों को पहुँचना था मैं बहाना बनाकर सामने के बहुत बड़े आँगन में बार-बार निकलती रही। यह रहा काफ़िला। मैं फाटक के अन्दर खड़ी रही, आँखें ताने। उतर रही थी चपला। अब सब कुशल-मंगल ही होगा। अन्दर आई, सब से मिली मगर लग रहा था जैसे पूरी तरह यहाँ थी नहीं। लम्बे सफ़र से थक चुकी होगी।

कहने-पूछने, धोने-खाने के बाद, मैंने आख़िर अपने छोटे-से दमघोंटू कमरे का दरवाज़ा बन्द किया। वह खड़ी रही, मेरी बाँहों में समा गई, फिर अपना मुँह ज़रा सा मोड़ लिया जिस से कि मेरे होंठ उसके होंठों की बजाय गाल पर पड़ें। हरकत इतनी हल्की कि नापना नामुमकिन।

मेरी बाँहें अपने-आप हट गईं। वह कपड़े निकालने लगी। किसी ने दरवाज़े पर आकर बुलाया। हम गए, खाए-पिए, बातें कीं। हम दोनों के बीच किसी क़िले जैसी भारी दीवार, बक-बक के बीच गहरी ख़ामोशी। वही सुहाना, कुछ न दिखानेवाला चेहरा जो वह सब को दिखाती थी, अब

मुझे भी दिखाया। ठंडी गरमाहट, धूप से धुला पत्थर।

केतकी मौसी नहीं आई थीं न ही किशन। हम दोनों को साझा कमरा दिया गया था, सब हमें जोड़ी मानकर चल रहे थे, इस नए शहर में हम आज़ाद थीं। कसाईख़ाने के द्वार जैसा नया, जहाँ सुन्न खड़ा होता है कोई, सोचने, बोलने, हिलने की ताक़त खोकर। एक ही सँकरे बिछौने पर लेटे। पीठ मेरी तरफ़ करके वह आराम से सो गई। रात-दर-रात आँसू ख़ून जैसे लगातार रिसते रहे।

मकान चावड़ी बाज़ार में था, अपने घर के मोहल्ले से कहीं ज़्यादा बड़ा और भीड़-भरा। अपनी गली की तरह यहाँ भी शाम को हर कोठे से ताल और सुर बहते थे, हवा को महकाते। गलियाँ हमारी गलियों से लम्बी, सौदागरों-गाहकों से भरीं।

घर भी भरा हुआ था, शादी पर नाचने-गानेवालों की भरमार थी। जब कभी अकेले होने का मौक़ा मिलता, वह थकी हुई होती, मैं घिसे-पिटे सवाल पूछती, वैसे ही वह जवाब देती या मज़ाक करके टाल देती। चम्पा कैसी है? बिलकुल ठीक। बाक़ी दोस्त? सब ठीक। ख़बर बस यही थी कि उसे काशी के दरबार में कुछ दिनों के लिए नौकरी मिली थी। अच्छी ख़बर है, मैंने ख़ुद को समझाया।

अगले दिन दोपहर के वक़्त, रियाज़ के बाद, हम दो-चार लोग तैयारियों की हलचल से बचकर निकलीं और मस्जिद-ए जहान-नुमा की तरफ़ चल पड़ीं, फिर उर्दू बाज़ार से होकर जौहरी बाज़ार तक। उसके बाद कई बार दिल्ली हो आई हूँ, मालूम है वह रास्ता ख़ूब शानदार है, इतना चौड़ा कि कई हाथी कंधे से कंधा मिलाकर चल सकते हैं, बीच में पेड़ों के साए में बहती संग-ए मर्मर की नहर, दोनों तरफ़ एक ही ऊँचाई की इमारतें, सब में एक जैसे मेहराबदार खिड़की-दरवाज़े और रंग-बिरंगे बरामदे।

मगर उस पहली सैर की कुछ ख़ास यादें नहीं हैं। बस भरी दोपहर में झुटपुटे की ढुलमुल-सी रोशनी जिस में ख़्वाब बसा करते हैं। आसपास

तैरती भीड़, जलती इमारतों के बीच लाशों के ढेर, लहराते काले धुएँ को काटती चीख़ें, और हर तरफ़ ख़ून ही ख़ून। पचास साल पहले। और उस से पहले वह सरों को क़लम करने का दौर। हमारी सैर के एक छोर पर सरमद फ़क़ीर की दरगाह, और दूसरे छोर पर गुरु तेग बहादुर का छोटा-सा नया गुरुद्वारा—एक ही शहंशाह ने दोनों को मौत की सज़ा दी थी, पन्द्रह साल के अन्दर-अन्दर।

मौत एक झटके में या फिर बूँद-बूँद ख़ून बहाने से या फिर इन दोनों के बीच में कहीं।

यह रहा वह चौक, शहज़ादी बेगम साहिबा का बनाया हुआ। अपने वालिद की मनचाही बेटी थीं वो। मीर इंशा ने मुझे चाँदनी नाम दिया था, वही इस चौक का भी नाम था, क्योंकि इसका हौज़ बना था चाँदनी की परछाईं पकड़ने वास्ते। इसके आसपास की दुकानें आधे चाँद के आकार में बनी थीं।

दरीबा कलाँ और दरीबा खुल्द, बेजोड़ मोती के बड़े और छोटे कूचों में गहनों की दुकानें खुल गई थीं मगर दिल्ली की लड़कियों ने कहा कि ईरानी डकैत की मार-काट और लूट से पहले वाली शान नहीं रही। मैंने सोच कर रखा था कि दोनों के लिए मोरों या मछलियों की जोड़ियों वाले मीनाकारी कंगन लूँगी मगर अब हमारा जोड़ी होना बचपने की बात लगती थी। कुछ भी देखने-चुनने का मन नहीं था। आँखें उस पर टिकी थीं—आगे-आगे चल रही थी, किसी दुकान पर कभी कुछ देखने के लिए रुक-रुककर। मेरा बेजोड़ मोती, जो मेरा नहीं रहा। शायद मेरा कभी था ही नहीं।

दिल्ली में सर्दियों की बारिश। ऊपर बन्द होता आसमान, अपशकुन जैसी धूसर नदी। इस ठंडी बरसात में बहारों का वह उल्लास कहाँ? कीचड़ से गुज़रती सवारियों को फ़िक्र न थी किस पैदल चलनेवाले को भिगोते जा रहे हैं।

उस को देखती रही मगर देखने में कुछ नहीं आया। बातें की तो ऐसे जैसे दुकानदार उन औरतों से करते हैं जो अपने चेहरों से नकाब नहीं उठातीं।

जवाबों के डर से असली सवाल नहीं पूछे और वह पहेलीनुमा बातें ही करती रही। सही लफ़्ज़ न मिलने पर मैं चुप पड़ गई और मेरी बेतरतीबगी बढ़ गई। अजब ढंग की सुराही उठाई और वह गिर पड़ी, मेजबानों की कालीन भीग गई। उसने तुरन्त बड़ी सफ़ाई से पोंछ लिया। ज़रूरी होने से फ़ालतू होने तक का सफ़र एकाध हफ़्ते में काटा जा सकता है।

शादी पर उसके नाच की चमक-दमक में कोई कमी नहीं थी बल्कि बढ़ रही, फैल रही थी। घेरे से बाहर खड़ी मैं देखती रही कैसे लोग उसके आसपास जमघट लगा रहे थे, उस से वाकफ़ियत बढ़ाने की लालसा में। दुल्हन नूर अभी से ही हज़ारों मील दूर लगती थी। रंग से पुता होने के बावजूद उसका चेहरा फीका था, उसके नाम का उल्टा रूप जतलाते हुए। एक लोक का दरवाज़ा खटाक से बन्द होता है, तो दूसरा तुम्हें न चाहते हुए खींच कर समा लेता है।

उस के जाने से एक दिन पहले हम दोनों ने अपने पहले वाले रिश्ते से मिलते-जुलते रूप को पकड़ लिया मगर कुछ उस तरह जैसे परछाईं आदमी से मिलती-जुलती है। बाक़ी लड़कियाँ फिर से ख़रीदारी करने निकलीं तो हम दूसरी ओर चल पड़ीं, बेगम साहब की हत्यारी बहन रोशनारा के बग़ीचे की तरफ़। बदक़िस्मत शहज़ादी के मक़बरे की छाया में बोसा लिया।

दिन में भी शाम की धुंध में बसा बाग़, लम्बे ताड़ के पेड़ों से छाया न मिलने पर भी अँधेरे से आच्छादित, मेरे शहर के बग़ीचों से निहायत अलग। रेगिस्तान से घिरा यह शहर बग़ीचोंवाला। पत्तियों वाले पौधों की बजाय यहाँ काँटों वाले उगने चाहिए थे।

अगले दिन वह तड़के बिस्तर से कूद कर उठी। रात-भर हम एक बार फिर गाल से गाल सटाकर सोई थीं। "बात करना चाहती थी," पछतावे के अन्दाज़ में यों बोली जैसे बात करने का वक़्त बीत चुका हो। शायद वाक़ई बीत चुका था। सुबह की आरतियों-घंटियों के बीच हम निकल पड़ीं, मस्जिद की निचली सीढ़ियों पर बैठकर मज़दूरों, व्यापारियों, गायों, कौवों,

कबूतरों को निहारती रहीं।

"विश्व की धुरी," वह बोली।

"इस्फ़हाँ जैसे होता था।"

"या एथेंस।"

"या पाटलिपुत्र।"

"या लंदन," उसने उदास सुर में जैसे गत बोला। और फिर, मेरे कंधे पर सर रखकर, "अपने शहर में लेकर चलो हमें।"

इस बार गई तो कई बार मुड़कर मेरी तरफ़ देखती रही। चौंधियाई हुई मैं कमरे में लौट कर गई तो तकिए पर छोटी-सी चिट्ठी। "दूरी कुछ ज़्यादा है। कबूतर भी इतना फ़ासला मुश्किल से तय कर पाते हैं। मुझे जाने दो, मुनिया मेरी।"

मैं बैठ गई, फिर लेट गई, भिदी हुई। मुझे मार गिराने को कहीं कम गोलियाँ काफ़ी रहतीं।

अम्मी ने महीने-भर को हमें मसरूफ़ रखने का पूरा इन्तज़ाम कर रखा था। मगर सबके सो जाने के बाद दिमाग़ की गुफ़ाओं से कैसे बचती? चक्कर काटते हुए चील की तरह बार-बार एक-एक वाक़िये को चीरकर देखना, बार-बार सोचना कि ग़लत मोड़ कब, कहाँ, कैसे लिया गया। शायरों के गिले-शिकवों पर पली, क्या मुझे मालूम न था कि कभी न कभी ग़लत मोड़ लेना ही होता है। चाकू भोंक दिए जाने पर उसके हर मरोड़ से माकूल शेर कहीं न कहीं है—इस ख़याल से सुकून मिलता है क्या?

एक दिन मैं अकेली घूमती हुई, नदी पर पहुँची। घटाटोप आकाश तले बरसात की खूँखार, धूसर लहरें। लालसा की, अलगाव की नदी, मीर इंशा ने कहा था। जुनून के आवेग में हम दोनों समा न सकीं, बहाकर हम को नदी ने अलग-थलग किनारों पर निकाल फेंका। फ़ासला इतना कि न तैरकर न उड़कर पार किया जाए।

घर पहुँचे तो पहली चिट्ठी मिली। लाड़-दुलार, दोस्ती की क़समें।

माफ़ी माँगना और ख़ुद को तोहमतें देना, जिस को मैंने अपनी चिट्ठियों में तुरन्त काटा। और बेहद मलाल जिस को मैं समझ नहीं पाई—फ़ैसला उसी का तो था फिर दुख किस बात का? डूबते हुए जने को साँस खींचना दूभर हो रहा हो तो वह उसकी पीड़ा क्या समझे जो नदी के किनारे लग कर सरक रहा हो? चिट्ठियों में बस यही दोहराती रही कि उसका हमेशा मुझ से लगाव रहेगा। मगर उसकी कोई भी सफ़ाई मुझे रास नहीं आती थी, मुझे तो ठोस वजह चाहिए थी। चाव क्यों बदलता है, सितारे क्यों गिरते हैं—ऐसे सवाल पूछोगे तो जवाब कौन दे?

मैं नज़्में भेजती रही, एकाध उसने भी भेजी, फिर बन्द कर दिया। लिखना ही बन्द कर दिया था? या दूसरी कोई पढ़नेवाली मिल गई थी?

डर जो पहले लुकाछिपी खेल रहा था, अब खुले में आ गया, मन के हर मोड़ पर घेरा डालने। अब वह नहीं रही तो ख़ुद पर ध्यान लगाने से बच नहीं सकती थी।

एक लम्बी दोपहर को मैंने शराब की एक, फिर दूसरी प्याली निगल डाली। पुराना इलाज। सुराही ख़ाली और मैं गहरी नींद में लिपटी। यह रोज़ दोपहर का दस्तूर बन गया। शाम को जगती, भारी सिर लिये महफ़िल में किसी तरह पहुँचती। बाद में फिर और प्यालियाँ, सुबह की नींद तक पहुँचाने के लिए।

भंडार और लेखा-जोखा मेरे ही हवाले रहे। नौकरों को पता लगा भी तो सोचा होगा मेरे मेहमान ज़्यादा पीने लगे या फिर चुप रहना ही ठीक समझा होगा उन्होंने।

एक दिन मुंशीजी के संग रोज़ के परामर्श के बाद अपने कमरे में लौटी और सीधे शराब की तरफ़ जा ही रही थी कि नीम-अँधेरे और चुप्पी में बैठे दो लोग मेरी तरफ़ मुड़े।

"कौन? नादिरा? शरद? कब आए तुम लोग?"

मौत थी कमरे में, शरद के चेहरे पर, नादिरा की आँखों में।

"रंगीन साहब ने बताया हमें, रतन के बारे में।" बताया तो था मगर शर्म की बात यह कि मुश्किल से दिनों-रातों को घसीटती हुई मुझ पर उस तक़रीबन अनजान शख़्स की मौत का कम असर पड़ा था। "कैसे हुआ यह सब कुछ?" मैं शरद के पास बैठ गई।

"बस बिलकुल अचानक, जैसे बिजली का गिरना। रात को बुख़ार चढ़ा, ख़ास तेज़ भी नहीं था। सुबह तक चल बसे। यों ही।"

"तुम पास थे?"

"नहीं, उस वक़्त नहीं। थक गए थे हम और लगता था वो सो गए हैं, तो हम भी साथ वाले कमरे में सो गए। उनकी माँ उसी कमरे में थीं लेकिन उनको भी पता न चला। किसी को यक़ीन ही नहीं आ रहा था।"

"और?" मैंने नादिरा की तरफ़ देखा।

"मुझे अपने साथ लेकर आए।"

"उस बन्दे की बीवी ने इनका जीना हराम कर दिया था। ये कहती कुछ नहीं थीं पर हमें साफ़ दिख रहा था। खाने को पूरा नहीं मिल रहा था, एक कमरे में अकेली पड़ी थीं, पर्दे में। नौकर के तौर पर बस एक नाक़ाबिल-सी बच्ची। कोई बात करने को नहीं, कोई बाहर ले जानेवाला नहीं। ग़नीमत यह कि हम नौकरानियों के हाथ चिट्ठी-पत्री करते रहे।"

"अकबर अली साहब ने क्या कहा?"

"कहते क्या—डरपोक हैं, अपनी बीवी से जूझ नहीं पाए। मुतआ का मीयाद ख़त्म हुआ तो हम ने इन से कहा, चलो वापिस।"

नादिरा ने शाल यों उतारा जैसे गर्मी लग रही हो, और मुझ से आँख मिलाकर मुस्कुराई। "ख़ुदा करे लड़की हो। क्योंकि यह पहली है तो आख़िरी भी।"

लड़की ही हुई। जन्म से एक महीना पहले शहर में बुख़ार की बाढ़ उमड़ पड़ी और बहुतों को बहाकर ले गई, जौन मौर्डंट साहब को भी। अज़ीज़न दो दिन की बीमारी बाद ही चल बसी। नादिरा की अपनी माँ से

आख़िरी बन्धन टूट गया पर उसके पास अब बच्ची थी—और मैं तो थी ही। हमारे घरों में कई लोग बीमार पड़े पर बाक़ी सब ठीक हो गए। मैं बच गई। इस नई, सिकुड़ी हुई, बन्द खिड़कियों वाली दुनिया में शायद मुझे अब चोट पहुँच नहीं सकती थी।

बच्ची का नाम अज़ीज़न रखा गया। उसको बुख़ार से बचाकर रखने वास्ते नादिरा उसे मेरे कमरे में ले आई और हम दोनों बारी-बारी से उसकी देखभाल के लिए जगती रहीं। नादिरा का हमारे घर में रहना दस्तूर से हटकर था मगर बख़्शी वाले हादसे के बाद मट्टन आपा कुछ ढीली पड़ गई थीं। मुझे अहसास तो नहीं हुआ मगर अम्मी को शायद हुआ कि यह इन्तज़ाम सिर्फ़ नादिरा के लिए नहीं मेरे लिए भी फ़ायदेमन्द था।

मेरे कमरे में यह अजीब-सा कायाकल्प—सोई हुई नन्ही अज्ज़ो, छोटी-सी, गुदगुदी बाँहें सर के ऊपर फैलाए, गालों पर पलकें बिछाए। एक दोपहर को थक कर मैं उसे छाती पर लिटाकर लेट गई, मेरी उँगली पर उसका हाथ भिंच गया। हिल न सकने से ख़ुद भी सो गई।

नादिरा और मैं काम में लग जातीं तो दद्दा और हीरा उसको सँभाल लेतीं। हम लोगों में माँएँ सफ़र करती हैं तो घर के सारे लोग बच्चों को सँभालते हैं।

पहले-पहल नादिरा कालीन पर सो जाती थी, अगले दो बरसों में वह धीरे-धीरे मेरे बिस्तर में समा गई। आख़िर मेरी रातों के आँसू इस तरह बुझ गए। मगर शराब को न छोड़ सकी। कोठारे में चुपके से गटक लेती और फिर इलायची चबा लेती। नादिरा को या तो पता नहीं लगा या थके-हारे उसने कुछ कहा नहीं।

बाद में मैंने अपने कपड़े बदलनेवाले कमरे में एक छोटी-सी फ़्रांसीसी प्याली रख ली जो मरयम ने मुझे दी थी। दोपहर के वक़्त सबके सोते हुए उसको भर लाती।

बच्ची के अलावा एक और अजनबी आ टपकी थी—सुन्दर नाम की

लावारिस लड़की जिस को अम्मी दिल्ली से अपने संग ले आईं। बोलीं, "इस को बच्चों से प्यार है, अज्ज़ो को सँभालने में काम आएगी।" नादिरा और मेरी नज़रें मिलीं—इस दुबली-पतली, मायूस-सी छोकरी को ख़ुद देखभाल की ज़रूरत थी।

मगर अम्मी ने ठीक भाँपा था। बच्ची को देखकर सुन्दर ख़ुश हो गई, और उसे यों खिलाने-नहलाने-दुलारने लगी जैसे बच्चे गुड़िया को करते हैं।

हर बिलगाव पर अपना कोई हिस्सा ख़त्म हो जाता है। सभी हिस्सों के ख़त्म होने पर हम अपनी असलियत से मिलते हैं या फिर ख़ुद पिघल जाते हैं? अज़ीज़न के साथ मेरा एक रूप जाता रहा—वह बच्ची जो एक ज़माने में नादिरा की उस नई, गोरी-चिट्टी मुँहबोली बहन से जलती थी। अज़ीज़न का मन शीरीन की संगत से भरता नहीं था, वह हम दोनों की जोड़ी को त्रिगुट में बदलने पर तुल गई थी। सवाल पर सवाल पूछनेवाली, उबानेवाली, शायद कुछ मेरी ही जैसी लड़की। बख़्शी भी नादिरा की सहेली थी मगर वह कुछ खिंची-खिंची सी लगती थी। अज़ीज़न बाद में पहुँची जबकि शुरू से नादिरा मेरी ही थी।

और तुम, अब भी क्या तुम वही हो जो मेरे दिल लगाने की क़ाबलियत अपने साथ लेकर चली गई हो, या फिर वह लड़की हो जो धूसर शहर की धूसर नदी में पिघलती मटकी से चिपककर डूब गई और कभी लौटकर नहीं आई?

~

"मौडंट के जनाज़े पर नवाब साहब के आँसू रोके नहीं रुकते थे," शरद ने मुझे बताया, "छोटे बच्चे जैसे सिसक रहे थे।" उस मौत से वो कभी उबर नहीं पाए। वो ख़ुशनुमा नवाब साहब जो हमेशा नए नज़ारे, नई चीज़ें, नए अहसास खोजते रहते थे, मौडंट के साथ चल बसे।

कुछ महीनों बाद शरद ने ऐलान किया कि वह अपने गाँव लौटकर

जा रहे हैं। "इस शहर की हलबली ने हमें थका दिया है। मिलना हो तो गाँव पर आना।"

कुछ हफ़्तों बाद मैं गई। सादा-सा मकान था। चूने से पुती दीवारें, एक पर बहुत बड़ी, रंगबिरंगी दुर्गा, उनके शेर के होंठों पर मुस्कान की झलक।

सब लोग जल्दी सो जाते थे, रात को कुछ करने को नहीं था तो मैं भी जल्दी सो गई। फिर पौ फटते उठी और नंगे पाँव बाग़ में टहलने निकली। कुछ दूर, सुनहरी जाल में लिपटे हिरण चर रहे थे, मोर चीख़ रहे थे।

शरद निकल आए। "हिरण का बच्चा साथ ले जाओगी? तुम्हारा मर गया था न?"

"फ़िलहाल नहीं। एक बच्ची काफ़ी है। कुछ बड़ी हो जाएगी, उसके साथ खेलने लायक़, तब देखेंगे।"

घर की तरफ़ मुड़े। ओस से भीगी घास पर सफ़ेद फूलों की चादर बिछी थी, हर फूल नारंगी रंग से छुआ, मानो केसर में अर्ध-रँगे चावल के दाने। जन्नती नूर जैसी ख़ुशबू से हम घिर गए। यह लिखते हुए वह नूर याद आती है, दिल्ली की कुम्हलाई हुई दुल्हन। काश डी-बौइन उसे यहाँ छोड़ जाते। नाम बदलकर हेलीन न रखते, अपने देश ले जाकर वहाँ जवान औरत के वास्ते उसे छोड़ न देते। जिन फूलों के बीच पली थी, उन से इतनी दूर कैसे रह पाती है वह?

मैंने एक उठाकर सूँघा तो वह होंठों को छू गया।

"शेफाली," शरद ने कहा, "हमारी माँ का प्रिय फूल।"

"अच्छा, हमने सोचा इसे हरसिंगार कहते हैं।"

"वह भी एक नाम है इस का, यही एक फूल है जिसको ज़मीन से उठाकर शिवजी पर चढ़ाया जाता है।"

कोई रेशम जैसी कोमल चीज़ उसे छू जाती है तो उसे वह त्वचा याद आती है क्या, जिसको वह रेशमी कहा करती थी? या किसी और के स्पर्श ने भुला दिया है?

बरामदे पर बैठी दद्दा ने कहा, "कई नाम हैं इस के, पारिजात भी कहते हैं। पारिजात की कहानी सुनी है?"

"नहीं। सुनाइए।"

"एक थी राजकुमारी पारिजातका। वह सूरज देवता के प्यार में पड़ गई। सूरज भी उस से प्रेम कर बैठे। मगर कुछ दिन बाद सूरज उसको छोड़कर चले गए। उनको बहुत काम हैं, सारी दुनिया को रोशनी जो देनी है। उस बेचारी ने निराश हो कर अपनी जान दे दी। उसकी भस्म से यह पेड़ उगा, इसीलिए सूरज की पहली किरण लगते ही फूल झड़ जाते हैं। आँसू जैसे गिरते हैं, फूल सूरज को देखते ही।"

"हम अपने आँगन में रोप लें?"

"कहते हैं ख़ुद रोपोगे तो फूलेगा नहीं। किसी और को छुपकर रोपना होता है।"

~

एक में दो—दोगाना कहते हैं हम। जब दो जुड़ जाते हैं, और अन्दर के रेशे, रस, तंतु को जोड़कर रखने के लिए होती है सिर्फ़ छाल, आसानी से छिलनेवाली छाल।

अगली गर्मियों में फिर एक बार सुबह की थोड़ी देर की ठंडक में शरद के बाग़ में घूमते मैंने पेड़ के नीचे पड़ा दोगाना आम उठाया। गुदगुदा, दिल के आकार का। मादा पपीहा बार-बार बोल रही थी, दूसरों के घोंसलों में अपने अंडे छोड़ने की तैयारी में। उसकी आवाज़ में वह मिठास नहीं।

मैंने आस-पास निगाह डाली। हाँ, इसी जगह हम लोगों ने झूला डाला था एक बार। यहीं, बन्दर जैसी फुर्ती से वह पेड़ पर चढ़ी थी, डाल से रस्सी लगाने, फिर मैं बैठ गई तो मेरे पीछे खड़ी होकर झूली थी, टखनों को मेरी कमर से कसकर।

मेरे हाथ में पड़ा आम भारी था, हरा, छिलका साफ़ और सूखा।

माली वहाँ से गुज़र रहा था तो बिना सोचे मैंने पूछ डाला कि फल दोगाना क्यों हो जाते हैं।

"ना मालूम क्यों ऐसे होता है, बीबी। हमें लगता है पेड़ों पर कुछ दाब पड़त है तब ज्यादा होवे है। जिस बरस पानी कम बरसे। पिछली बार अच्छी बारिस पड़ी थी पर या बरस देखो, बादल का कहुँ नाम-निसान नहीं।" सर हिलाता निकल गया।

मैं दूसरी दिशा में चलती रही। अचानक चीख़ों का कोलाहल। सात भाइयों का झुंड। एक ने दूसरे को दबोच रखा था और चोंच से बेरहम वार कर रहा था। दूसरा मरा हुआ-सा पड़ा रहा। मैंने वार करनेवाले को उड़ा दिया। दूसरा उठ बैठा, पंख हिलाकर उड़ गया। बाक़ी कुछ दूरी पर चहचहाते रहे।

दिल्ली। ख़ून में सने पुराने पत्थर, सड़कों-इमारतों के नीचे न जाने कितनी गहराई तक दबे दर्द की परत-दर-परत। हम ने कैसे सोच लिया था कि हमारा बन्धन वहाँ भी वैसे ही सँवरेगा जैसे इस नए, क़त्ल-ए-आम से बचे हुए शहर में पनपा था। उन कसैले आकाशों में डोर कटनी ही थी, पतंग को छटपटाता और चकली को सूना छोड़कर।

चिट्ठी-पत्री चलती रही, मगर कम। वही प्यार-दुलार के नाम, वही ढाँढ़स बँधानेवाली बातें जिनका मतलब बदल चुका था, वही ज़िन्दगी के ब्यौरे मगर कुछ हक़ीक़तें बिसारकर, और फिर कुछ नए वादे। "कभी किसी चीज़ की ज़रूरत पड़े तो बताना, तुरन्त पहुँच जाऊँगी," उसने लिखा। यह वादा निभाया भी। अज्ज़ो को अपनी बेटी जैसे रखा, सिखाया-पढ़ाया।

कुछ महीनों तक शरद के साथ, उसके बाद कई बरसों तक अकेले में, बात-बात को छानती-बीनती रही। पुराने ख़तों की बारीकियों को जाँचती-तोलती रही, कहीं सुराग़ पाने की उम्मीद में। वजह थी मेरा अनाड़ीपन या फिर मेरे इसरार? एक चीज़ की भरमार क्या अपना उल्टा पैदा करती है? हम

दोनों कुछ ज़्यादा ही एक-दूसरी जैसी थीं? या बिलकुल ही अलग? ज़्यादा बातें कर-कर के मैंने उसे भगा तो नहीं दिया था? या असल बात नहीं करी तो वह अकेली पड़ गई? क्या मैं ज़्यादा देर तक हिचकती रही, इन्तज़ार करती रही, जिससे साथ रहने का वक़्त कम रहा, बन्धन कस न सका? जिस भी रवैये से कहानी दोहराऊँ सही लगती है पर यक़ीन नहीं दिलाती।

"काश कहीं और जा सकती। उस शहर में, उस घर में रहना न पड़ता," मैंने बनैले सुर में कहा।

"कोई फ़र्क़ न पड़ता। जहाँ भी जातीं, सब कुछ साथ लेकर जातीं।" शरद सुस्ती से हुक्के का कश लगाते, खिड़की के बाहर देख रहे थे मगर यों जैसे कुछ दिख न रहा हो। ज़ुल्फ़ों पर चाँदी की परत छा रही थी मगर थीं भरपूर, सिर्फ़ सर की चोटी पर पतली पड़ रही थीं।

"हमारा साथ हर तरह से दुरुस्त था, कोई दिक़्क़त थी ही नहीं।"

"उस को ऐसा न लगा हो तो? और कुछ नहीं तो दूरी की दिक़्क़त थी ही। तुम मिठाई ज़्यादा खा रही हो।" बातें करते-करते मैं एक-एक निगलती जा रही थी, तश्तरी तक़रीबन ख़ाली थी। "शराब भी ज़्यादा पीने लगी हो।" उनके घर में खुलकर पी सकती थी। "अहसास है भी कि वज़न कितना बढ़ गया है?" अपनों को खरी-खरी सुनाने की आदत है।

उलझन को मैंने बेशर्मी से ढक दिया। "अरे छोड़ो—क्या फ़र्क़ पड़ता है? कौन-सा हमें निहारने वास्ते लोग कोठे पर आते हैं?" शायरी में सारे मजनूँ जैसे कंकाल बन जाते हैं, ज़िन्दगी में ख़ालीपन के कई रूप होते हैं। "अगली बार शहर कब आना होगा?"

"देखो, जब काम पड़ेगा। अगले महीने शायद।"

"दोस्त याद नहीं आते?"

"यहीं आ जाते हैं। गए हफ़्ते इंशा साहब और जुरअत मियाँ आए थे। इंशा साहब तुम्हें याद कर रहे थे। कह रहे थे तुम छुपने लगी हो, मिलती नहीं हो।"

"कैसे हैं वो? सुना है मुसहफ़ी साहब से अनबन फिर फूट पड़ी?"

" हाँ, इंशा साहब के उन पर कई अहसान हैं, इसलिए वो इंशा साहब को कभी माफ़ नहीं करेंगे। और दोनों बराबर ही झगड़ालू जो ठहरे।"

"मुसहफ़ी साहब बुज़ुर्ग हैं, उनको तो अक़्लमन्द होना चाहिए?"

"रहने दो, बुज़ुर्गों को कब अक़्ल आती है? और उनके पगलाए हुए शागिर्द उनको शह देते रहते हैं। शायरी से मतलब ही नहीं है। गलियों में निकल आते हैं जंगली कुत्तों की तरह, इंशा साहब पर भौंकने वास्ते। एक ने तख़ल्लुस पाया है ग़रम।"

मेरी हँसी छूट गई। "ख़ुद ग़रम हैं या शायरी ग़रम है?"

"क्या पता? दोनों को बाज़ार में ग़रम समझते होंगे। गोला-बारूद कारखाने में काम करते हैं। शायद वहीं से नाम पाया हो। शायरी तेज़ नहीं है, ख़ुदा करे हथियार तेज़ हों। अरे, शायरी से याद आया—मियाँ जुरअत ने नादिरा और तुम्हारे लिए यह दिया था। कह रहे थे तुम से मिलने आएँगे।" अपने लिखने की मेज़ की दराज़ से एक काग़ज़ निकाला।

तारीख़-ए-वफ़ात अज़ीज़न तवायफ़

जो नव गुल शगुफ़्ता ब गुलज़ार-ए-हुस्न हो
उस पर हज़ार हैफ़ कि बाद-ए-खिज़ाँ चले
जिस से बहार गुलशन ख़ूबी होवे है सितम
जों खंचह उसको दस्त फ़ना नागहाँ मिले
सीना हो इस आलम से न क्यों शक्ल-ए-गुलखन आह!
जों लाला दाग पड़ गए यह दिल जिगर जले
है है अजलका होवे बुरा यों वह जी से जाए
अन्दाज़ जिस के सब के तईं लगते थे भले
मातम ज़र्दों के दिल पर गिरे क्यों न कूह-ए-ग़म
गुल-सा बदन जो हो वह निहाँ खाक के तले

बहर-ए-जहाँ में वह दुर-ए यकता न हो तो हाय
जों शबनम अश्क क्योंकर न भर चश्म से ढले
जुरअत ने रो के यह कही तारीख़-ए रहलत आह!
"जो हो अज़ीज़-ए जान वह यों खाक में रले"
हिजरी 1206

"नादिरा बहुत उदास तो नहीं है?"

"अज्ज़ो के साथ सोती-जागती इतना थक जाती है कि ज़्यादा सोचने का वक़्त नहीं मिलता। काम पूरा करके बस सो जाती है।"

"ख़ुशक़िस्मत है। आजकल नींद कम आती है हमें। सोए तो अजीब सपने आते हैं।"

"यहाँ अच्छी नींद आई। अपने कमरे में मुश्किल होती है। सामान इधर-उधर कर दिया है फिर भी ..."

"सोते वक़्त हल्दी वाला दूध पीकर देखो।"

मैं हँस पड़ी। "चपला जैसी बातें कर रहे हो। हमें दूध रास नहीं आता। बस चिट्ठी लिखने के काम आता था। बेचारी दद्दा—हम ने कहा कि दूध से मन भर गया तो हताश हुईं।"

मुस्कुराए। "उन को कहो शराब रास आने लगी है तो और हताश होंगी। ताज्जुब है कि उनको तुम्हारे पीने का पता नहीं लगा। कमरा क्यों नहीं बदलती हो? हो सकता है दूसरे कमरे में नींद ठीक आए।"

"हाँ, शायद।"

वापिस आई तो चाँद के साथ कमरे बदल लिये; बस, इस से ज़्यादा दूर जाना बस में नहीं था। पहले वाले कमरे की खिड़की से गली दिखती थी, और अन्दर वाली गैलरी से पीछे का आँगन, पीछे की गली, और शहर। नए कमरे में खिड़की अगले घर के साथ साँझी दीवार में होने की वजह से बन्द रहती थी। गैलरी से गर्दन आगे न निकालो तो बस अपना आँगन और रसोईघर दिखते हैं। पर इतना काफ़ी था। और कुछ देखने का मन नहीं था।

इंशा साहब ने सही कहा था :

अपनी आँखों में उस परी के बग़ैर
शहर आबाद और उजाड़ है एक।

रोशनारा बाग़ में लिया गया वह चुम्बन आख़िरी था क्या? बाद में सोते हुए और भी चुंबन थे। ख़्वाब गुज़रे हुए ज़माने जितना हक़ीकी होता है क्या? याद आता है उसका जवाब : "तभी अगर दो लोग एक ही ख़्वाब देखें।"

7

एक फ़रार लड़की अपना सामान रखने के लिए, सोने के लिए, जगह ढूँढ़ रही है। जिस कमरे में छुप जाती है, वहाँ कई और लोग भी रहते हैं। एक पलंग के नीचे कपड़े-लत्ते धरकर वह दूसरे पलंग के नीचे बिना हिले-डुले लेट जाती है। मगर फैलता हुआ पानी पकड़वा देता है। वो लोग खींचकर निकालते हैं, धमकाते हैं, किराया माँगते हैं मगर उसके पास फूटी कौड़ी नहीं। वो कहते हैं तेरा सामान बेचेंगे हम, उसके थैलों से चीज़ें निकालते हैं। किताबें निकलती हैं तो वह कहती है, ये मत बेचिए, मेरी नानी की हैं।

शरद अन्दर घुसकर पर्दों को खोलते हैं—आवाज़, रोशनी। "क्या कर रही हो? वही—सोच में डूबी?"

मैंने आँखें मलीं। "नहीं, आधी नींद में थी। कब आए?"

"कल। मीर इंशा ने बुलवाया।"

"और तुमने सोचा हमें तड़के ही जगाया जाए? यह क्या, दिन आधा निकल गया।"

"और क्या? लगता है, खोई हुई नींद पूरी कर रही हो। बच्ची कहाँ है?"

"नादिरा मट्टन आपा के पास ले गई होगी। सुबह ज़्यादातर वहीं

बिताते हैं दोनों।"

अपनी आदत के मुताबिक वह कमरे में हर चीज़ का मुआयना ले रहे थे। "यह तस्वीर कहाँ की है? नई है न?"

"हाँ, चपला ने कुछ दिन पहले भेजा था। मेरी सालगिरह पर।"

"ओहो, हम फिर भूल गए।"

"कोई बात नहीं। लड़कों को यह सब याद नहीं रहता। हमें शायद ख़ुद याद न रहता अगर दद्दा अपनी उस डोर में गाँठ लगाने को बैठी न रहतीं।"

"कुछ अलग-सी है यह।" तस्वीर में मगन थे। उनकी आदत है किसी भी चीज़ में कुछ पल पूरी तरह डूब जाना, फिर उभर कर यों निकल जाना जैसे कभी उस से कोई मतलब न रहा हो। "छत पर दो लड़कियाँ मगर यह तस्वीरों वाला महल नहीं लगता, आम घर लगता है। न कमल न मोर। सुनहरे घेरे में सुनहरा चाँद सुहा रहा है। एक-दूसरी को देखने का अन्दाज़ भी अच्छा है। मगर चाँदनी में ये गहरे लाल-पीले कपड़े ठीक नहीं लगते, रंग हल्के होने चाहिए थे।" उसे रख दिया। "सुनो, तुम से कुछ पूछना था। मीर इंशा ज़बान को लेकर किताब लिख रहे हैं। सब से कह रहे हैं कि लफ़्ज़ बटोरने में मदद करें। हम से कहा तुम से पूछा जाए, मदद करोगी? यहाँ तुम्हीं को सब से अक़्लमन्द समझते हैं।"

"कौन सी ज़बान? फ़ारसी?"

"नहीं। यानी किताब फ़ारसी में लिखेंगे मगर हमारी ज़बान पर—हिंदी, यानी हिंद की ज़बान। आजकल कुछ लोग उर्दू कहने लगे हैं। इस ज़बान के क़ायदों पर पहली किताब होगी।"

"क़ायदों को पढ़कर क्या करेंगे—क़ायदे तो हम सब जानते हैं।"

"मगर बहुत से लोग नहीं जानते। नए आनेवाले लोग—बिहारी, पंजाबी, बंगाली, अफ़गान, पठान, बग़दादी, तुर्की, ईरानी, अंग्रेज़, फ्रांसीसी, स्विस..."

"अच्छा, बाबा, अच्छा।" मैंने कान ढकने का नाटक किया। "मदद करेंगे। कैसी मदद चाहिए?"

"वो कहते हैं ज़बानें बदलती रहती हैं, बदलाव समझना है। एक सवाल यह कि कौन से लफ़्ज़ों-मुहावरों-कहावतों को रखना है।"

मैंने भी कभी-कभार इस बात पर ग़ौर किया था। फ़ारसी, अरबी, अवधी—इनके लफ़्ज़ों का इस्तेमाल करते ही हैं। और पंजाबी, और अंग्रेज़ी? इंशा साहब अपनी शायरी में अंग्रेज़ी लफ़्ज़ भी रखते हैं—बोतल, लेडी, पाउडर।

"कौन-सी कहावतें," मैंने पूछा, "आम वाली या अनोखी?"

"दोनों। जो भी कुछ तुम सुनती हो—दाइयाँ, नई लड़कियाँ, कुली, व्यापारी जो भी कुछ कहते हैं। तुम्हारे घर में इतने सारे लोग आते-जाते रहते हैं।"

"सो तो है, अलग-अलग ज़िलों-देशों की बोलियाँ बोलते हैं।"

"बिलकुल। उनका कहना है कि जो भी लफ़्ज़ औरतें इस्तेमाल करती हैं, वे ज़बान में समा जाते हैं।"

"कौन-सी औरतें?"

"लो, रंगीन साहब आ गए। ये समझाएँगे।" वो जनाब पर्दों में से झाँकते नज़र आए। सीधा महताब बाजी के कमरे से आए होंगे।

"अरे, यह सुबह-सुबह सब ने यहीं जमाव लगाने की क्यों ठान ली है?" मैंने बिस्तर से कूदकर शरद के बड़े दोशाले को लपेट लिया जो उन्होंने उतार रखा था।

"हम ही दोनों आए हैं, तुम से बात करने।"

"अभी आती हूँ।" हाथ-मुँह धोकर लौटी तो दोनों गन्ने का रस पीते उसी मामले का ज़िक्र कर रहे थे।

रंगीन साहब मुझ से बोले, "औरतें! औरतें जो बोलती हैं उसी से तो ज़बान बनती है। आख़िर हम सब ने बचपन में किस से बोलना सीखा? औरतों से ही तो—माओं से, दाइयों से। बेगमों की भी, बाइयों की भी बोली से ज़बान बनती है।"

"मगर आपको दिल्ली की औरतों से मतलब है न?" शरद ने पूछा,

"दिल्ली की ज़बान ही सही है।"

"हाँ, हाँ, मगर वहीं से तो आई थीं गुल बाई। ये लड़कियाँ पली यहाँ हैं मगर बोलती हैं शाहजहानाबाद की बोली। जो नए लोग आजकल प्रांतों से आकर दिल्ली में बस जाते हैं, वो असली दिल्लीवाले नहीं हैं।"

"मीर इंशा ऐसे कहते तो हैं," मैंने कहा, "मगर असलियत क्या है, यह सोचना पड़ेगा।"

"बिलकुल सही कहते हैं। हम औरतों के लफ़्ज़-मुहावरे लिखते जा रहे हैं। इंशा साहब अपनी किताब में रखेंगे, हमारे नाम से। हमारी मिसाल ले लो। हम ने अपनी रेख़्ती की ज़बान दिल्ली की खानगियों से सीखी, मगर बाद में यहाँ की औरतों से भी सीखी, जो दिल्ली से यहाँ आई थीं।" अपनी करतूत पर ख़ुश नज़र आ रहे थे।

खानगी—वो शादीशुदा औरतें जो छुपकर कोठों में गाहकों से मिलती हैं, और जिन के शौहर जान-बूझकर अनजान बनते हैं। हमारे यहाँ नहीं। अम्मी इन मुसीबतों में नहीं पड़ना चाहतीं। मुझे नफ़रत है ऐसे ढोंग से, पर कभी-कभी तरस भी आता है उन पर। हमेशा छल-कपट करना, घर और बाहर अलग दस्तूर निभाना आसान तो नहीं होता होगा।

"किताब का नाम क्या रखेंगे?" मैंने थोड़ी देर बाद पूछा।

"दरिया-ए-लताफ़त।"

"बढ़िया—असल लुत्फ़ शायद लफ़्ज़ों में ही है।"

"असल तो पता नहीं। हाँ, ज़्यादा टिकाऊ ज़रूर है। हमेशा बदलता हुआ, मगर फिर भी एक जैसा, दरिया की तरह।"

उस दरिया में डुबकी लगाकर मैं तरोताज़ा होकर निकली। मुंशीजी की एक पुरानी लिखने की मेज़ मेरे कमरे में आ गई और मैं वक़्त-बेवक़्त लोगों की बातचीत उतारने लगी। दो बरस पहले यह सब होता तो अम्मी सोचतीं मैं वक़्त बरबाद कर रही हूँ मगर अब उनको मालूम हो गया था कि मुझे रोज़मर्रे के काम के अलावा कुछ चाहिए था दिमाग़ लगाने के लिए।

दोस्तों को भी लफ़्ज़ जोड़ने में मज़ा आ रहा था। औरतों जैसे पेश आनेवाले मर्दों के नामों पर शरू खिसियाने लगे।

बोले, "और भी हैं। अमीर खानी, और फिर पूरा जत्था हो तो कौवा गुहार।"

"ऐसे अजीब लफ़्ज़ों को रखना चाहिए क्या?"

मिट्ठू को बात रास आई। "अजीब, अजीब," चहकने लगे।

"फ़िलहाल सभी कुछ रखो, बाद में वो ख़ुद छाँट लेंगे।"

"हाँ, दुरुस्त है। बात वैसी ही है जैसे बाज़ार की औरत के लिए बाज़ार की मिठाई।"

"इस से याद आया," शरू बोल पड़े, "नाज़ुक मर्द को दनदान मिस्त्री भी कहते हैं।"

"अरे, वही मिठाई है जो हम छोटे बच्चों के लिए बनवाते हैं," मैंने कहा। "किशन तो जान देता था उस पर, सुन्दर को भी ख़ूब पसन्द है, हालाँकि अपने को बड़ी-बुज़ुर्ग मानती है।" मैं उसकी तरफ़ देखकर मुस्कुराया; वह कोने में बैठी धीमी आवाज़ में अज्ज़ो को गाना सुना रही थी।

"हाँ, मुँह में पिघलती है। ख़ासी प्यारी," शरद मेरी सूची पढ़ता जा रहा था। "तुम लड़कियाँ भी एक-दूसरी को वही तो बुलाती हैं, नहीं?"

"हाँ, और वारी भी। कई लफ़्ज़ हैं जो औरतों पर भी लागू होते हैं और औरत जैसे मर्दों पर भी।"

शरद बोलते गए, बिना सोचे-समझे, "यह देखो, बहुत सारे मिले-जुले लफ़्ज़। चपला भी, मतलब बिजली। संस्कृत और फ़ारसी को अलग-अलग नहीं करना चाहिए?"

सर झुकाए रखा मैंने, नए लफ़्ज़ लिखती रही। "शायद वह यही दिखाना चाहते हैं कि सब कुछ चूने जैसा मिला-जुला है। रेख़्ता का यही तो मतलब है।"

"काश रतन होते," शरद ने कहा। "उनके दोस्त भी चूने जैसे मिश्रित थे—अमीरों-अमीरनों से लेकर मज़दूर, बाँकों, दुकानदारों, हिजड़ों तक। सब के नाम याद थे, सब की ज़िन्दगी की कहानी याद थी, सब उन पर जान देते थे।"

शाम को ख़ुद इंशा साहब पधारे, झींकते हुए।

"उफ़, हम तो थककर चूर हो गए। एक हफ़्ते से शहर के चक्कर काट रहे हैं। हर बैठक, हर जलसे में, हर जगह वही चेहरे नज़र आए। कहाँ है वह लड़का?"

"नीचे टहलने गए, आते होंगे। यह बताइए, बांग्ला के भी लफ़्ज़ रखने हैं क्या? लोग कलकत्ता जाते हैं, लौटते हैं नए लफ़्ज़ लेकर।"

"क्यों नहीं? जो भी सुनती हो लिख लेना। बाद में देख लेंगे। बंगाल के लोग तो हँसा देते हैं लेकिन। पाँच हाथी देखेंगे तो खड़ी हैं कहेंगे, पाँच हथनी देखेंगे तो खड़ा है कहेंगे।"

"वह इसलिए कि बांग्ला में नर-मादा लफ़्ज़ नहीं होते।"

"ठीक है, पर कभी-कभी, इत्तेफ़ाक से ही सही बात कह दें। मगर नहीं, कुछ भी हो, हमेशा उल्टा ही कहेंगे।"

इस शायराना बढ़ा-चढ़ाकर कहने के अन्दाज़ पर हँसकर मैंने कहा, "आप कहाँ-कहाँ से लफ़्ज़ बटोर रहे हैं?"

"अरे, पूछो मत—हर जगह। मंडी में दिहाड़ी के मज़दूरों से मज़ेदार बातें होती हैं। और हाँ, गलियों में जो बिक्री करनेवालों की पुकारें हैं—कलई वाला, चूड़ी वाला, जूती वाला वग़ैरह, वो भी सब लिख लेना। कल काशी जा रहे हैं, तुम्हें कुछ भेजना है?"

आँखें नीची रखकर बोली, "हाँ, आपको दिक़्क़त न हो तो छोटा-सा कुछ भेजूँगी।"

मुझ पर टिकी उनकी नज़र ने मुझे आँख उठाने पर मजबूर किया। "सुनो, तुमने असली चीज़ पाई थी, जो ढूँढ़ने से नहीं मिलती। तुम दोनों

साथ थीं तो हमने तुम्हारी सूरत देखी थी। क़िस्मतवाली हो—यह मत भूलना। शुक्र मनाना।"

तभी शरद लौट आए तो उनके साथ हँसने-बोलने लगे।

~

कल मेरी माँ की सालगिरह है। उनके लिए कुछ कपड़ा लेना है। उन्हें बिना बताए मोतीलाल जी की दुकान पर जाऊँगी। दोपहर के बाद खिड़की से झाँकती हूँ पूरब की तरफ़। क्षितिज पर काली सिलवट प्रकट होती है, देखते-देखते बहुत सारी वैसी ही सिलवटें ऊपर की तरफ़ दौड़कर आकाश को ढक लेती हैं। कालिमा छा गई, बरसने लगा। जल्दी ही रुक गई बारिश, नीला आकाश फिर दिख गया। मैं पालकी से उतरती हूँ, आमने-सामने दो दुकानें हैं। दोनों बन्द होने ही वाली हैं मगर मैं अन्दर जाकर असबाब देखने लगती हूँ। हल्का नीला, हरा, गुलाबी। अज़ीज़न के लिए, चपला के लिए, अम्मी के लिए? कपड़े मेरी गोद को ढककर फ़र्श तक बिछ जाते हैं। बारिश के बाद की ठंडक में सिहरती सोचती हूँ, मेरी माँ ज़िंदा हैं? उनकी सालगिरह है? कौन-सा महीना है यह?

~

एक दिन, दोपहर को लम्बी, कुछ नशे वाली नींद से जग कर मैं गैलरी में निकली। आँगन में नौकरानियाँ मसाले तैयार कर रही थीं, छत से बालों में तेल लगाती और पैरों की उँगलियाँ रँगाती लड़कियों की आवाज़ें सुनाई दीं। लम्बी शाम से पहले तैयारी का जल्द बीतनेवाला फ़ासला। अम्मी की ज़िन्दगी-भर का काम, अब हमारे हाथों में। हिरण की अज़्जो आ ही गई थी, सुन्दर ने उसका नाम रखा था सलोनी। सुन्दर अज्ज़ो और हिरण की बच्ची

को बारी-बारी से फलों के टुकड़े खिला रही थी। सर के ऊपर टुकड़ा उठाती तो सलोनी पिछली टाँगों पर खड़ी होती और अज्ज़ो किलकारी मारकर दोनों हाथ फैलाती। उसकी उम्र वह थी जब बच्चे खरबूज़े जैसे गुदगुदे हो जाते हैं। मेरे मन में खिलखिलाते किशन को हवा में फेंककर पकड़ती चपला, दोनों के मुखड़े एक जैसे उल्लसित। अब कैसे दिखते हैं दोनों?

नादिरा छत से उतरीं, कुछ सोच में, कुछ घबराई-सी। कहा, "चलें ऊपर। तुम जाओ, हम आते हैं।"

किताब के बारे में लड़कियों के बेमेल सवालों का जवाब दे रही थी मैं, तो वह हमारे कमरे में घुसीं, फिर निकलकर ऊपर आईं, सर पर नया सुनहरे गाछ का दुपट्टा, हाथ में इलायचियों की कटोरी। पास बैठकर मेरे हाथ में एक इलायची दी। "खोलके बीज गिनो।"

एक पल रुकी मैं, मालूम था क्या होनेवाला है। फिर इलायची छीलकर हथेली पर बीज छाँटे।

"बारह।" सब लड़कियाँ अपना-अपना काम छोड़कर हमें एकटक देख रही थीं।

उस ने हाथ खोला। "मेरी में ग्यारह हैं।"

तो मैं हुई 'दूल्हा'। अपनी हथेली से गरम, रेशम बीज मेरे मुँह में डाले उसने और मैंने अपने बीज उसके होंठों के बीच डाले। मेरा मुँह गरमा गया।

सारी लड़कियाँ तालियाँ बजा कर मुबारक़बाद देने लगीं और मचल-मचलकर दावत का इसरार करने लगीं। नादिरा ने अपने दुपट्टे को आगे की तरफ़ खींचकर हम दोनों के सिरों को ढक लिया। एक छन हमारे मुख गाछ से छनती धूप में पास-पास थे। फिर उसने दुपट्टे को मेरे सिर पर सरका दिया और मेरा दुपट्टा अपने सर पर ले लिया। इस अदला-बदली में फ़ायदा मुझे ही हुआ। मेरा सादा सूती था।

उसी शाम मैं एक घूँट गटक रही थी तो अज्ज़ो डगमगाती हुई आ पहुँची और प्याली के लिए हाथ बढ़ाया। मैंने जल्दी से ऊँचे ताक पर रख दिया।

नादिरा अन्दर आई, सीधे जाकर ताक से प्याली को उतारा, उसे कालीन से परे फ़र्श पर रखा, जूते से पटक दिया।

"बस, बहुत हो गया। अब नहीं पियोगी। वादा करो।" वादा किया मैंने। शरू ने एक बार कहा था, वह मेरा रोज़ का खाना-पीना है। शराब के बग़ैर जीया जा सकता है?

8

उस से दो साल बाद ही मिलना हुआ। हालाँकि बहुत बार उसको राह चलते देखा मैंने, अब भी कभी-कभार देखती हूँ, सर झुकाए, लम्बी गुत लटकाए, सोच में पड़ी, कुछ टेढ़ी-सी चाल चलते, लेकिन फिर कोई और औरत मुड़कर मुझे देखती है।

चिट्ठी-पत्री चलती रही, एक नेह की गूँज, तनिक कड़वाहट, कुछ चुप्पी को लेकर, फिर घटते-घटते बन्द हो गई। उसको बहुत काम-काज सँभालने थे और मुझको भी—नए बन्धन, पुराने बन्धन जो नए हो चुके थे, बच्ची की देखभाल का लुत्फ़ और थकावट। वह बन गई तानपुरे की धुन गाने में छुपी-सी, या फिर पड़ोस के घर में गाए गए गाने की आवाज़ जब अपने कमरे में कोई और गा रही हो।

वह आई तो शहज़ादे वज़ीर अली के ब्याह पर नाचने। इतनी शानदार शादी शायद ही इस शहर में पहले हुई होगी। तब तक मट्टन आपा चल बसी थीं, और अम्मी ख़ुद में जैसे खो गई, सिकुड़ गई थीं। नादिरा और मैं रह गईं धंधा सँभालने को, तो हम ने दोनों कोठों को एक बनाना फ़ायदेमन्द समझा। बीच वाला छोटा कोठा भी मोल लिया और काफ़ी ख़र्चा करके तीनों मकानों को जोड़ लिया। इस काम के दौरान मैंने फिर एक बार कमरा बदला। शीरीन के कमरे में बस गई मैं, जो मेरे पहले वाले कमरे के साथवाला

था। हीरा शादी के बाद मट्टन आपा के यहाँ रहने लगी थीं, अब सांझे घर के रसोईघर, भंडारे को सम्हालने लगी। मुंशी जी हमेशा दोनों घरों का लेखा-जोखा रखते ही थे, हाँ, मेरा निगरानी रखने का काम ज़रूर बढ़ गया।

घरों के बीच दीवारें गिर गईं, चपला और मेरे बीच दीवार खड़ी हो गई; दरारों में से एक-दूसरी की झलकें मिलती थीं पर खज़ाने बन्द हो चुके—हमेशा के लिए?

रूपा को अपने साथ ले आई। कब और कैसे मिलीं दोनों—पूरी कहानी कभी सुनाई नहीं। चपला कहानियों को तोड़-ताड़कर सुनाने में माहिर है, खुरदुरे हिस्सों को लीप-पोत कर। रूपा कुछ-कुछ मुझे अपनी याद दिलाती है—देखने में सादी, चुपचाप रहनेवाली, खिंचे पर्दे के पीछे छुरी जैसा तेज़ दिमाग़। शहर उन दोनों का एक था, धरोहर एक—शायरी से ज़्यादा मज़बूत सरेस।

दो दिन रहे वो लोग। नादिरा चपला एक-दूसरी से बेहद तकल्लुफ़ बरतती रहीं। चपला बच्चों और सलोनी के साथ खेलने में मस्त रही। कभी वह भी मिरग छौने जैसी बात-बात पर चौंका करती थी, अब कुछ ठहराव आ गया था। अज्ज़ो तुतलाती हुई किशन का पीछा करती रही, माँ के पीछे घूमती चूज़े जैसी।

अब कम मुस्काती थीं मुझ पर वो आँखें। अर्ध खिंचे पर्दों से ढकी खिड़कियाँ—भीतर से छनती थोड़ी-थोड़ी रोशनी में अन्दर का हाल कम दिखता था। शायद रूपा के सामने पर्दा गिराती होगी, जब वो बाँहें मिलाकर, सर सटाकर साथ-साथ चलती हैं।

उसी बरस मीर रंगीन ने अपनी अँधियारी नदी को पार किया। उनके दोस्त, मियाँ क़ादिर, चाँद के सरपरस्त बन चुके थे। उन्होंने हमें कहानी सुनाई। मीर रंगीन की चालीसवीं सालगिरह थी, शायद उसी से बिदक गए हों। या अपनी दो बीवियों और बहुत सारे बच्चों से घिस-पिट गए हों। महताब बाजी का जादू भी शिथिल पड़ गया था, वह तो ख़ैर होना ही था।

मैंने चपला को कहानी सुनाई। मैं दीवान पर तकिए से टेक लगाए, और

वह कोसों दूर, कमरे के दूसरे छोर, घुटनों को बाँहों में लपेटे, बिलकुल सीधी बैठी थी। "पाँच बरस पहले नवाब साहब गुज़र गए। उसी वक़्त रंगीन साहब शहर छोड़ गए।" यानी तुम्हारे चले जाने के एक साल बाद। "अचानक लौट आए। दीवानों जैसे बकते जा रहे थे—दुनिया छन-भर में बदलती है, कोई किसी का नहीं है, बीवी-बच्चे तो दुश्मन हैं जो माल निगलकर तुम्हें अकेले मरने को छोड़ जाते हैं।" बोलते हुए फिर एक बार अचरज हुआ कि उसके सामने मैं इतना बतियाने क्यों लगती हूँ।

"भज गोविंदम जैसा ख़याल है—परिवारवाले तभी तक पूछते हैं जब तक कमा रहे होते हो।"

"न खाने को राज़ी थे न सोने को, फिर दोबारा ग़ायब हो गए। दो महीने बाद अपने किसी दोस्त के यहाँ मौजूद हुए। वो बताते हैं कि अंजर-पंजर भर थे उस वक़्त, उन्होंने खिला-पिलाकर ठीक किया। एक दिन उनके काग़ज़ात को सँजोने लगे वो लोग तो घोड़ों पर लिखी उनकी किताब हाथ आई। उनको कहा कि हमारी खातिर इसको नज़्म में बदल डालिए। और वो कर डाले—सिर्फ़ बीस दिन में।"

"सचमुच उनके लिखने की रफ़्तार घोड़ों जैसी है।"

"घोड़ों के बारे में सब कुछ जानते भी हैं।"

नादिरा शरद के साथ आ पहुँची। सुन्दर रूपा को बाज़ार ले गई थी, काशी वालों के लिए तोहफ़े ख़रीदने वास्ते।

"कई जंगों में लड़ चुके, कई शहरों में रह चुके—तक़रीबन बीस, या तीस?"

"हाँ, आराम से। घोड़ों की नस्लें, बीमारियाँ, इलाज, सब कुछ जानते हैं। काम की किताब है, मज़ेदार भी।"

"रंगीन साहब के घोड़े तो इंशा साहब के हाथी," शरद ने कहा, "मालूम है, उनकी नई मस्नवी दो हाथियों का इश्कनामा है।"

"कौन हाथी? चंचल प्यारी?" मैंने उस हथनी को उनके घर देखा था;

कुछ शरारती लगती थी, मुँह थोड़ा खुला रहता था जिस से हमेशा हँसती हुई नज़र आती थी।

"हाँ, वही। एक हाथी बेरी ज़िले में पकड़ा गया, नाम बहादुर, वह चंचल के मोह में पड़ गया। एक साल दोनों को अलग रखा गया और वह रंज करता रहा। जब मिलन हुआ तो दुनिया मचल उठी—कम-से-कम मस्नवी में ऐसा हुआ।"

"फिर दोनों ख़ुश रहे?"

"नहीं, क़िस्सा वैसे ही बताते हैं जैसे असल में हुआ। एक दिन बहादुर चंचल के पास आए तो उसका मन ख़राब हो रहा था, उसने उसको लात मारी। वह चला गया तो मुड़कर नहीं देखा। दूसरी हथनी से जुड़ तो गया मगर फिर कभी ख़ुश न रह सका।"

"ख़ुशी जैसी चीज़ है भी कि नहीं?"

मैं हँसी। "सिर्फ़ क़िस्से-कहानियों में। जैसे रंगीन साहब की उस मस्नवी में जब कश्मीर की हिंदू राजकुमारी बग़दाद के मुसलमान शहज़ादे से ब्याह करती है। याद है उस शादी में उन्होंने लिखा कि जो सफ़ेद पहनकर आई है उसके दिल से चाव निकल चुका है?" कहते-कहते मुझ पर गरमाहट की लहर गुज़र गई—वह नज़र आई मेरी अँगिया में, सितारे उगते-डूबते, और फिर सफ़ेद जोड़े में, जैसे पहली बार दिखी थी, हाथ पकड़कर मुझे भीड़ से परे ले जाती हुई। गाल जलने लगे। उसको लगेगा मैं जान-बूझकर उस गुज़रे हुए कल की याद दिला रही हूँ।

मगर उसने सोच में मगन जवाब दिया जैसे मेरी बात पर ध्यान न दिया हो, "उस मस्नवी में हमें चिड़ियों वाली कहानी अच्छी लगी। याद है राजकुमारी को मर्दों से नफ़रत थी क्योंकि पिछले जन्म में वह ख़ुद चिड़िया थी और जंगल में आग लगी तो नर पक्षी उसको छोड़कर भाग गया।"

मैं सँभल गई। "हाँ, और उसे वह जन्म याद है। शायर यह नहीं बताता क्यों याद है, कैसे याद है, न यह कहता है कि यह बस उसका ख़्वाब था।"

हम फिर से गेंद आपस में यों फेंकती रहीं। यानी ख़यालात पर अब भी खुल कर बात करना मुमकिन था।

अगली बार आई, छह साल बाद, तो हम दोनों क़दम रसूल पर गईं। हाल में ही बना था वह। उसके आसपास चट्टानों वाले बग़ीचे में टहले, दूसरों की बातें करीं, शायद अपनी बात करने से बचने के लिए।

"तो तुम्हारी शीरीन ने आख़िर शहज़ादे से ब्याह कर ही लिया," वह बोली, "तुम शादी पर क्यों नहीं आई? हम ने सोचा ज़रूर आओगी।"

"तबीयत ख़राब थी। पेट में कुछ गड़बड़। अम्मी को बहुत फ़िक्र थी हमारी मगर दद्दा ने तीमारदारी करके ठीक कर दिया।"

"सच? अब ठीक हो?"

"बिलकुल।"

"पक्का? थोड़ी कमज़ोर लगती हो। रोज़ अदरक उबालकर शहद डालकर पिया करो। और सेहत बनाने के लिए दही-केले खाओ।"

"ठीक है।"

"हँसो मत। करोगी?"

"करूँगी।"

"दद्दा को बताती हूँ, वो बना कर देंगी। लो, सुन्दर बाहर आ गई। बड़ी नेकचलन लड़की है। रास्ते में हर मन्दिर दरगाह को देखकर हाथ जोड़ती रहती है। और रूप भी नाम बराबर पाया है।"

"सो तो है। अज्ज़ो जान देती है उस पर।"

"मालूम है। सुना है नवाब साहब भी पसन्द करते हैं?"

"कुछ ज़्यादा ही, मगर बेवक़ूफ़ लड़की प्रतापगढ़ के किसी दास्तानगो पर फ़िदा है। नवाब साहब को पता लगा तो कहा कि तनख़्वाह देते रहेंगे मगर सोहबतदारी पर मजबूर नहीं करेंगे क्योंकि आपस में चाह नहीं तो लुत्फ़ नहीं है।"

"सचमुच राजसी ख़यालात हैं।"

"हुं। मगर इनके वालिद नवाब साहब गुज़र गए तो इन्होंने मिर्ज़ा हसन रज़ा को खारिज कर दिया। बेचारे कुछ माह पहले निरी ग़रीबी की हालत में ख़त्म हो गए।"

"बड़ी बेरहमी है। किसी ने सहारा नहीं दिया?"

"मीर अल्मास अली ख़ाँ ने मदद की। और रेज़िडेंट साहब ने भी।"

"राजा टिकैत राय का क्या बना?"

"आम आदमी जैसे परिवार के साथ रहते हैं।"

"कम-से-कम उनकी इमारतें उनका नाम बनाए रखेंगी—मन्दिर, पोखर, पुल।"

"इमामबाड़ा भी, और कानपुर की तरफ़ बिठूर में लाल पत्थर का गंगा घाट।"

"बख़्शी-हज़रत की जोड़ी बरक़रार है?"

"हाँ, हाँ, आते-जाते हैं हज़रत। सभी नज़्मों में अपने नाम के साथ बख़्शी का भी नाम जोड़ते हैं।"

"सच? साथ-साथ लिखते होंगे फिर।" और जो नज़्म हम ने साथ-साथ लिखीं—याद हैं?

"मीर इंशा कैसे हैं?"

"नवाब साहब के दरबार में ओहदा मिला है उन को।"

"वाह, शाही शायर बन गए।"

"हाँ, शुरू-शुरू में बहुत ख़ुश थे, अब थके-हारे नज़र आते हैं। सिर्फ़ शायरी नहीं, नवाब साहब का मन बहलाना भी उनके पल्ले पड़ गया। रोज़ नया चुटकुला सुनाना ज़रूरी है, नवाब साहब के सभी चुटकुलों पर हँसना भी। नवाब साहब के लतीफ़ों को जोड़कर अब किताब भी लिख रहे हैं।"

"मज़ेदार हैं?"

"शरू वग़ैरह को मज़ा आता है, हमें बे-सिर पैर के लगते हैं। जैसे यह। इंशा और कोई दरबारी नवाब साहब के पास बैठे थे, तो उन दरबारी ने कहा,

'ये जो लतीफ़े हज़ूर के लब से आब-ए हयात जैसे गिरते हैं, लिखे नहीं जाएँगे तो खो जाएँगे।' यह कहकर अपने लँगोट की जेब से एक बड़ी दवात निकाली। नवाब बोले, 'उठते-बैठते इतनी बड़ी दवात कैसे सँभालते हैं?'"

वह मुस्कुराई। "मर्द लोग अपने जिस्मों पर मुग्ध ही रहते हैं, लड़कपन से उबरते नहीं हैं। ख़ैर, जिस्म की चिन्ता में पड़ने से अच्छा है उसका मज़ाक उड़ाना—जिस्म अजीब होते हैं, नहीं? और ज़बान पर जो किताब इंशा साहब लिख रहे थे, उसका क्या हुआ?"

जवानी में यह बात होती तो रेज़िडेंसी पर पताकों जैसे उठने-गिरनेवाले और फ़व्वारे जैसे उगलनेवाले ऊटपटाँग अंगों पर हम ताना मारकर बेकाबू होकर हँसतीं। अब बस मुस्कुराईं।

"दरबार के काम से रुकावट पड़ गई मगर शरद कहते हैं पूरी हो जाएगी। रंगीन साहब ने मदद की, शरू और हम ने भी की। कई क़िस्म के लफ़्ज़ इकट्ठे किए।"

"हाँ, सुना था। हम होतीं तो हम भी मदद करतीं। वो बातचीतें, वो मिलकर लिखना-पढ़ना याद आता है।"

"मुझे भी। कुछ नया पढ़ रही हो?"

"नाट्यशास्त्र पढ़ने की कोशिश कर रही हूँ। जितना पढ़ती हूँ पता लगता है कि कितना कम जानती हूँ। तुम ने एक बार कहा था ख़ुशी सिर्फ़ क़िस्से-कहानियों में हो सकती है। सच है शायद। मगर आनंद कुछ और है—ख़ुद में है और जगाया जा सकता है—जैसे किसी सहृदय के साथ बातचीत में।"

"मतलब वली या गुरु के साथ?"

"हाँ, हो सकता है एक नहीं, अनेकों के साथ। जैसे अनेक नाटक-नाच देखने से अलग-अलग आनंद मिलता है।"

"यानी अनेक से एक की तरफ़ बढ़ते हैं?"

"ऐसा ही कुछ। और बताओ, तुम्हारे अनेकों के क्या हाल हैं? शरू

गाँव में क्या करते हैं?"

"कुत्ते, बिल्ली, हिरण, रंग-बिरंगे बत्तख पालना, बाग़, बग़ीचे, पोखर बनवाना, दुनिया-भर की शीशियाँ ख़रीदना—इसी सब में लगे रहते हैं। इमारतों के नक़्शे अब भी बनाते हैं मगर हम लोगों से अब मिलना कम होता है।"

"आख़िर घर वालों के पास बस ही गए।"

"हाँ।" हर कोई अपने घरवालों, अलग-अलग क़िस्म के घरवालों, के पास बस ही जाता है। हम पहाड़ी से उतर गए। "नए हनुमान मन्दिर पर जाना है? बेगम रबिया ने बनवाया। सुन्दर अकसर जाती है, हमें ले जाएगी।"

"हाँ, तुम से कहने ही वाली थी, ले चलो अभी।" रुक कर बोली, "बकुल का पेड़ है वहाँ? द्वार की दाईं तरफ़?"

"मालूम नहीं।"

बाँह मेरे कंधों पर हल्के से रखी। "चलो, देख आते हैं।"

आवाज़ से कंपन हटाने की कोशिश करके पूछा, "क्यों?"

"कहते हैं जिस मन्दिर पर ऐसा पेड़ हो वहाँ बच्चा माँगो तो मिल जाता है।"

छोटा-सा मन्दिर था, जैसे अब इन प्रांतों के सारे मन्दिर होते हैं। शरू के देखे हुए दक्खिन के बड़े मन्दिरों से बहुत अलग। दोपहर की चुप्पी में हम पहुँचीं। कड़ी धूप से कस्तूरी-लदी छायाओं तक। ठहरी हुई लौ। धीमी बजती घंटी। वह मूरत के सामने बैठी, मैं द्वार पर खड़ी रही। मेरे मन में अडिग लौ। अपने मन में भी रखना।

बाहर आकर उसने कुमकुम लगी उँगली से मेरे माथे को छुआ।

अगले साल उसका बेटा हुआ। मोहन। किशन का दूसरा नाम। उसकी सेहत ख़राब रही, आख़िरी दो महीने बिस्तर में बिताने पड़े। "आ सकती हो?" उसने लिखा, मगर अनजान लोगों के बीच जाने का मन न था और नादिरा को भी अच्छा न लगता। अज़ीज़न गुज़र गई तो वह नहीं आ पाई, उसका बेटा हुआ तो मैं नहीं गई।

फिर भी लगता था जैसे हम बराबर मिलती रहती हैं क्योंकि देर रात को या फिर सुबह-सुबह मैं उसे देखा करती थी। उन्हीं वक़्तों पर हम पहले भी मिला करती थीं, जब कोठों पर चुप्पी छा जाती थी मगर हम दोनों जगती थीं। अब उस वक़्त मैं हमेशा सोई हुई या कम-से-कम ऊँघती हुई होती हूँ। ख़्वाबों की दुनिया में हम कितने बरस बिताते हैं? उस दुनिया में भी कल, आज और आनेवाला कल होते हैं? या वक़्त की रफ़्तार अलग होती है वहाँ? ज़्यादातर वह अपने मौजूदा किसी रूप में प्रकट होती है, सफ़र करते, किसी दूर-दराज़ जगह में अचानक मुझ से मिलते, तहज़ीब की दूरी बरक़रार रखते हुए मगर रोज़मर्रे की ज़िन्दगी में समाए। कभी-कभार कोई अनूठी घटना घटती है।

अनजाना आँगन। चारों तरफ़ उसकी शादी की तैयारियाँ। हम सब लोग, अम्मी, नादिरा, अज्ज़ो, दद्दा, एक बड़े कमरे में टिके हैं, हमारे बोरी-बिस्तर इधर-उधर पड़े हैं। सुबह-सुबह वह अकेली बैठी हुई मिलती है तो मैं पूछती हूँ दूध पीना है, वह कहती है हाँ। लेने जाती हूँ, मगर दद्दा गटक जाती है। अपने कपड़े ढूँढ़ने जाती हूँ, मिलते नहीं हैं, मगर वह फिर मिलती है, साड़ी पहने, बालों में गजरा, दुखियारी। कहती है दूल्हे से अनबन हुई है, बातचीत बन्द है मगर कोई बात नहीं, शाम तक गिला हो जाएगा। मैं उसके सर पर हाथ फेरकर चुप कराती हूँ, सोच रही हूँ गिला लफ़्ज़ का कोई और भी मतलब होता है क्या। बाहर खड़े मर्द लोग कहते हैं औरतें रोएँगी, शादी-ब्याह में यही तो करती हैं। अपना सन्दूक़ मिल जाता है मगर उस में रखे कपड़े अपने नहीं लगते। दूल्हे की माँ भी कपड़े निकाल रही हैं, और अब मैं रोने लगी हूँ।

~

क़लम रखकर आईना उठाती हूँ। न जाने कब हँसलियों के बीच की धँसी हुई

जगह भर चुकी है। मुँह भारी हो गया। तिकोन होता था, अब है लिजलिजा चौकोर। उसने जो सहलाई थी वह देह न रही, इन आँखों में से कोई और झाँकता है। तन और मन, जो अपने हैं भी और नहीं भी।

अब, तीस बरसों की दूरी से, वो दो बरस ज़िन्दगी के सुख-दुख से यों भरपूर लगते हैं ज्यों मरते दम में नज़रों के आगे चौंधिया रहे हों। हम ने इकट्ठा दो ही रमज़ान बिताए, बन्द, धुआँ-रहित कमरों के अन्दर। दो ही दीवाली—छत पर दीये जलाते हुए उसके निर्मल हाथ। हथेलियों को लालिमा से तमतमाती रोशनी। अनगिनत दोपहरें, हल्की नींद में डूबे दोनों घरों के घेरे में बतियाते, सोचते, हुक्का पीते।

आख़िरी सफ़ा अज्ज़ो ने लिखा, बारह साल पहले जब काशी गई। चपला के साथ दो महीने रहना था रियाज़ करने के लिए। लौटी दो साल बाद सोना को लेकर।

किशन की बीवी पूजा-भक्ति में लगी रहती थी। किशन और अज्ज़ो मंडली में कलकत्ता गए, जहाँ गंगा समुद्र से मिलती है। वहीं उनका भी मिलन हो गया। नादिरा को हैरत तो हुई मगर नाराज़गी नहीं, और लड़की हुई तो फूली न समाई। उसके बाद चपला सोना को देखने अकसर आने लगी। उसकी अपनी बेटी नहीं थी तो बेटी का मोह था। किशन नहीं आया। शायद उसकी बीवी को अच्छा न लगा हो।

अज्ज़ो काशी से कुछ नज़्में लेकर आई। "देखो, अम्मा।" उछलती हुई मेरे कमरे में पहुँची। पहली अज़ीज़न से एकदम अलग। हमेशा हँसमुख। सवाल कभी पूछती भी है तो ज़्यादातर ऐसे जिन के जवाब देने की ज़रूरत नहीं पड़ती। "ये देखिए। चपला मौसी के कुछ छंद। किशन ने हमें दिखाए। जो अच्छे लगे हम ने उतार लिये। सुहावने हैं न? सुन्दर आपा इस पर नाचना चाहती हैं। अरे हाँ, हम ने किशन को बताया कि आप मौसी के बहुत क़रीब थीं। उनको मालूम नहीं था।"

बनारस में लगता है रूपा को छोड़कर किसी को हम दोनों के रिश्ते

के बारे में कुछ नहीं मालूम। चपला की एक सहेली एक बार यहाँ आई तो हैरत से पूछा, "आप चपला से कब मिलीं?" किसी को बताया क्यों नहीं है? क्योंकि उसकी अहमियत नहीं रही? या इतनी अहमियत है कि उसकी बात करने को मन नहीं करता? यह कहानी लिख कर क्या मैं उस अहमियत को दगा दे रही हूँ? मगर कोई पढ़ेगा नहीं, और कभी बरसों बाद पढ़ेंगे भी तो हम कौन थीं यह मालूम न होगा।

उसके कुछ छंद मेरे देखे हुए थे, जो नहीं देखे थे वो भी पहचाने हुए से लग रहे थे। मेरी नज़्मों की दोगानाएँ—गरमाते काग़ज़ पर उभरती दूध की लिखावट जैसे इनके बीच मेरी नज़्में दिख रही थीं। कुछ नई थीं; उनको मैं बारीक़ी से पढ़ती रही जैसे इंशा साहब की मनपसन्द पहेलियाँ हों। मेरी याद में लिखी गई थीं या किसी और की बदौलत? मेरे सवालों के जवाब इनमें छुपे हुए तो नहीं हैं?

या जब वह सोना से मिलने आती थी तो नन्हे-से सिर के उस पार चंचलता से मुस्कुराती आँखों में जवाब डूबे हुए थे? रूपा कम आती थी; काशी में मोहन के साथ रुक जाती थी।

गैलरी में दद्दा के क़दमों की आहट, वही क़दम जो हम दोनों को अलग कर देते थे, मगर उनमें वह फुर्ती नहीं रही। क्या उम्र होगी उन की? सत्तर? अस्सी?

"बिटिया, मोतीलाल भाई आए हैं। भज्जू कह रही थी तुम छाँटने में मदद कर दो तो..."

नए मुंशीजी, पुरानेवाले के छोटे भाई, से मँगवाई हुई ढलवाँ मेज़ की गुप्त दराज़ में काग़ज़ रखकर मैं भज्जू के कमरे की तरफ़ जाती हूँ। बचपन से ही लड़ाकू भज्जू शहज़ादे नसीरुद्दीन की अगली बीवी बनने जा रही है। शादी तो शहज़ादे ने न जाने कितनियों से करी है, और सुना है जल्द ही अपनी एक बाँदी सुख चैन से भी करने जा रहे हैं तो यह कोई ख़ास अवसर नहीं है। मगर हमारी गली में तक़रीबन दस साल बाद किसी की शादी हो

रही है इस वजह से थोड़ा-बहुत जोश-खरोश हो रहा है। फ़र्श पर बिखरे पड़े हैं थान, घुटनों तक बह रहे हैं मुर्शिदाबाद, हैदराबाद, कश्मीर, बनारस के रेशम। भज्जू की दाई एक-एक को भज्जू पर ओढ़ाकर सर एक तरफ़ कर के जाँचती है। मोतीलाल बजाज, बुजुर्ग मोतीलाल के बेटे, गावतकिए के बल बैठे शरबत की चुस्की लेते, नाज़ से मुस्कुराते हैं। मगर मेरा मन अपने काग़ज़ात में घुसा रह गया और दिखती है वही पीली-धूसरी साड़ी जो उसने काशी से लाकर दी थी। "प्रभात में गंगा जी पर धूप जैसा रंग," उसने कहा था। नैनसुख।

"अंग्रेज़ लोग नवाब साहब को मुकुट पहनाएँगे तो चपला अपनी टोली लेकर आएगी क्या?" नादिरा ने मेरे दिमाग़ में घुसने का नुस्ख़ा कहाँ से पाया?

"शायद। अभी तय नहीं है।"

"हाँ, उसको ऐन वक़्त पर तय करने की आदत है न।"

अंग्रेज़ों ने अपने किसी मतलब से नवाब को महाराजे का मुकुट पहनाने की ठान ली है तो शीरीन ख़ुद को महारानी समझने लगेगी, हालाँकि बीवियों में उसका कुछ ख़ास दर्ज़ा है नहीं। और तो और, शादी के बाद भज्जू भी ख़ुद को रानी समझने लगेंगी। मगर मुकुट पहनाने की रस्म होगी, तो एक-दो साल बाद ही।

सोना चुपचाप आकर मेरे घुटने से लगकर बैठ जाती है। कहीं न कहीं उस में सात बरस की, पाँच बरस की बच्ची अभी भी है। उसके चेहरे का आकार अज्ज़ो जैसा है, नाक और रंग किशन पर गए हैं, मगर आँखें और मुँह चपला के हैं, कम-से-कम मुझे ऐसे लगता है। खोई-खोई सी वह कपड़े को देख रही है मगर दिमाग़ कहीं और है। ज़िंदादिल, हँसमुख अज्ज़ो की ऐसी ध्यानी बच्ची कैसे हुई?

"सालगिरह की ख़ातिर एक अपने लिए चुन लो," नादिरा मुस्कुराती हुई कहती है। मैं उसे गुलाबी-नीला धूप-छाहीं रेशम ओढ़ाती हूँ मगर वह उतार देती है। "नहीं चाहिए। पहले ही बहुत कपड़े हैं।" उठती जवानी की सादगी।

नादिरा मुँह बिचकाकर मुझसे कहती है, "यह बच्ची सुन्दर पर गई है। भक्तिन होना चाहिए था।"

भज्जू ढिठाई से बीच में बोल पड़ती है। "अपने पिता की बीवी की तरह।" शुक्र है अज्ज़ो मौजूद नहीं है। नादिरा की शक्ल ग़ुस्से से तन जाती है, सोना उठकर बाहर जाती है, मैं उसके पीछे-पीछे।

"उस की बातों से परेशान मत हो, बिटिया। उसका मिज़ाज तो जानती ही हो।" शीरीन के मौखिक हथियारों से जूझने वास्ते मदन की सलाह याद आती है। अपने गंजे सर की एक तरफ़ फिर दूसरी तरफ़ इशारा करके कहना, "एक कान से अन्दर ले लो, बग़ैर किसी चीज़ को छुए पार करने दो, दूसरे कान से निकाल दो।"

"वह बात नहीं है। यों ही मन मचल रहा है।"

"कहीं चलोगी? किसी से मिलने?"

"चलिए, नदी के पास टहलिएगा?"

गर्मियों में टहलना पसन्द नहीं मुझे मगर पहुँचने पर उतनी गर्मी नहीं है जितनी मैंने सोचा था। नदी के किनारे कोई नहीं है। घाट पर पुरोहित गाँव से आई जोड़ी के लिए कुछ रस्म कर रहे हैं। इंशा साहब की याद आती है, एक बार उन्होंने पुरोहित का वेश धारण कर भोले गाँव वालों को यहीं पर मंत्र पढ़ाए थे। उनके करतब पर हम लोगों को हैरत हुई। सफ़ेद धोती पहने, चौड़े गोरे माथे पर लाल तिलक लगाए ख़ूब सुहा रहे थे। मगर सोना को यह कहानी अच्छी नहीं लगती। "मासूम लोगों को झाँसा देना बुरा होता है।" सही बात है मगर मुझे लगता है उनके लिए सिर्फ़ झाँसा नहीं था, मंत्र कुछ मतलब रखते थे। उनके छह शागिर्दों में तीन हिंदू थे, यह ग़ैरमामूली बात थी।

"छोटी नानी, देखिए न।" परले किनारे पर जोगिनों की टोली। एक दिन की जोगिन मेरी आँखों के आगे दमक जाती है। और एक और भी जिस ने चक्र फेंका था।

"छोटी नानी, मेरे नाना के बारे में कुछ बताइए न। बड़ी नानी उनकी

बात ही नहीं करतीं।"

क्योंकि कुछ ख़ास बताने को नहीं है। यह जवाब मैं निगल लेती हूँ, सोचती हूँ कोई अच्छी बात क्या बता सकती हूँ? हकलाते थे, मछली जैसी गोल-गोल, घूरनेवाली आँखें थीं, यह तो नहीं कह सकती।

"नरम स्वभाव के, कम बोलनेवाले। हर रोज़ उन से मिलने आते थे, कई महीने, नहीं, दो साल तक।"

"तो नानी हैदराबाद से वापिस क्यों आईं?"

"हम सब लोगों की याद आती थी। और उनकी बेगम इन से परेशान थीं।"

वहीं रहतीं तो विधवा हो जातीं, और तुम्हारी माँ शायद तुम्हारे बाप से न मिल पातीं।

"अच्छा।"

पैर की उँगली से धूल में लकीरें खींचती, नदी के परे नज़रें टिकाए रखती है। होनहारी उसके मुखड़े को जगमगाती, होंठों को लचकाती, पलकों को झुकाती है। अचानक मन बदलकर कूद खड़ी होती है। "घर चलिए। अम्मी ने कहा शाम को मीठे चावल बनाएँगी।"

लौटते हुए कोने पर मट्टन आपा के कोठे की चक्करदार सीढ़ियाँ दिखीं। मेरे मन में इस मकान से मट्टन आपा का नाम जुड़ा है हालाँकि अब यह हम सब का है। खिड़की से ढलक कर आ रही है बख़्शी की वही आवाज़। शक्ल-शरीर जल्दी बदलते हैं, आवाज़ बुढ़ापे तक अकसर वही रहती है। अपने अगले सितारे को तैयार करने तक हम अम्मी की ख्याति पर ही चलते रहे, अब बख़्शी की शोहरत पर चल रहे हैं। उस ज़माने में एक कोठे में दस-बारह औरतें थीं, अब जोड़कर फैल गए तीन मकानों में तो तादाद बढ़ गई, मगर जुबतियों में किसी की आवाज़ बख़्शी के मुक़ाबले की नहीं है।

लौट आए तो मोतीलाल जा चुके हैं पर अब हनुमान को घेरकर सब गहने देख रही हैं। सिर्फ़ अम्मी अकेली अपने छाया-भरे कमरे में खिन्न बैठी

हैं तो मैं गपशप करने की कोशिश करती हूँ। उनका वज़न बढ़ गया, फुर्ती जाती रही, मगर आँखें वही हैं—बड़ी-बड़ी, प्यासी, जेल में क़ैद बच्ची जैसी।

अपने कमरे में लौट आती हूँ। नादिरा का अब अपना कमरा है, साथवाला। इतने साल साथ रहने के बाद थोड़ा-सा अलगाव मुनासिब है।

मदन थोड़ी देर को मिलने आते हैं, हाल की ख़बरों की चर्चा करने। वज़ीर अली का इन्तकाल हो गया, सिर्फ़ सैंतीस बरस के थे। मदन अजब बौखलाए हुए हैं।

"कम्पनी बहादुर भेड़िया हो गया है। पहले राजा चैत सिंह, तुम्हारी चपला के पिता, को देशनिकाला दिया। वो हिम्मतवाले थे, ख़ूब लड़े। और अब यह।"

रुक कर कहा मैंने, "अब वज़ीर अली साहब चल बसे तो कहना नहीं चाहिए पर मानना पड़ेगा वह कुछ पगलाए हुए थे। चेरी साहब को कटार मारना उनका पहला करतब नहीं था और छोड़ देते तो आख़िरी न होता।"

"ठीक है, थोड़ा-सा पगलाए हुए थे मगर कम्पनी के अपमानों ने और पगला दिया। पहले कहा कि गोद लिया हुआ बेटा है तो बेटा ही नहीं है, फिर गद्दी पर बैठे तो हटाकर बूढ़े चाचा को बिठा दिया। फिर आख़िरकार कलकत्ते में लोहे के पिंजरे में सत्रह साल बन्द करके रख दिया, जैसे कोई फँसाया हुआ चीता-तेंदुआ हो। लोगों के ताने मारने, हँसने-मज़ाक उड़ाने के लिए।"

"बाँदी का बेटा था, नौकर का नवासा। किसी अमीरज़ादे को गोद ले लेते नवाब साहब।"

"उफ़, तुम्हारे अमीरों-कुलीनों के ख़यालात। पले तो शहज़ादे होकर न? शादी किस धूम-धाम से हुई, याद है? चेरी साहब को मार डाले उसके बाद भी हज़ारों लोग बनारस में निकलकर आए उनकी तरफ़ से लड़ने। पिंजरे में जीना, पिंजरे में मरना। इस से अच्छा मार ही डालते।"

उनको ठंडा करने वास्ते मैंने चैत सिंह की बात करना ठीक समझा।

"तुम्हें मालूम है राजा साहब कम्पनी से लड़ना छोड़कर ग्वालियर में बस गए तो शाहजहानाबाद की नाचनेवाली सलामत से शादी कर ली?"

"क्या? वही सलामत जिस पर मियाँ रंगीन के वह बेवकूफ़ शागिर्द मारूफ़ फ़िदा थे?"

"हाँ, वही।" मारूफ़ जो हमारी अज़ीज़न पर भी फ़िदा थे। कैसे घुल-मिल जाती हैं दिमाग़ में, जाने-पहचाने लोगों के रिश्तों की देखी हुई, सुनी-सुनाई कहानियाँ।

"यह तो कुछ ज़्यादा ही हो गया, कहाँ से कहाँ बात जुड़ गई।" मदन हँसे, फिर चुप हो गए। "ख़ैर, वो भी नहीं रहे अब।"

"और सलामत भी। अगले ही साल चल बसी वह।"

"तब से कम्पनी बहादुर काशी के महाराजाओं को परेशान करता ही रहता है। राजा उदित नारायण को बहुत कुछ सहना पड़ता है मगर वो अड़े रहने की कोशिश करते हैं। रामनगर में बहुत बड़ी रामलीला करवाने लगे। कम्पनी राज्य का काम सँभालने नहीं देती पर लोग तो उन्हीं के साथ हैं।"

"हमारे नवाबों को कम्पनी कौन-सा कम सताती है। देखो, कब कोई राजा चैत सिंह निकल आए उनका सामना करने, यहाँ या कहीं और?"

"या कोई नवाब वज़ीर अली। या उनकी छाया। क्या बताएँ, आजकल हर चीज़ हमें किसी गई-गुज़री चीज़ की छाया मालूम होती है।"

भज्जू की शादी सचमुच पहले की शादियों की छाया मालूम होती है। रंग धुँधलाए नहीं हैं, बस उनका जादू कमज़ोर पड़ गया। शरद नौजवानों के हुस्न की तारीफ़ अब भी करते हैं पर मुझे कभी कोई लड़की ख़ूबसूरत दिखाई देती है तो सिर्फ़ इसलिए कि वह एक याद की गूँज मालूम होती है। मुझे अपने अनहोने ख़्वाब ज़्यादा सुहाते हैं—हमको गाना गाने को कहा जाए, हम अपना गाना गाएँ—रंगीन साहब की वही ग़ज़ल सुनहरेपन की तारीफ़ में, और मैं उसकी आँखों में पहचान की, याद की, झलक देखूँ।

मगर मिलते हैं तो हम दोनों सावधान, सुघड़, उदार, आधे पर्दे में रहती हैं।

नाचती है, सब की आँखों को मोहते, सब से बचते, और मैं उसकी माँ से मिलता-जुलता वह रूप देखती हूँ जो जवानी में दिखता नहीं था। वह सामनेवाली पंक्ति में बैठती है, मैं पीछे वाली में। गर्दन ज़रा-सी मुड़ती है, और एक लहर जिसे मैंने बहुत पहले मरी हुई समझा था, मुझ में दौड़ जाती है।

घंटों से मेज़ पर बैठी हूँ। कंधा दुखने लगा है। ऊँघने लगी हूँ तब सोना अपनी पली हुई सलोनी को लेकर दौड़ आती है—चौथी सलोनी है या पाँचवीं? अपने काग़ज़ों को बही खाते में सरका देती हूँ।

"देखिए, छोटी नानी, हम ने सल्लो को पीछे के पैरों पर खड़े होना सिखाया है।" वह चुटकी बजाकर सलोनी को अंजीर दिखाती है। सलोनी खड़ी होती है, उसकी चितकबरी खाल लालसा से सिहरती हुई।

"सोना, इसे ऊपर मत लाया करो, पहले कहा है न हम ने।" अज्ज़ो अपनी बेटी को ढूँढ़ते आई है। "बहुत नटखट है यह सलोनी। भज्जू जैसे ही गाने लगती है यह चिल्लाने लगती है।"

सोना ठहाके मार-मार के हँसती है। "हाँ, क्योंकि भज्जू की आवाज़ शेर जैसी है। अच्छा है शादी करके चली जाएगी, किसी को उसकी दहाड़ नहीं सुननी है। आपने सुना है मिट्ठू कैसे उसकी नकल उतारता है?"

"छथ," अज्ज़ो हँसी दबा रही है, "चलो, इसे फ़ौरन नीचे ले चलो।"

"चलो सल्लो, यहाँ हमारा कोई चाहनेवाला नहीं है।" दोनों कूदती-फाँदती निकल जाती हैं।

"सोनू," मैं पीछे से पुकारती हूँ, "नीचे जा रही हो तो पूछो मंगू लौट आया है, कोई चिट्ठी लाया है!"

अज्ज़ो बैठ जाती है, मैं खड़े होकर अँगड़ाई लेती हूँ। सोना की हँसी मुझ में यों दौड़ जाती है, जैसे बीते ज़माने में उसकी बुआ की हँसी।

"भज्जू और यह एक-दूसरी के पीछे पड़ी रहती हैं। शादी हो जाए तो

चैन की साँस लें।"

"भज्जू चुड़ैल है।" उम्र के साथ मेरी बातों की धार तेज़ हो गई। "मर्दों को बेशक पसन्द आए मगर बेगमों की नाक में दम कर के रहेगी।"

"ऐसी कोई बात नहीं। बेगम ही इसको सबक सिखाएँगी। वहाँ बहू जो ठहरेगी, बेटी नहीं।"

सही बात है। यहाँ तो हम लोग हमेशा बेटियाँ ही रहती हैं।

~

किसी शहर में मैं घर ढूँढ़ रही हूँ। कोई कहता है चपला ने ढूँढ़ लिया है। सारा नज़ारा काला और सफ़ेद नज़र आता है, मैं गैलरी से गुज़रकर दरवाज़ा खोलती हूँ। रोशनी भरा कमरा, धधकते रंग। किसी का सामान रखा जा रहा है—छोटी मेज़ें, कालीन, डिब्बियाँ, बोतलें, तश्तरी इधर-उधर पड़ी हैं। मदन मुझे किराने की दुकान तक ले जाने को तैयार खड़े हैं, चपला भी साथ चलेगी। तब मुझे पता लगता है कि वह इस घर में बसनेवाली है, और मैं भी; सारी तैयारियाँ हम दोनों की हैं, हमारे लिए। मैंने सफ़ेद लिबास पहन रखा है, छोट-छोटे लाल फूलों वाला, और लाल जूते जैसे अंग्रेज़ मेम लोग पहनती हैं। ख़ुशी इतनी कि लगता है उड़ जाऊँगी, उल्लसित होकर हँस पड़ती हूँ। हम सब मदन की घोड़ागाड़ी में चल पड़ते हैं। चपला और मैं रोज़मर्रा की बातें कर रही हैं, बाद में क्या करेंगे, कमरों को कैसे सजाएँगे।

एक बार फिर सब कुछ काला-सफ़ेद हो जाता है। रात का वक़्त, मदन और मैं सँकरी गली में गाड़ी पर बैठे चल रहे हैं, एक झटके में किसी से टक्कर हो जाती है।

और भी बहुत कुछ है, मगर नीचे से सोना की आवाज़। "वापस आ गए, नानीजी, आपकी चिट्ठी नहीं लाए।"

दो पल को जगती हूँ, नादिरा के कमरे में ऊँघते। शरद ने खत नहीं लिखा।

शरद का घर, मेहमानों की भरमार, कोलाहल, गड़बड़ी। कुछ देर बाद वो और मैं अपने घर की राह लेते हैं। मगर यह गली नहीं, पगडंडी है, खेतों के बीच गुज़रती, ख़ाली, धूल-भरी, अकेली। वो एक गाँव वाले से मिठाई मोलने को रुकते हैं। देखती हूँ तो अपने पास फूटी कौड़ी नहीं। आगे चलकर कहते हैं कि अगले दिन वापिस जाना है, गाँव में नवाब साहब के नए महल को सजाना है। मैंने सोचा था कुछ दिन रहेंगे हमारे यहाँ। कोठे पर पहुँचे तो ताला लगा है। चाभी ढूँढ़ रही हूँ, वो कहते हैं दरबार पर मेरा इन्तज़ार हो रहा है, और निकल पड़ते हैं।

अचम्भे से जग पड़ी। हमारे द्वार कभी ताला नहीं लगा है। सुबह हो गई क्या? नहीं, दोपहर की झपकियाँ थीं, जवानी और बुढ़ापे का फ़ासला नापती हुईं।

दद्दा पुराने कपड़ों की पोटली लेकर आई। मैं सीधे बैठकर कंधे घुमाती हूँ।

"ये कपड़े दे दूँ? बाहर भिखारिन खड़ी है, तुम कभी पहनती नहीं हो।"

चपला यहाँ रहती थी उस ज़माने के जोड़े हैं। वह लाल-काला जोड़ा जिसे शीरीन ने पहनने से इनकार कर दिया तो मैं मीर रंगीन के घर पहन कर गई थी। अब तो शीरीन को भी तंग पड़ेगा, मुझको भी। टीस-सी हुई मगर कहा, "हाँ, दे दो।" सोचती हूँ भिखारिन इतनी सजावट वाले कपड़ों का क्या करेगी।

मेरा शक समझ कर दद्दा ने कहा, "काट कर टुकड़ों को बेचेगी।" और क्या। ज़ाहिर बात को कई बार समझ क्यों नहीं पाती हूँ? थोड़ी देर में दबे पाँव आकर मुझे तह किया हुआ पुराना काग़ज़ देती हैं।

"जेब में था। सोचा तुम को शायद रखना हो।" मैं तह खोलती हूँ तो तस्वीर में बना मुँह कोरे काग़ज़ जैसा दिखता है, दो पल को मेरा दिमाग़ भी

वैसे ही होता है, फिर डूबी हुई चीज़ सतह पर आती है। चपला की तस्वीर।

उस का जवान चेहरा, पुराने काग़ज़ जैसा नरम, दिमाग़ में सरक आता है। इतना छोटा-सा मुँह, डाल पर अर्ध खिली कली। चौकन्नी आँखों के नीचे काली छायाएँ। इकहरा देह मलमल की साड़ी की तहों में खोया-सा। दुबले-पतले हाथ वेदना में ऐंठे हुए। यह ख़ाका चम्पा ने तब बनाया था जब चपला काशी लौटकर गई। उसने मुझे भेजा था उन्हीं गर्मियों में। इसी को मैं तीन महीनों तक लगातार देखती, चूमती रहती थी, इसकी लकीरें मेरे होंठों में बस गई थीं। इतने दिनों तक याद कैसे नहीं आई, इस का होना कैसे भूल गई?

और उस से भी अहम सवाल—उस वक़्त मैंने देखा क्यों न था कि वह बेहद डरी हुई थी? घास में दुबके हुए हिरण के बच्चे को जैसे चौंका दिया जाए। मेरे पास जो थी वह छाया थी, यह जो अब हाथ में है छाया की छाया।

दग़ाबाज़ याद कपट करके शीशा दिखाती है, तस्वीर नहीं। कहानी वह सुनाती तो मेरी यादों से बिलकुल अलग होती।

दद्दा ने याद किया, वह मेरे राज़ों की रखवाली है। उनके अपने भी राज़ हैं। हीरा ने मुझे बताया—सोलह साल की उम्र में दद्दा दिल्ली के पास अपने गाँव से एक दूधवाले के साथ भाग गई थी। दोनों कुनबों ने पति-पत्नी को तज दिया। शहर पहुँचे तो पता चला वह शादीशुदा था, दो बच्चे भी थे। बीस साल की थी तो वह चल बसा, उसके घरवालों ने इस को मनहूस कहकर निकाल दिया। वह मेरी नानी के कोठे पर दूध दिया करता था तो दद्दा को वहीं पनाह मिली।

हीरा अन्दर झाँकती है। "शरद साहब आए हैं आप से मिलने।"

"सच? इतनी देर हो गई?"

मैं कमरे को ठीक-ठाक करने लगती हूँ।

"अच्छा, आख़िर महीनों बाद सुलझा रही हो।" बढ़ती उम्र से ज़बान मीठी तो नहीं हुई मगर जाने क्यों उनकी बातों में वह चुभन नहीं जो मेरी माँ

की उन्हीं बातों में है।

"बाहर जाओ, घूम-फिरकर आओ। या इन खिड़कियों को खोलकर हवा खाओ। कमरा बुसा हुआ है, तोते के पिंजरे जैसा। यह देखो।" पर्दे को झटकाया, धूल उड़ी।

"पर्दे कहीं भी हों, धूल ज़रूर जमा होती है। अपने घर में जाँचकर देखिए।"

"उँह।" बैठकर चाँदी रंग के बालों पर हाथ फेरे।

"बाल अच्छे लग रहे हैं। कुछ नया लगाया है?"

"जवाकुसुम का तेल। चमका देता है।"

"और क्या हाल हैं? कुत्ते कैसे हैं?"

"दुरुस्त।"

"आने-जानेवालों को बराबर काट रहे हैं?" उनकी संगत में मेरी भी ज़बान तेज़ हो जाती है।

"च्छह!" सुडौल हाथ हिलाते हैं। "किसी को नहीं काटते बेचारे।"

"क्या कह रहे हैं? चाँद आप से मिलने गई तो उसकी टाँग ख़ुद देखा हम ने जहाँ मोती—वही है न उसका नाम?—ने उसे पकड़ लिया था।"

"मोती नहीं, माणिक। मोती सिर्फ़ भौंककर डराता है, काटता नहीं है। और माणिक ने भी तभी काटा जब वह चलने को उठ खड़ी हुई। किसी का कमरा छोड़कर बाहर जाना उसको नहीं भाता। जब तक बैठे रहो, बिलकुल ख़ुश है। आकर देखो। बहुत मिलनसार है।" मेरी हँसी छूट रही है मगर वो बोलते जा रहे हैं। "सचमुच। सोना आई तो वह उस से हिल गया था। उसको लड़के पसन्द नहीं हैं। छुटपन में लड़कों ने ज़रूर सताया होगा। चाँद कभी-कभी लड़कों जैसे पेश आती है।" यह कहते हुए उनकी प्यारी-सी मुस्कुराहट उभर आती है। "सोना है कहाँ?"

"यहीं आसपास होगी।"

"उस की सेहत तो ठीक है?"

"बिलकुल। उसकी सेहत को क्या होना है?"

"उस के बाप तो मुझे हमेशा बीमार से लगते थे।"

"किशन? बचपन में? नहीं तो।"

"कभी चपला से पूछा था?"

"नहीं, पूछने को क्या था?" मैंने किसी देखनेवाली बात को अनदेखा तो नहीं किया? किशन बीमार होता तो मुझे पता न चलता? चपला कुछ कहती नहीं?

अम्मी अन्दर झाँककर पूछती हैं मैं बाज़ार कब जा रही हूँ। मेरे कम फ़ायदेमन्द मेहमानों को नापसन्द करने की आदत नहीं गई हालाँकि अब उनको न आमदनी से न ख़र्चे से मतलब है। ख़ैर, पर्दे खींचने का, चिराग जलाने का, रात-भर खींचनेवाली लम्बी शाम की तैयारी का वक़्त आ गया।

शरद गए तो नादिरा कटोरी लिये आती है। "कंधे में दर्द ठीक हुआ?"

"पहले से ठीक है मगर अब भी है।"

"बैठो, दबाती हूँ।" गरम तेल हथेली में उड़ेल देती है। उसके पटु हाथ कंधों पर फिरने लगे तो दर्द उतरा और नींद फिर आने लगी।

कुछ हफ़्तों तक मंगू शरद के यहाँ से ख़ाली हाथ लौटे। हाँ, शरद ने अपने बाग़ों से आम भेजे। वो पड़ोसियों, रिश्तेदारों, किरायेदारों, कुत्तों के मामलों में फँसे हुए हैं। नीचे से कर्कश आवाज़ सुनाई देती है—अम्मी शब्बो को डाँट रही हैं। दस साल में मैं भी ऐसे ही बोलूँगी क्या? या अब भी कभी-कभार ऐसे बोलती हूँ?

सोना आँगन में आ खड़ी हुई, खोई-खोई सी। जैसे उसकी बुआ अपने को अकेले समझकर खड़ी होती थी, निचले होंठ को चबाते, माथा सिकुड़ाए। जब गली के दरवाज़े पर बख़्शी का पोता पतंग उड़ाने को बुलाने आता है, तो बुआ की ही तरह चौंधियानेवाली मुस्कुराहट पेश करती है। सलोनी पीछे-पीछे चल पड़ी।

"रोको उसको" मैं चिल्लाई, "सड़क के कुत्ते हमला करेंगे।" नादिरा

रसोईघर से झाँकी। "अरे, सब्र करो। इस गली के कुत्ते उसको जानते हैं। सल्लो, इधर आओ।" उसको जवाकुसुम का फूल दिखाती है तो सलोनी लौट आती है।

यह सब लिख ही रही थी कि अज्ज़ो कुलाँचे मारती ऊपर आई। "अम्मा, मीर रंगीन अम्मी से मिलने आए हैं पर वह तो नानी के साथ दरगाह गई हैं। रो रहे हैं। आप आएँगी ज़रा।"

आठ बरस हुए थे मिले हुए। तुरन्त नीचे जाकर उनको ऊपर ले आई। रो भी रहे थे, काँप भी रहे थे। बिठाया, पंखा लगाया, शब्बो के हाथ पहले बर्फ़ वाला पानी, फिर शर्बत, तरबूज़, आम मँगवाया।

कुछ देर तक ख़ामोश बैठे सर ही हिलाते रहे फिर लफ़्ज़ों की बाढ़ उमड़ पड़ी। "आज ही पहुँचा, नफ़ीस बाई, तो सीधा उनसे मिलने गया। दरवाज़ा चूलों पर लटक रहा था—वह दरवाज़ा जिस पर हाथी झूमा करते थे! भाभी बाहर आईं, नौकरानी लग रही थीं, अन्दर ले गईं। फटी-पुरानी चटाई पर बैठे थे वो। हर चीज़ धूल से सनी, दो-चार टूटे-फूटे मटके। बुरा ख़्वाब-सा लगा जिस से जगा न जा सके। आवभगत का नाटक कर रहे थे। हम ने सुना था उनका बाहर जाना मना है, मगर कह रहे थे ऐसा कुछ नहीं है। परखने वास्ते हमने कहा चलिए बाज़ार, तरबूज़ चुनकर लाते हैं। बहाने बनाते रहे कि गँवार छोकरे को भेजेंगे जो उनका एक ही नौकर रह गया है। आख़िर सच बताया कि नवाब ने घर से बाहर क़दम रखने को मना किया है। उनको मना किया है, जो मेलों-त्योहारों की जान हुआ करते थे! तुम्हारे देखे हुए हैं—आज़ादी से बहती हवा चारदीवारी में बन्द हो सकती है? न शेर, न लतीफ़े—सब ख़त्म। दोनों साथ बैठकर रोए, वही रह गया था मिलकर करने को।"

"मगर क्यों?" अफ़वाहें तो सुनी थीं पर मीर इंशा से मिले कई बरस हो गए थे। "नवाब कनीज़ के बेटे हैं इस पर मज़ाक़ किया था या फिर नवाब ने बुला भेजा तो किसी और के घर गए हुए थे?"

"अब क्या मालूम? कौन बताए? बहुत मुमकिन है कि दगाबाज़ दोस्तों की करतूत हो, जिनकी उन्होंने मदद की थी और जो उनसे जलते थे। मारूफ़ का गुट।"

इतना कुछ हो गया और उनके जिगरी दोस्त को अब जाकर ख़बर हुई। यह कैसे हो जाता है कि दो लोग जो संतरे की दोगाना फाँक, अखरोट के दो हिस्से जैसे हुआ करते थे, अपने-अपने भरे हुए घरों में अकेले पड़ जाते हैं?

"बच्चों की मौत ने मार डाला उन्हें," मैं बोली, "पहले बेटा, फिर बेटी।"

"बेटी को क्या हुआ?"

"दो बरस पहले हैज़ा हो गया। दो छोटे बच्चे छोड़कर चल बसी। हमारी अज्ज़ो को भी लग गया था मगर वह ठीक हो गई।" नादिरा और सुन्दर की देख-रेख की बदौलत। सुन्दर दिन-रात बिस्तर के पास बैठी रही, माथे पर गीले कपड़े बदलती, हाथ से खिलाती।

"और बेटा—कैसा ख़ूबसूरत लड़का था, होशियार भी, बाप की तरह। याद है, मीर इंशा कैसे ख़ूबसूरत हुआ करते थे?" हाँ, याद थे वो अन्दाज़, वो इन्द्रधनुषी दुपट्टे, चमकीले जूते। आज़ादों जैसे लगने के लिए मूँछें भौहें साफ़ करके इतरा रहे थे मगर बाद में अकेले में मुझसे पूछा, "कैसा दिख रहा हूँ, नफीस बाई? चेहरा बरबाद तो नहीं कर दिया हम ने?"

"जवानी में परीरुख थे," रंगीन साहब ने फिर वही बात दोहराई जो हम सब बहुत बार सुन चुके थे, "दिल्ली के सारे अमीर देखने आए जब उनके वालिद ने उन्हें दरबार में पेश किया। सिर्फ़ पन्द्रह बरस के थे। हम दोनों तब के ही, लड़कपन के दोस्त हैं। उनके बग़ैर यह शहर ख़ाली लगता है। अल्लाह ही हक़ है, बाक़ी सब हैं परछाइयाँ।"

चाँद उगने लगा तो वो गए। "चाँदनी खानम," मीर इंशा ने छेड़खानी में मेरा नाम रखा था जब रात गए गैलरी पर मुझे चाँद की रोशनी में चपला का इन्तज़ार करते पाया था। "चाँदनी शायरों के लिए होती है। और ग़ज़लें

नहीं लिखीं, नफ़ीस बाई?" मैंने अपनी हसरत की चीज़ पाने के उल्लास में मुस्कुरा दिया। "फ़िलहाल चाँदनी ही काफ़ी है। मगर चाँदनी ग़ायब होगी तो शायरी लौट आएगी।"

शायर चल बसे, और चाँद की दीवानी लड़की भी।

9

"काशी बहुत बदल रही है?" मैंने पूछा। दोपहर का वक़्त। मेरे नए कमरे में बैठे हैं हम, जो शीरीन का हुआ करता था, मेरे दो पहले वाले कमरों से बड़ा और रोशनीदार। वह मेरे पास बैठी है, बचा-खुचा अटपटापन तक़रीबन जाता रहा। नादिरा रूपा आती-जाती हैं, फिर नीचे बच्चों के पास चली जाती हैं। उनकी हँसी पीछे वाली गली से गूँज उठती है।

"कुछ ख़ास नहीं। हाँ, रानी अहल्या बाई वग़ैरह ने कई सारे ध्वस्त किए गए मन्दिरों को दोबारा बनवाया है, उनको नया समझो पर हैं पुराने। तुम्हारा शहर ज़्यादा बदला है—इतनी सारी नई इमारतें।"

"हाँ, और इतने लोग चले गए। इंशा साहब दो हफ़्ते पहले चल बसे।"

"नहीं! क्या हुआ उन को?"

"काफ़ी देर से सेहत बिगड़ रही थी। शरद ने बताया पिछली सर्दियों में एक महफ़िल में वो बिन बताए पहुँचे, कोने में बैठ गए, जर्जर और मैले-कुचैले कपड़े पहने हुए।"

"मैले-कुचैले! उनका लिबास हमेशा शानदार होता था।"

"हाँ।" मुझे क़िस्मतवाली कहते हुए उनका वह गम्भीर अन्दाज़। हूँ भी, एक नहीं, कई मामलों में। "फिर जेब से काग़ज़ निकाला और वह ग़ज़ब की ग़ज़ल पढ़ी, 'क़मर बाँधे हुए चलने पर याँ सब यार बैठे हैं,

बहुत आगे निकल गए बाक़ी तैयार बैठे हैं' वग़ैरह। पढ़ रहे थे तो पहचान में आने लगे फिर मक़्ते से तो पता लग ही गया। फिर चुपचाप निकल गए। बस वह आख़िरी बार दिखाई दिए।"

"ग़ज़ल सुनाओ।"

"सिर्फ मक़्ता याद है :

"कहाँ गर्दिश फ़लक की चैन देती है सुना 'इंशा'
ग़नीमत है कि हमसूरत यहाँ दो-चार बैठे हैं।"

"वाह। दोबारा बोलो।" बोला तो उसने धीमे से दोहराया। "कौन से यारों की बात कर रहे थे जो आगे निकल गए? मियाँ जुरअत कब गए?"

"यही छह सात साल पहले। तक़रीबन उसी समय जब अल्मास अली ख़ाँ गए। उन पर मीर इंशा ने बहुत बढ़िया क़सीदा लिखा। उस मौत से पूरी तरह उभरे भी नहीं।"

"हाँ, मीर इंशा हमेशा उनकी तारीफ़ करते थे।"

"आख़िरी वक़्त तक अल्मास अली तारीफ़ के काबिल रहे। मरने से पहले अपने क़र्ज़दारों के सारे काग़ज़ात पोखर में फेंक दिए। उनके जानवरों का पता नहीं क्या हुआ। बहुतों को शरण दी थी उन्होंने, शरू ने बताया। अन्धे-लँगड़े गधे-घोड़े, घायल परिंदे, खुले छोड़ दिए गए गाय और कुत्ते, अपंग हिरण। दरबार के झमेलों-साज़िशों से छुटकारा पाने को शरू वहाँ जाकर जीव-जन्तुओं के बीच आराम किया करते थे।"

कुछ देर बाद मैंने कहा, "यह देखो, पिछली बार रंगीन साहब आए तो हमें यह दिया।" लपेटी हुई किताब निकालकर दिखाया। "उन की रेख़्ती का कलाम है। कह रहे थे हम सब की उन से, या शरद और मीर इंशा से, की हुई बातों पर लिखी थी तो हमारे पास होनी चाहिए। *दरिया-ए लताफ़त* के साथ ही रखती हूँ।"

"हाँ, वह जिस में तुम ने और मीर रंगीन ने हाथ बँटाया था।"

"किसी और ज़माने में। वक़्त ज़्यादा तेज़ी से गुज़रता महसूस होता है

अब—तुम्हें ऐसा लगता है?"

"लगता तो है मगर क्यों?"

"चकली पर लिपटी डोर ख़त्म होने को होती है तो तेज़ी से उधड़ती है।"

बैठे-बैठे वह मन-ही-मन शेर पढ़ने लगी तो मैं उसे निहारते सोच रही थी जैसे अकसर उससे मिलने पर सोचती हूँ कि कहीं मैं ज़्यादा बतियाती तो नहीं हूँ। फिर भी जब किताब रख दी तो उसे वह तस्वीर दिखाने से ख़ुद को रोक नहीं पाई जो उसने बहुत पहले भेजी थी—छत पर चाँदनी में दो औरतें। "याद है यह?"

चेहरे पर शिकन लाए बग़ैर देखा और चुप रही।

तो सिर्फ़ मैं ही नहीं थी जिसने बहुत कुछ भुला दिया? थोड़ी-सी मायूसी हुई मगर राहत महसूस होनी चाहिए थी क्या? मुमकिन है कि याद न करने का नाटक कर रही हो? क्योंकि उस बात की कोई अहमियत न थी? या बहुत अहमियत थी? या संकोच तो नहीं हो रहा था? जिस लड़की पर मैं फ़िदा थी वह हमेशा के लिए ग़ायब हो चुकी है? यह वह किताब है जो मैं हमेशा पढ़ती ही रहूँगी क्योंकि कभी पूरा समझ नहीं पाऊँगी।

~

"आज कम सोए हम।" नादिरा मेरे कमरे में बैठी एक गीत उतार रही है।

"उम्र बढ़ने पर सबके साथ ऐसा होता है। फ़िक्र मत करो, जब मन करे सो जाना।"

"फ़िक्र नहीं करती। उठकर पढ़ने लगूँ तो दिमाग़ जग जाता है बस फिर नींद ख़त्म। लेटी रहूँ तो बेचैनी होती है।"

"हाँ, सही बात है। आसपास हर वक़्त बातचीत चल रही हो तो दिमाग़ जगा रहता है। आज महफ़िल से जल्दी निकल जाना और सोने से पहले कुछ वक़्त अकेले गुज़ारना। हम सँभाल लेंगे महफ़िल। घुटनों के क्या हाल है?"

"वैसे ही हैं। वज़न घटाना चाहिए। अरे हाँ, बताना भूल गई, अगले हफ़्ते हीरा बच्चों समेत ससुराल जा रही है, दो महीने वहीं गाँव में रहेगी।"

"फिर कभी जाती तो अच्छा होता। दुलारी भी मायके गई है। महताब बाजी को अपनी ख़ास ख़ुराक चाहिए। चलो, शब्बो है यहाँ।"

"शब्बो का बनाया खाना किसी को नहीं पचता। हीरा को कहे देती हूँ, जाने से पहले शब्बो को दो-चार चीज़ें बनाना सिखा देगी।"

इधर-उधर की बातें यों ही चलती रहीं। बहुत सुकून मिलता है इन ऊँघती हुई दोपहरों की बातों में।

"चलो, नहा आती हूँ।"

"ठीक है। अज्ज़ो और सुन्दर से पूछती हूँ, दो महीनों के लिए किसी खाना बनानेवाली को ढूँढ़ सके तो।"

काग़ज़ों को बटोर कर धीरे-धीरे उठ खड़ी होती है, मेज़ के सहारे।

नहाते वक़्त रोने-चीख़ने की आवाज़ें सुनाई देती हैं। औरतों से भरे घर में यह ग़ैरमामूली तो नहीं कहा जा सकता, मगर आज कुछ मनहूस-सा लगता है। जल्दी से तैयार होकर अज्ज़ो के कमरे में जाती हूँ जहाँ से आवाज़ें आ रही हैं।

नादिरा मेरे कंधे पर सर रखकर रोती है। अज्ज़ो मानो झटका लगने से ख़ामोश है। सुन्दर एक बाँह से उसे और दूसरी से सोना को सँभाले हुई है। दो दिन पहले किशन सारा दिन गर्मी में काशी की मंडी पर अपने किराने की दुकान के लिए सामान ख़रीद रहे थे। बेहोश हुए, वैद्य के पहुँचने से पहले ही चल बसे। ख़बर अभी मिली थी।

हमें तो वही बच्चा याद है जो अपनी उम्र से कभी-कभी बहुत बड़ा लगता था; उसके बाद एक-दो बार ही देखा है। "मेरी अम्मा मरेंगी तो मैं एक तेज़ चलनेवाली घोड़ागाड़ी के आगे खड़ा हो जाऊँगा।" उस दौड़ में आगे निकल चुका है जिस में हर माँ आगे निकलना चाहती है।

चपला अगली बार आई तो पहली बार कुछ बुढ़ाई हुई नज़र आई।

कहती है, छुटपन से ही उन लोगों को मालूम था कि वह जवानी में ख़त्म होगा। कई वैद्य-हकीमों ने नब्ज़ जाँचकर कहा था कि दिल कमज़ोर है; ज्योतिष ने भी यही कहा था। यही वह छाया थी जिस के डर में वह ग्रस्त रहती थी। मुझे बताया नहीं था, बात करना अशुभ छाया को शक्ल-सूरत देने बराबर होता। उस चुप्पी में पलीं और बहुत-सी छायाएँ।

केतकी मौसी व्याकुल तो होंगी ही। अब मोहन है उनके पास, किशन का रूप। कई बार देखा है मैंने, हम लोगों में बेटियाँ चाही हुई होती हैं, बेटे नहीं, और बाहर की दुनिया में उल्टा है, मगर अनचाहा बच्चा-बच्ची भी बहुत बार आँख का तारा होता है।

अब हम चार लोग बैठकर बातें करती हैं उनकी तरह जो सुरंग में से निकल कर पहुँचते हैं ख़ात्मों की दुनिया में। वह मेरे पास बैठी, ख़ुद से बेख़बर किशन की बात करती है।

बेख़ुदी कई क़िस्म की होती है। अपने लिए अनमोल उस चेहरे को यों देखती हूँ जैसे पहली बार देख रही हूँ। अनूठा भी, साधारण भी। बिजली जो दो बार शायद ही कभी गिरती हो। ख़्वाब नहीं। बीता हुआ कल नहीं। इसी पल का।

शाम को मदन आते हैं तो पूछते हैं, "चपला आई हुई है?" और मुझे मालूम होता है उसके नाम से सिहरन नहीं होती। खाल के नीचे काँच के टुकड़ों जैसे नहीं जो खरोचते रहें बल्कि नसों में बहता ख़ून, कई तत्त्वों का बना। न दोनों है, न एक है, हस्ती की धारा में बहता है हमारे देखते हुए।

अगले दिन कहती है, "अज्ज़ो, सुन्दर, सोना सब काशी आएँगी अगले महीने। नादिरा भी शायद। आओगी?"

"हाँ, आऊँगी।"

उस नदी के किनारे खड़ी होऊँगी जो हर चीज़ को बहाकर ले जाती है और वापिस लाती है बदले हुए मगर फिर भी वही।

❂❂❂

ऐतिहासिक पात्र

शायर

इंशा अल्लाह ख़ाँ 'इंशा'	1756-1817
सआदत यार ख़ाँ 'रंगीन'	1755-1835
शेख क़लंदर बख़्श 'जुरअत'	1748-1810
वली मोहम्मद 'नज़ीर अकबराबादी'	1735-1830
ग़ुलाम हमदनी 'मुसहफ़ी'	1751-1824
हज़रत ख़्वाजा हसन, जुरअत के दोस्त	

शासक और अमीर

असफ़-उद-दौला, अवध के नवाब	1775-97
वज़ीर अली, अवध के नवाब	1797-98
सआदत अली ख़ाँ, अवध के नवाब	1798-1814
ग़ाज़ी-उद-दीन हैदर शाह, जिनकी अंग्रेज़ों ने 1818 में ताज़पोशी की	1814-27
चैत सिंह, बनारस के महाराजा	1770-81
उदित नारायण, बनारस के महाराजा	1795-1835
अल्मास अली ख़ाँ	देहान्त 1808

राजा टिकैत राय	1760-1808

फ़िरंगी

जॉर्ज द थर्ड	1738-1820
सोफ़िया लिज़्बेथ प्लाउडन	भारत में 1777-90
क्लौड मार्टिन (साथिन गोरी बीबी)	भारत में 1751-1800
एंट्वान पोलिएर (हिंदुस्तानी बीवियाँ जुगनू, ज़ीनत)	भारत में 1757-88
योहान ज़ौफ़ानी	भारत में 1783-89
बेनौइट डी बौइन (पहली बीवी नूर का नाम बदलकर रखा गया हेलीन)	भारत में 1778-96
जौन मौर्डंट	देहान्त 1790, उम्र तक़रीबन 40

तवायफ़

जॉर्ज द थर्ड के पचासवें जन्मदिन के मौक़े पर लिखे गए क़सीदे में इंशा चपला बाई के नाच और सूरत-सिंगार का बयान करते हैं। इंशा ने दुल्हन जान की शादी पर भी क़सीदा लिखा। रंगीन ने फ़रख़ंदा तवायफ़ के नाम एक ख़त लिखा। जुरअत ने अपने दोस्त हज़रत ख़्वाजा हसन और बख़्शी तवायफ़ के इश्क पर मस्नवी लिखी और अज़ीज़न तवायफ़ की मौत पर एक तारीख़ भी। मुंशी तोता राम के 'तिलिस्म-ए-हिंद' में सुन्दर नाम की तवायफ़, नवाब और प्रतापगढ़ के दास्तानगो का ज़िक्र आता है।

आभार

इस उपन्यास के अंग्रेज़ी प्रारूप को पढ़कर सुझाव देने के लिए मैं मोना बाखमन, सुजाता रघुबीर, कैथरीन-ओ डोनेल और गीतांजलि श्री की आभारी हूँ। संजु महाले, लीला गांधी, रवि मेहता, सिद्धार्थ गौतम, मासूमा अली और अपने बेटे अर्जुन से अलग-अलग तरह की प्रेरणाएँ मिली हैं। पड़ोसियों द्वारा कपड़ों की नकल वाली कहानी मेरी नानी, विक्टोरिया निर्मलिनी मुखर्जी के बरेली में बिताए बचपन की है।

कशिश दुआ और प्रभा दीक्षित ने इस हिन्दी प्रारूप को पढ़कर सुझाव दिए।

मैंने रज़ा लाइब्रेरी, रामपुर की हस्तलिपियों से उर्दू नज़्में ज्यों-की-त्यों उतारी हैं और देवनागरी में लिप्यान्तरित किया है। शायरों द्वारा सुनाए गए कई क़िस्से उनके और अन्य लेखकों के गद्य-पद्य से लिए गए हैं।

मोना और अर्जुन को विशेष धन्यवाद।